›Informationen zur Zeit‹
Originalausgabe

Über dieses Buch

Fürsorgezöglinge gelten als Außenseiter unserer Gesellschaft. Man will sie daher in einer Spezialbehandlung (Heime und Anstalten) in die Gesellschaft eingewöhnen.
Peter Brosch (20), der selber 18 Jahre lang in Fürsorgeerziehung verbracht hat, schildert die Mittel und Methoden, nach denen dies geschieht, nach denen es ihm und seinen Heimgenossen geschehen ist.
Drei exemplarische Lebensläufe und der Bericht über die Erlebnisse von Jugendlichen »in den Klauen der Fürsorge« machen dies klar: Anpassung an ein solches System, das darauf angelegt ist, stets wieder solche Lebensläufe und Erlebnisse zu produzieren.
Diese Einsicht führte zum Versuch der Betroffenen, Gegenwehr zu organisieren: eine Gruppe von ehemaligen Fürsorgezöglingen, Lehrlingen und Studenten führte monatelang die weithin bekannt gewordene ›Staffelberg-Kampagne‹ und entwickelte in Frankfurt ein Gegenmodell – die Lehrlings-Kollektive.
Inzwischen sind die Lehren daraus gezogen worden, denn Fehler wie Erfolg lassen für die Beteiligten nur einen Schluß zu: ohne organisierte Gegenwehr lassen sich soziale Probleme proletarischer Gruppen nicht lösen.

Der Autor

Peter Brosch, 1951 in Frankfurt/M. geboren, macht zur Zeit seine Lehre als Radio- und Fernsehmechaniker. Seine Odyssee durch zehn Fürsorgestellen wird als erster der drei beispielhaften Lebensläufe zu Beginn dieses Buches ausführlich geschildert. – Sein ›Fall‹ würde einer breiteren Öffentlichkeit bekannt durch einen Bericht im *stern*. Er selbst hat seine Erfahrungen in einem Feature für den *Hessischen Rundfunk* und in der Hauptrolle des Fernsehfilms ›Weg vom Fenster‹ (*ARD*) vermittelt, bevor er dieses Buch schrieb.

Peter Brosch

Fürsorgeerziehung

Heimterror und Gegenwehr

Fischer
Taschenbuch
Verlag

Fischer Taschenbuch Verlag
1.–17. Tausend: Juni 1971
18.–27. Tausend: Oktober 1971
28.–37. Tausend: September 1972
Umschlagentwurf: Jan Buchholz/Reni Hinsch
unter Verwendung eines Fotos (Foto: Inge Werth)
Fischer Taschenbuch Verlag GmbH, Frankfurt am Main

Gesamtherstellung: Hanseatische Druckanstalt GmbH, Hamburg
Printed in Germany
ISBN 3 436 01385 4

Inhalt

Gewidmet den Fürsorgezöglingen
in der Bundesrepublik Deutschland

Vorwort

Am 28. Juni 1969, einem Samstagnachmittag, findet etwas bis dahin noch nicht Geschehenes statt: eine Massenaktion in einem Erziehungsheim. 250 Lehrlinge, Schüler, Studenten und interessierte Leute aus der Bevölkerung, zusammen mit 80 Polizisten, sind ›zu Besuch‹ bei den Zöglingen des Erziehungsheimes Staffelberg/Hessen.

In einer öffentlichen Diskussion prangern Besucher wie Zöglinge die Zustände im Heim an: gefängnisähnliche Isolation und Einsperrung, miese Berufsausbildung, autoritäre Erziehungsmethoden, Entzug von Grundrechten, psychische Zerstörung der Insassen. Diesem Erziehungsterror der Fürsorge, der sich nicht nur in Staffelberg und nicht nur in Erziehungsheimen zeigt, sagen die politisch bewußten Teilnehmer der Aktion ihren entschiedenen politischen Kampf an.

Dieses Buch berichtet über Fürsorgeerziehung und praktische Gegenwehr, richtige wie falsche.

Im ersten Teil wird in drei exemplarischen Lebensläufen gezeigt, wann, wo und warum die Fürsorge eingreift. Die zerrütteten, im wesentlichen proletarischen Familienverhältnisse, aus denen die meisten Fürsorgezöglinge kommen, werden dargestellt und erklärt aus ihren gesellschaftlichen Bedingungen, deren Folgen die Kinder zu tragen haben. Denn sie können sich deswegen nicht an gesellschaftliche Normen richtig anpassen. Sie werden ›auffällig‹, sie fallen der Fürsorge auf.

Der zweite Teil schildert die Erlebnisse der Jugendlichen in den Klauen der Fürsorge, in den Erziehungsheimen. Dort wird klar, daß die wirkliche De-Klassierung der Jugendlichen erst im Erziehungsheim durch die totale Isolation von der gesellschaftlichen Realität erfolgt. Denn im Heim werden die Anpassungsprobleme der Jugendlichen nicht ernstlich erforscht und zu lösen versucht, sondern das einzige Ziel ist: Zwangsanpassung der Jugendlichen an eine autoritäre, kleinbürgerliche Scheinwelt und idiotische Arbeitsverhältnisse. Wer nicht zu Kreuze kriecht, Duckmäuser wird, wird mit terroristischen Disziplinierungsmitteln zur radikalen Auflehnung getrieben, die dann zwangsläufig zur Kriminalisierung führt.

Diese beiden Teile analysieren die Funktionen und Aufgaben der Fürsorge, die für den kapitalistischen Staat sorgt, nicht aber für die Arbeiterklasse und ihre Kinder. Vielmehr soll die Fürsorge sich auflehnende proletarische Jugendliche von ihrer

Klasse abspalten und im Heim entweder kleinkriegen oder in den Knast abschieben, also letztlich ›unschädlich‹ machen. Jeder Erzieher, sei er auch noch so ›liberal‹ und ›sozial‹, wird daher objektiv zum Handlanger der terroristischen Spalterpolitik der Fürsorge.
Der dritte Teil macht deutlich, wie vergeblich die individuellen Versuche der gefangengehaltenen Jugendlichen sind, sich aus eigener Kraft zu befreien. Sie erreichen nur das Gegenteil: sie kriminalisieren sich, gehen also von selber den Weg, den die Fürsorge für sie vorgesehen hat. Trotzdem laufen jedes Jahr etwa 50 Prozent der Zöglinge durch Flucht aus dem Heim ins offene Messer der Fürsorge.
Im vierten Teil wird der Kampf verfolgt, den eine Gruppe von ehemaligen Fürsorgezöglingen, Lehrlingen und Studenten in Frankfurt gegen den Heimterror der Fürsorge monatelang führen: die ›Staffelberg-Kampagne‹. Im Gegensatz zu den individuellen Einzelaktionen ist die Gegenwehr der Kampfgruppe kollektiv und organisiert; ihr Ziel ist langfristig die Abschaffung der Erziehungsheime und die Einrichtung von politischen Wohnkollektiven für sozial geschädigte Jugendliche, wobei ihr aber klar ist, daß dieser Kampf Teil eines allgemeinen Kampfes gegen die Grundlagen des kapitalistischen Staatsapparates sein muß, soll er erfolgreich sein. Denn mit der Abschaffung von Erziehungsheimen wird für proletarische Kinder und Jugendliche in diesem Staat nur ein winziger Teil der Unterdrückungsinstitutionen beseitigt. Während der Aktivität der Kampfgruppe wird jedoch auch ein grundlegender Mangel deutlich. Das Hauptproblem der Jugendlichen, ihre Anpassungsschwierigkeiten und damit verbunden ihre Abspaltung von anderen proletarischen Jugendlichen, kann grundsätzlich eigentlich nicht von einer kleinbürgerlichen Kampagne gelöst werden. Das kann nur eine proletarische, klassenkämpferische Organisation.
Der fünfte Teil schildert, wie das Gegenmodell zur Heimerziehung, wie die Kollektive gebildet werden, wie sie organisatorisch aufgebaut und was ihre Hauptprobleme sind, in wieweit sie die Probleme der Jugendlichen lösen können.

Dieser Bericht ist ursprünglich nicht angefertigt worden, um als Buch veröffentlicht zu werden. Vielmehr hat die Kampfgruppe von Anfang an alles Material über Heimerziehung, individuelle Schicksale und die eigentlichen Dokumente der Kampagne gesammelt, um eine Gegenöffentlichkeit gegenüber der bürgerlichen in Sachen Fürsorgeerziehung aufzubauen. Diese wäre notwendig geworden, um längerfristig den politischen Charakter der Kollektive gegenüber den staatlichen Institutionen öffentlich abzusichern. Die Entwicklung der Kollektive hat dies überholt. Denn diese haben ihren politischen Charakter recht

schnell von selber verloren und sind heute ein Bestandteil sozialreformerischer Fürsorgepraxis.
Dieses Buch soll letztlich zeigen, welche richtigen und falschen Seiten die organisierte Gegenwehr auf den Fürsorgeterror, wie z. B. die ›Staffelberg-Kampagne‹, entwickelte, und davor warnen, soziale Probleme proletarischer Gruppen losgelöst von den proletarischen Volksmassen, ohne Untersuchungen und ohne disziplinierte, klassenkämpferische Organisation anzugehen. Letzten Endes kann nur die Arbeiterklasse selber ihre Kinder vor der ›Verwahrlosung‹ bewahren. Erst wenn sie sich massenhaft in ihrer Partei organisiert, können auch solche sozialen Probleme gelöst werden.

Den Inhalt dieses Buches lieferten die vielen Mitkämpfer der ›Staffelberg-Kampagne‹.

1. Der Weg ins Fürsorgeheim

Zum Beispiel: Peter — Heinz — Dieter

Peter

Er wird im Frühjahr 1951 unehelich in Frankfurt geboren. Der Vater verläßt die Mutter kurz nach der Geburt. Seine Mutter will nicht, daß er Peters Mutter heiratet. Das ist schon die eine Voraussetzung für Peters jahrzehntelange Odyssee durch zehn Heim- und Pflegestationen. Er bekommt vom Frankfurter Stadtjugendamt einen Amtsvormund und wird dort unter dem Aktenzeichen B-25 671 geführt. Die zweite Voraussetzung: seine Mutter muß als Köchin in einem Frankfurter Lehrlingsheim arbeiten. Von morgens früh bis abends spät, für einen Hungerlohn. Sie kann daher Peter nicht aufziehen, sich nicht um ihn kümmern. Es fehlt einfach die Zeit, und bei Halbtagsarbeit würde das Geld nicht reichen.
Zehn Wochen alt kommt Peter ins erste Heim, ins Säuglings- und Kinderheim Johannesstift in Wiesbaden. Peter kränkelt, bekommt Rachitis wegen der ungenügenden Pflege und Ernährung dort, er entwickelt sich geistig langsamer als körperlich. Das Kinderheim Eppenhain im Taunus ist die zweite Station; Peter lebt dort vom 2. bis 5. Lebensjahr. Während dieser fünf Jahre in Kinderheimen zeigt sich bei Peter wie bei so vielen in Heimen aufwachsenden Säuglingen und Kindern Hospitalitis. Die natürliche Entwicklung der Bewegungsorgane und der Sinne, das beginnende Erkennen der Umwelt, sowie vom 2. Lebensjahr an das soziale Lernen werden gehemmt, behindert. Es fehlt die ständige, liebevolle Zuneigung, die eine Kinderschwester bei 15 und mehr Säuglingen nicht geben kann, es fehlt der freie ungehinderte Auslauf, die intellektuelle und emotionale Anregung. Die Kinder dämmern entweder vor sich dahin oder sind trotzig und aufsässig. Ein Entwicklungsbericht des Jugendamtes beschönigt und verschleiert diese Entwicklung mit den Sätzen: »Schon mit 2 Jahren war Peter sehr trotzig und kam in ein Kinderheim in Eppenhain/Taunus. Dort war er lebhaft, aufgeweckt und auch anhänglich. Allerdings unkonzentriert und unruhig in der Nacht, näßte noch lange ein. Sobald eine Erzierin es verstand, Peter zu nehmen, verhielt er sich gut, war willig und sehr lenkbar. Öfters wandelte Peter durch das Haus von irgendeinem Wunsch getrieben. Ruhe und liebevolle Strenge waren notwendig.«
Peter ist trotzig, Peter ist unkonzentriert, unruhig, anlehnungs-

bedürftig. Die menschlich-hilflose Reaktion auf das Eingesperrtsein, auf den Mangel an Entfaltungsmöglichkeit wird nicht den Umständen und Zuständen des Heimes angelastet, sondern dem »unverständlichen« Peter. Später gilt er in der Jugendamtsakte als »schwierig«.

Peter ist fünf Jahre alt, als sein Vater ihn adoptieren will. Dieser hat eine andere Frau geheiratet, sich aber laufend über Peters Entwicklung informiert, ihn fast alle 14 Tage, wie auch seine Mutter, besucht, jedoch zu anderen Zeiten. Aber das Jugendamt vereitelt die Adoption.

Die Mutter wird gefragt, ob sie etwas gegen eine Adoption durch Amerikaner habe, was sie bejaht. Im Jugendamtsbericht wird daraus: die Mutter sei gegen die Adoption durch den Vater.

Zwar kommt Peter nicht zu seinem Vater, dafür wird er aber zum zweiten Male aus seiner Umwelt, an die er sich schließlich gewöhnt hat, gerissen. Er kommt zu einer Pflegefamilie nach Frankfurt-Nied. Seine Pflegeeltern sind 53 und 63 Jahre alt. Die Pflegeeltern haben mit Peter Schwierigkeiten, er ist ihnen zu lebendig, tobt und stellt alles mögliche an, worauf sie oft nur hilflos mit dem Buhmann »Polizist« drohen können. Trotzdem bedeutet es für Peter eine freiere Entwicklung als im Heim. Er fühlt sich schnell zu Hause, die schreckliche Heimzeit scheint vorbei. Vielleicht werden die Schäden des fünfjährigen Eingesperrtseins durch neue positive Erfahrungen in einem Zuhause überwachsen. Doch das Jugendamt scheint alles daranzusetzen, um Peter nirgendwo heimisch werden zu lassen. Kaum ein halbes Jahr ist Peter bei der Pflegefamilie, da wird er abgeholt und zu einer neuen Pflegefamilie gebracht. Der Abschied ist fürchterlich. »Er wollte nicht fort. Er hat furchtbar geschrien. Nein, was hat der kleine Kerl geschrien«, sagt heute in Rückerinnerung seine damalige Pflegemutter.

Während der Amtsvormund in der Jugendamtsakte angibt, Peter sei für die alten Pflegeeltern zu lebendig, scheint der wahre Grund darin zu liegen, daß man die allzu häufigen Besuche des Vaters, der ja auch in Frankfurt wohnt, unterbinden will. Denn die neue Pflegefamilie wohnt weit weg auf dem Lande im Kreis Schlüchtern. Und das Alter der Pflegeeltern ist ja wohl schon vorher bekannt gewesen. Während die Mutter ihren Sohn bei einer Lehrersfamilie gut untergebracht glaubt — sie vertraut dem Stadtamtsvormund völlig, sie arbeitet ja auch in einem städtischen Lehrlingswohnheim — muß Peter bei einer armen Bauernfamilie in der Landwirtschaft helfen. Gleichzeitig wird der Mutter nahegelegt, Peter im nächsten halben Jahr nicht zu besuchen; er solle sich dort in Ruhe einleben können!

Kinderarbeit auf dem Lande ist bei armen Bauern gang und gäbe, ja notwendig für die materielle Existenz. Die eigenen Kin-

der der Bauersleute müssen daher genau so wie Peter mithelfen. Und doch befindet sich Peter wie alle Pflegekinder auf dem Lande in einer sklavenähnlichen Situation. Seine neuen Sachen werden eingemottet, und nur zu besonderen Festtagen oder wenn ihn seine Nenntante, eine Freundin der Mutter, besucht, darf er sie anziehen.
Taschengeld bekommt er natürlich keines. Sein Zimmer ist fürchterlich groß, leer und unwohnlich. Eine Bettstelle, eine alte wackelige Truhe und ein Stuhl befinden sich darin. Eine schwache Glühbirne hängt von der Decke. Nachts kann er die Mäuse beim Spazierengehen beobachten. Schläge bekommt er schnell, wenn er was angestellt hat. Insbesondere aber muß Peter eben mehr arbeiten als die eigenen Söhne der Bauern. Während die Bauersfrau mit ihren eigenen Kindern Schularbeiten macht, ist Peter auf dem Feld. Sogar sonntags muß er raus und in den Schulferien natürlich ebenfalls. Es geht sogar soweit, daß er für ein paar Süßigkeiten und ein Abendessen bei anderen Bauern arbeitet. Er wird als billige Arbeitskraft betrachtet und nicht als ein Pflegekind, das besonderer Hilfe bei seiner körperlichen und seelischen Entwicklung bedarf. Die erste Dorfschulklasse muß Peter daher wiederholen!
Immer wieder fleht er seine Nenntante bei Besuchen an, ihn von dort wegzuholen. Für die Mutter ist der Weg wegen ihrer Arbeitsverhältnisse zu weit. Doch Peter bleibt weiter dort. Einmal, als er es gar nicht mehr aushält, läuft Peter davon. Doch er wird bald wieder unterwegs aufgegriffen.
Nichtausbildung und Diskriminierung kennzeichnen also Peters Jahre als Pflegekind bei armen Bauern. Da Peter kaum mit der Dorfjugend in Berührung kommt — der Hof liegt etwas abseits —, bleibt ihm die ganze gesellschaftliche Diskriminierung, die sonst ein Pflegekind auf dem Lande erlebt, erspart. Ein anderer Junge, der als Pflegekind bei armen Bauern im Vogelsberg aufgewachsen ist, berichtet, was das damals für ihn bedeutet hat: »Ich war wie eine andere Sorte Mensch, wie ein Aussätziger. Zunächst verachteten mich alle Kinder und Jugendlichen. Erst als ich mir dann ein Herz faßte, mich mit denen schlug, die mich hänselten, wurde ich einigermaßen akzeptiert. Richtig für voll und wie ihresgleichen wurde ich erst genommen, als ich es schaffte, in die Fußballmannschaft des Dorfes zu kommen, und als ich mit 14 meine Trinkfestigkeit bewies.« Als Peter 10 Jahre alt ist, und als sich die Auseinandersetzungen mit dem Bauern immer mehr häufen, hält er es nicht mehr aus. Er schreibt seinem Vormund einen Brief, in dem er seine Lage schildert und ihn anfleht, ihn dort wegzuholen. Der Vormund hat bis dahin, außer den Berichten von Peters »Tante«, vom Sozialarbeiter des Dorfes, der gleichzeitig Peters Klassenlehrer ist, nur günstige Berichte erhalten. »Peter hat sich gut eingelebt und

hat auch ordentliche Schulleistungen.« In Wirklichkeit sind seine schulischen Leistungen schwach, die Bauern sagen ihm, er sei doof und müsse das bleiben. Vier Wochen nach dem Brief wird Peter abgeholt und wieder in ein Heim in Frankfurt gebracht, seine bis dahin fünfte Station.
Für Peter enden die ersten zehn Jahre seines Lebens mit einer schrecklichen Bilanz: er hat nie ein Zuhause gehabt und es auch nicht entwickeln können. Er hat kaum Geborgenheit und Sicherheit gefunden.
Die Jahre im Leben eines Menschen, welche ihn entscheidend prägen, Peters Kinderjahre, sind für ihn durch vier Kontaktwechsel und eingeengte Entwicklungsmöglichkeiten gekennzeichnet. Daraus sind innere Widersprüche in ihm gewachsen: innere Unruhe, Unselbständigkeit und geringes Selbstvertrauen lassen ihn zwischen schneller Begeisterung und tiefer Enttäuschung und Hoffnungslosigkeit schwanken. Seine Einstellung zur Umwelt wird vorsichtig, und er entwickelt ein feines Gespür für Ungerechtigkeit und Diskriminierung. Sein Brief an den Vormund zeigt aber auch schon, daß er beginnt, um seine Interessen zu kämpfen, er findet sich mit seiner Situation nicht ab, er entwickelt Widerstand.

Doch das zweite Jahrzehnt seines Lebens beginnt fast genauso schrecklich wie das erste. Nach kurzem Intermezzo in dem Frankfurter Kinderheim, wo sich seine massiven Mängel in der Schulbildung offen zeigen und Peter deshalb aus Angst vor der Schule einmal schwänzt, kommt er nach Pirmasens, in ein von Nonnen geleitetes Heimkloster, das Nardiniheim. Aus einem instinktiven Gefühl heraus beginnt Peter zu heulen, kaum, daß ihn seine »Tante« bei den Nonnen abgeliefert hat. Er spürt wohl, in wessen Hände er gerät. Ungehorsam, Unpünktlichkeit und Streiche werden streng bestraft. Es gibt viele Prügel. Z. B. wird ihm der Mund einmal so weit aufgerissen, daß die Lippenwinkel anfangen zu bluten. Der Kopf wird mit aller Wucht an eine Steinwand geschlagen. Peter wird ohnmächtig. Ein anderesmal zerschlägt eine Nonne auf seinem Rücken einen Besenstiel, nur weil Peter einen ihn ekelnden Ochsenmaulsalat nicht essen will. Anderen Jungen geht es genauso. Wenn einer beim Essen spricht, wird ihm mit dem Schöpflöffel ins Gesicht geschlagen. Die Nonnen rechtfertigen ihre sadistische Brutalität den meist unehelichen Kindern gegenüber damit, daß sie für die »Sünde« ihrer Mutter büßen müßten. Denselben Einschüchterungszweck hat das Vollpfropfen mit religiösem Dreck. Zweimal in der Woche gibts Religionsunterricht, an den anderen drei Wochentagen lernen sie Kirchenlieder, mittwochs und sonntags gibts Gottesdienst, jeden Tag Andacht. Es werden mehr Gebete, Kirchenlieder und biblische Geschichten gelernt

als Rechnen, Schreiben und Lesen. Die Kinder reagieren auf den Terror und auf die Verinnerlichung von Schuldgefühlen damit, daß sie ihre Not und ihren Haß weitergeben an schwächere und jüngere. Die sadomasochistische Quälerei leiten sie nach unten weiter. So auch Peter. Die Nonnen dulden und fördern es, so daß sich ein sadomasochistischer Kreis bildet. Sie schlagen insbesondere die älteren, übertragen denen aber das Strafrecht über jüngere, bis hin zu den Kleinkindern, denen die Nonnen wiederum wegen ihrer »unschuldigen Kinderseele« nur »Liebe« entgegenbringen. So ist gesichert, daß niemand aus dem Teufelskreis »gequält werden und selber quälen« herausspringt. Dadurch ist die sadistische Wollust der Nonnen gegen Auf- und Widerstand gesichert. Zwei Stunden am Tag gibts Freizeit. Freizeit bedeutet: die Jugendlichen können sich in einem großen, von hohen Mauern umgebenen Hof »austoben«.
Mit zwölf Jahren hat Peter sein erstes sexuelles Verhältnis mit einem Jungen. Er merkt überrascht, daß es noch etwas anderes gibt als Schläge, Böswilligkeit, Hin- und Hergerissenwerden. Er merkt plötzlich, was es bedeuten kann, einen anderen Menschen gern zu haben, zusammen Lust zu empfinden, glücklich zu sein. Peter sieht auf einmal, was ihm vorher nie aufgefallen ist, daß sehr viele Jungen intime Beziehungen zueinander haben, erkennt einen Weg aus dem sadomasochistischen Zirkel. Er merkt, daß seine Vereinzelung und sein Abkapseln vor den anderen nicht unbedingt total sein muß, daß auch das Gegenteil ein ganz klein wenig möglich ist und glücklich macht. Wie er bauen sich viele Jungen versteckt ein klein wenig Liebe in diesem Haus des Hasses und der Qual auf.
Doch eines Tages wird Peter im Bett eines Jüngeren von Nonnen ertappt. Ihre Strafe ist hart. Die Oberin verteilt am nächsten Morgen zwölf Schläge auf jede Hand. Mittags rufen Gruppenschwester und Lehrerin beide in den Schulsaal, und dort setzt es wieder Schläge auf die Hände; und als die bluten, gibt es noch 32 Schläge auf den Hintern. Während dieser Züchtigungen werden sie ständig mit Verwünschungen überhäuft: »Euch gehört ein Mühlstein um den Hals, damit man euch ins Meer werfen kann. Ihr habt euch an der Natur versündigt.« Die Reaktion der Nonnen ist nur zu einleuchtend. Schließlich müssen solche menschlichen Regungen über kurz oder lang ihr mühsam aufrechterhaltenes sadomasochistisches Gleichgewicht im Heim gefährden. Liebe ist der erste Schritt zur Solidarität. — Peter wird daraufhin zu älteren Jungen verlegt, auf daß er keinen mehr »verführen« könne. Doch dort bestehen schon massenhaft sexuelle Beziehungen unter den Jungen. Er als Jüngster wird zunächst von den Älteren gezwungen, jede Nacht bei einem anderen zu schlafen. Bald gewöhnt er sich regelrecht daran, aus freien Stücken jede Nacht mit einem Jungen zu schlafen.

Es dauert nicht lange, bis Peter und auch andere Jungen sich gegen den Nonnen-Terror wehren. Als Peter wegen schlechten Strümpfestopfens von einer Nonne geschlagen und mit dem Kopf gegen die Wand gehauen wird, schlägt er zurück, und die Nonne läßt ihn überrascht in Frieden. Als eine Nonne Peter und zwei andere Jungen belauscht, wie sie planen, alle Arschkriecher und Petzer in der 8. Klasse durch Schläge zur Solidarität zu zwingen, wird Peter mit Verlegung in ein Fürsorgeerziehungsheim gedroht. Zusammen mit den anderen beiden flieht Peter des Nachts aus dem Heim. Vorräte haben sie sich aus dem Küchenschrank besorgt. Doch am nächsten Tag stellen sie die Aussichtslosigkeit der Flucht fest, als sie niemand als Anhalter mitnimmt und sie kein Geld haben. Sie kehren daher zurück. Doch schwören sie sich, zurückzuschlagen, falls sie bei der Rückkehr geschlagen würden. Sie werden geschlagen, und sie schlagen zurück, worauf die Nonnen sofort aufhören. Dafür jedoch beantragen diese beim Jugendamt, daß Peter sofort verlegt werde. Sie halten ihn für den Rädelsführer. Er ist für ihre Gemeinschaft »nicht mehr tragbar«, womit sie sicher Recht haben. Ein paar Wochen später, im Frühjahr 1965, wird Peter nach Oberrimsingen, in ein Heilpädagogisches Heim, verlegt. In den Jugendamtsakten heißt es dazu lakonisch: »Sein Benehmen war zu dieser Zeit ausfällig und tadelnswert, so daß das Kinderheim eine rasche Verlegung in ein anderes Heim wünschte.« Der Abschiedsgruß der Nonnen ist offener: »Du wirst sowieso im Zuchthaus landen.« Womit die Nonnen wiederum nicht so ganz Unrecht haben. Für einen Jungen wie Peter gibt es unter diesen Umständen ja nur zwei Wege. Entweder er paßt sich total an die Heimsituation an, wird zum Arschkriecher nach oben und Sadisten nach unten, dann paßt er in die Gemeinschaft der Nonnen trefflich. Oder er lehnt sich auf, bricht aus dem Teufelskreis aus und wehrt sich, schlägt zurück. Der Weg endet, wenn er ihn konsequent weitergeht, letztlich im Knast. Vereinzelte Rebellion wird kriminalisiert. Die Entwicklung vieler anderer Jungen belegt dies tausendfach. In seiner siebenten Pflegestelle, in Oberrimsingen, nahe bei Freiburg, findet Peter aber Umstände vor, die eine solche Ausweglosigkeit nicht aufkommen lassen. Das Heim ist eines der ganz wenigen in Westdeutschland, in dem fast nur pädagogisch und psychologisch ausgebildete Erzieher arbeiten. Sie kümmern sich ernsthaft um Peter, den sie zu Anfang als »unsicher und versteckt aggressiv« einschätzen. Seine vorsichtige und mißtrauische Einstellung den Erziehern gegenüber gibt Peter grundsätzlich nicht auf, auch als sich ein Erzieher sehr um ihn kümmert und Peter etwas Vertrauen schöpft. Im Gegensatz zum Nonnenheim jedoch kann sich Peter einigermaßen frei entfalten. Er findet einen Lehrer, der ihn zum ersten Mal fördert und dem 14jährigen (!) Rechtschreibung und Rech-

nen beibringt. Er läßt ihn Buchtexte auf einer Schreibmaschine abtippen, was sehr hilft. Peter kommt auch zum ersten Male darauf, Radio- und Fernsehmechaniker zu lernen. Er hat großen Spaß, an elektrischen Geräten zu basteln. Unter den Jugendlichen herrscht ein wenig Kameradschaft, sie lassen ihre Aggressionen nur selten aneinander aus. Peter wehrt sich sofort gegen die Erzieher, wenn er sich unerträglich unterdrückt fühlt, wobei er das, was ihm autoritäre und ältere Erzieher antun, an den hilfloseren und weniger autoritären jungen Praktikanten ausläßt.
Anders als in anderen Heimen kann sich Peter auch außerhalb frei bewegen. Die Jungen bekommen Fahrräder und können durch die Gegend oder nach Freiburg fahren. Die Abwechslung ist weitaus vielfältiger, wenn es auch genauso wie in den anderen Heimen hier klare Heimordnungen gibt und die Jungen doch isoliert und eigentlich eingesperrt sind. Peter kann aber auf jeden Fall sein Selbstbewußtsein und Selbstvertrauen entscheidend stärken. Da ihm ein Intelligenztest außerdem gute Intelligenz bescheinigt, sieht seine Zukunft auch nicht mehr ganz so schrecklich aus, wie seine schulischen Leistungen bisher haben erscheinen lassen.
Homosexuelle Beziehungen knüpft Peter auch in diesem Heim an, obwohl das auch hier streng verboten ist. Das Heim wird schließlich von der Erzdiözese Freiburg unterhalten. Statt Schläge gibt es allerdings Ermahnungen und monatelange Ausforschungen durch einen Psychologen des Heimes. Nach einem Vierteljahr weigert sich Peter, weiter zweimal in der Woche aus seiner Kindheit zu erzählen, wobei der Psychologe nie etwas dazu sagt (Psychoanalyse).

Mit fünfzehn beendet Peter dann die Schule. Die Heimleitung schlägt ihm vor, statt in Oberrimsingen zu bleiben und gleichzeitig in Freiburg mit der Lehre anzufangen, in ein Lehrlingswohnheim in Ravensburg zu ziehen. Dort, so wird in ihm der Eindruck erweckt, könne er sich freier verhalten als in Oberrimsingen. Doch der wahre Grund für diese »freie Wahl« ist, daß die Heimleitung Peter los sein will. Er ist auch hier viel zu aufrührerisch, hat ein zu feines Gespür für unberechtigte Zwänge und Drangsalierungen, auch wenn sie anderen Jungen angetan werden, als daß auf lange Sicht keine ernsthaften Widersprüche zwischen Peter und der Heimleitung auftreten könnten. Hinzu kommen die unerwünschten sexuellen Beziehungen zwischen Peter und anderen Jungen. So entläßt man ihn Ende 1966 »auf eigenen Wunsch« völlig unvorbereitet nach Ravensburg in ein offenes Wohnheim, wo Peter genau dieselben Zwänge und Spielräume vorfindet wie in Oberrimsingen. In Oberrimsingen jedoch kennen die Erzieher ihn und könnten

ihm helfen, Stück für Stück selbständiger zu werden und soziale Erfahrungen zu machen, insbesondere bei der Lehre. So aber muß Peter allein damit fertig werden. Es geschieht, was geschehen mußte, Peter hat in Ravensburg Schwierigkeiten beim Einteilen seines Taschengeldes und bei seiner Freizeitgestaltung, er ist völlig fremd dort und allein. Als Peter während seiner Lehre als Elektroinstallateur, die später angeblich in eine Ausbildung zum Radio- und Fernsehmechaniker umgewandelt werden sollte, starke Rückenschmerzen spürt, geht er zu einem Arzt. Dieser stellt eine hochgradige Verkrümmung der Wirbelsäule fest und empfiehlt Peter, sofort mit dieser Lehre aufzuhören. Denn Aufhacken von Betondecken für Elektroleitungen — das ist Peters Arbeit als Lehrling — würde die Wirbelsäulenverkrümmung weiter verschlimmern. Peter teilt dies seinem Meister mit und kündigt. Von einem Orthopäden läßt er sich ein Gipsbett anfertigen, um beim Schlafen die Wirbelsäule zu begradigen. Eine Woche lang sucht er dann allein und hilflos mitten im Lehrjahr eine neue Lehrstelle. Nach der Woche fordert ihn das Jugendamt auf, sofort eine neue Lehre zu beginnen, sonst komme er in ein Erziehungsheim. Eingeschüchtert und ratlos beginnt er Hals über Kopf eine Lehre als Autoelektriker, wo er fast schwerere Arbeit als vorher leisten muß. Er will auf keinen Fall wieder in ein Heim.
Dann macht Peter einen entscheidenden Fehler: er stiehlt zwei Taschenlampenbatterien im Betrieb. Er fliegt sofort. Die Frankfurter Fürsorgebehörde reagiert umgehend. Peter wird überraschend mit dem Auto abgeholt, er soll mit seinen wenigen Habseligkeiten nach Frankfurt gebracht werden. Doch die Fahrt geht an Frankfurt vorbei, und der verdutzte Peter findet sich im Erziehungsheim Staffelberg im Hessischen, ca. 33 km von Marburg als nächster größerer Stadt entfernt, wieder.
Die Fürsorge sieht ihn nach dem körperlichen Widerstand bei den Nonnen, den homosexuellen Beziehungen, den Auseinandersetzungen in Oberrimsingen, dem Diebstahl in Ravensburg nun auf dem Wege zum schweren Kriminellen. Da »hilft« ihrer Meinung nach nur noch militärische Strenge und Disziplin und Isolation.
Es ist typisch, wie schnell die Fürsorge auf den lächerlichen kleinen Diebstahl reagiert, während sie die wirklichen Probleme von Peter sträflich vernachlässigt. Vier Jahre lang läßt sie ihn bei armen Bauern schwerste Arbeit leisten und verhindert eine normale Schulbildung. Wiederum vier Jahre lang läßt sie quälende, krankhafte Nonnen den Jungen »fertig« machen. Keine Reaktion erfolgt auf einen alarmierenden Gesundheitsbericht aus Oberrimsingen, worin vom Hausarzt festgestellt wird, daß die Wirbelsäule von Peter hochgradig verkrümmt ist. Eine dringende orthopädische Behandlung wird gefordert. Doch es erfolgt

nichts. Ebenfalls geschieht nichts, als im Juni 1967 Peter in Ravensburg vor Schmerzen nicht mehr Beton aufklopfen kann und der Orthopäde Peter eine Arbeit mit teils sitzender, teils stehender Betätigung empfiehlt. Doch es geschieht wohl etwas: ihm wird befohlen, sofort neue Arbeit aufzunehmen. So sieht also die »Fürsorge« der Fürsorge aus! Sie kann den Aufrührer nun mit »Fug und Recht« im Erziehungsheim klein machen lassen.
Der körperliche Schaden, den Peter sich zugezogen hat, ist in seiner Schwere zwar ungewöhnlich, aber an sich typisch für Heim- und Pflegekinder. Körperliche und geistige Schäden ziehen sie sich fast zwangsläufig zu, und das Jugendamt kümmert sich einen Dreck um ihr Wohlergehen, selbst bei einer so schweren Schädigung wie die bei Peter.

Wie Peter ergeht es Hunderttausenden von unehelichen Kindern. Die uneheliche Geburt bedeutet meist den Anfang einer jahrzehntelangen Odyssee. Pflegestellen- und Heimwechsel ist Regel, nicht Ausnahme. Peter findet keine Geborgenheit, kann kein Gefühl entwickeln, irgendwo ein Zuhause zu haben. Die meist feindliche, unwirtliche und unbegreifliche Umwelt läßt innere Widersprüche in ihm entstehen. Ihm fehlt fast jegliches Selbstbewußtsein, seine Selbstsicherheit ist gering, die Hoffnungslosigkeit und die Enttäuschungen dagegen sind riesig groß. Doch langsam entwickelt sich Widerstand, Auflehnung in ihm. Seine Unterdrückung, Ausbeutung und Diskriminierung muß jedoch erst sehr groß werden, bis er sich wehrt, und richtig wehrt er sich erst, als er unmenschliche und menschenunwürdige Qualen und Peinigungen erdulden muß. Doch mit dem Entfalten eines starken Widerstandes und dem langsamen Entstehen von Selbstbewußtsein und Vertrauen auf die eigene Kraft ist sein Hauptproblem noch keineswegs gelöst. Innere Unruhe und Unausgeglichenheit erschweren es ihm, selbständig sein Leben in die eigene Hand zu nehmen. Ohne Hilfe und bloß mit Widerstandswillen kann er die Widersprüche in sich und in der Gesellschaft um ihn herum weder erkennen, noch richtig lösen. Es scheint, als wollten die netten, lieben, verständnisvollen und gut ausgebildeten Erzieher in Oberrimsingen ihm im Grunde gar nicht helfen, obwohl ihr Mitleid und Verständnis doch eine Voraussetzung dafür gewesen ist, daß sich Peter nach der Hölle bei den Nonnen überhaupt ein wenig menschlich entfalten kann. Denn als er ihre wahre Hilfe braucht, stoßen sie ihn elegant von sich. Und für Peter beginnt bald darauf eine erneute Etappe von hoffnungslosem Gefangensein in den Klauen der Fürsorge.

Heinz

Im Januar 1953 wird er in Hamburg als zweites Kind geboren. Seine Eltern haben erst nach der Geburt seines anderthalb Jahre älteren Bruders geheiratet. Im Abstand von je einem Jahr folgen noch zwei weitere Geschwister. 1958 lassen sich die Eltern scheiden. Die Kinder bleiben bei der Mutter.

Der Vater ist als Sohn eines Musiklehrers aufgewachsen, der darauf bestanden hatte, daß sein Sohn »was Ordentliches« lernt und sich nicht, wie er, als Musik- und Privatlehrer ernähren muß. Der Vater hat daher gegen seinen Willen Polsterer lernen müssen. Er hat den Beruf aber bald aufgegeben und auf einer Werft gearbeitet, als Hilfsarbeiter. Mit der unehelichen Geburt von Heinz' Bruder fliegt der Vater aus seinem Elternhaus. Nach der Heirat zieht er in die elterliche Wohnung der Mutter mit ein.

Die Mutter ist Tochter eines Werftarbeiters, hat nach der Schule keine Lehre gemacht, sondern als Verkäuferin versucht, die schlechten finanziellen Verhältnisse zu Hause und ihr Taschengeld aufzubessern.

Zwei Widersprüche lassen die Familie scheitern. Zum einen kann sich im Elternhaus der Mutter die neue Familie nicht entwickeln, die Großeltern mischen sich zu sehr in die Angelegenheiten ein. Zum anderen reicht der Lohn des Vaters für eine eigene Wohnung und einen selbständigen Haushalt nicht aus. Ersparnisse sind nicht vorhanden. Und die Frau kann wegen der kleinen Kinder nicht mitarbeiten. Zwangsläufig führen sie zu unergiebigen Streitigkeiten, insbesondere zwischen dem Vater von Heinz und den Großeltern. Der Vater beginnt bald angesichts der aussichtslosen wirtschaftlichen und familiären Situation »auszusteigen«, er beginnt zu saufen und unregelmäßig zu arbeiten. Es fehlt einfach die wirtschaftliche Startbasis, und wegen des geringen Lohnes als Hilfsarbeiter auf der Werft wird sie sich auch nie ergeben, zumindest solange die Frau nicht mitarbeitet. Die weiteren Kinder verschärfen daher die Situation immer mehr. Zeitweise lebt dann die Familie vom ebenfalls nicht hohen Lohn des Großvaters. Die Scheidung erscheint als Lösung. Der Vater besorgt sich danach einen Wohnwagen und zieht zunächst auf einen Zigeunerplatz. Die Mutter zieht, da die Kinder nun schon etwas älter sind, in eine Zweizimmerwohnung und beginnt als Kellnerin in einer Bar zu arbeiten.

Für Heinz bedeuten diese ersten fünf Jahre seines Lebens eine denkbar unsichere Entwicklung. Die natürlichen Beziehungen zwischen Kind und Eltern sind durch Streitereien und Spannungen gestört. Vater und Mutter wetteifern um die Zuneigung der Kinder.

Der eigene Haushalt und die vier Kinder überfordern nun die Mutter.
Der Widerspruch zeigt sich daran, daß sie zum einen meint, wegen der fehlenden Ausbildung nur im Barbetrieb genügend Geld für den Fünfpersonenhaushalt verdienen zu können, aber zum anderen, daß sie dann tagsüber keine Kraft mehr hat, den Haushalt zu führen. Die Kinder bleiben die meiste Zeit unbeaufsichtigt und suchen sich wegen fehlender familiärer Vorbilder und Bezugspersonen solche auf der Straße. Die Beziehungen zum Vater bleiben zwar weiterhin bestehen und sind sogar sehr freundschaftlich, man besucht sich gegenseitig. Eine Hilfe als Vorbild ist der Vater aber für die Kinder genausowenig wie für die Mutter eine finanzielle Unterstützung. Denn er arbeitet weiter unregelmäßig und verdient sich sein Geld zeitweise als Akkordeonspieler in Kneipen; reichen tut es kaum für ihn allein.
Bald nach Heinz' Einschulung zieht in die Wohnung mit nur zwei Zimmern ein Freund der Mutter ein, die allein einfach nicht mehr zu Rande kommt. Doch der Freund erweist sich nicht als guter Vaterersatz. Er schlägt die Kinder regelmäßig und geht selber unregelmäßig arbeiten. Nun leben sechs Personen vom Lohn der Mutter und dem Kindergeld. Die Kinder haben zeitweise kaum etwas zu essen. Immer wenn sie die gastfreundlichen Großeltern besuchen, fallen sie mit Heißhunger über deren Essen her. Mit dem Vater gehen sie gelegentlich zum Hafen, um Fische zu klauen, von der Fürsorge erhalten sie Käse und Milchpulver. Öfters schickt die Mutter die Kinder zum Pfarrer, der eine Zeitlang Lebensmittelscheine ausgibt. Im Winter klauen sie Bauholz und sammeln Schlacke mit Kohleresten, um ab und zu heizen zu können.
In die Schule kommen die Kinder meist ungewaschen und unregelmäßig, weil die Mutter morgens ja schläft. Für die Kinder ist es jedoch von Vorteil, recht unbeaufsichtigt zu sein; sie können mit den Kindern aus der proletarischen Nachbarschaft herumtollen bis in den späten Abend, bilden Kinderbanden, toben sich aus. So entwickelt sich Heinz wie seine Geschwister zwar in wirtschaftlicher Not und familiärer Ungeordnetheit, aber körperlich und geistig ungehemmt und unkompliziert. Sein Verhalten ist direkt und offen. Allerdings fehlen Vorbilder, die ihm dabei helfen, sich richtig an bestehende Umstände anzupassen. Vater, Mutter, Freund leisten dies ebensowenig wie andere Angehörige oder Freunde. Heinz beginnt daher die Widersprüche der laufenden wirtschaftlichen Not und familiären Unsicherheit mit Späßen, Albernheiten und Übermut zu überspielen. Sein Spitzname wird Fidel.
Heinz ist $9^1/_2$ Jahre alt und in der dritten Volksschulklasse, als die Fürsorge sich einschaltet. Ihre »Fürsorge« besteht darin, der Mutter Vorwürfe zu machen, sie könne nicht haushalten, sie

kümmere sich nicht um die Kinder, sie solle strenger mit ihnen sein.
Als solche »Hilfe« bei der Mutter und den Kindern nichts fruchtet, droht die Fürsorge mit Fürsorgeerziehung. Eingeschüchtert willigt die Mutter daraufhin in Freiwillige Erziehungshilfe ein. »Auf Wunsch der Mutter« werden dann 1962 die vier Kinder im Pestalozziheim Großburgwedel nahe bei Hannover untergebracht. Sie werden in die Kinderabteilung dieses großen Heimes für über 400 Kinder und Jugendliche gesteckt. Die Kinderabteilung besteht aus drei Gruppen von je 15 Jungen, die von einer »Schwester« betreut werden. Obwohl nur der Stiftungsleiter das »Recht« zur Züchtigung hat, schlagen auch die Schwestern. Heinz wird zusammen mit seinem älteren Bruder zunächst probehalber in die 1. Klasse der Heimschule eingewiesen, um die erfolgte Schulbildung zu testen. Die Heimschule besteht aus zwei Klassen, Klasse 1 für das 1. bis 3., Klasse 2 für das 4. bis 6. Schuljahr. Zwei Lehrer unterrichten, meist ohne allgemeine Verwendung von Büchern.
Neben dem Schulbesuch morgens werden nachmittags von 14 bis 16 Uhr Schulaufgaben und ähnliches gemacht. Von 16 bis 18 Uhr gibts Freizeit, die für Spaziergänge in Wald und Feld, Spielen im Haus oder Hof und für Beschäftigung mit Praktikantinnen des Kindergärtnerinnen-Seminars genutzt werden dürfen.
Nach kurzer Zeit wird Heinz in die 2. Schulklasse, 4. Schuljahr verlegt. Seine wie seines Bruders Schulleistungen liegen, trotz unregelmäßigen Schulbesuchs in Hamburg, weit über dem Durchschnitt der gleichaltrigen anderen Heimkinder, die schon länger dort leben. Nach dem 4. Schuljahr wird Heinz wie sein älterer Bruder wegen relativ guter Leistungen in die Dorfschule verlegt, mit weiteren fünf Jungen. Nach einem Jahr sind bis auf Heinz und seinen Bruder alle anderen Heimkinder aus der Volksschule entweder rausgeflogen oder abgehauen. Nach dem 5. Schuljahr, also 1964, wird Heinz ins Schülerheim verlegt und kann das Gymnasium besuchen. Das Schülerheim ist eine Art Internat. Dort leben Jugendliche, deren Eltern sie aus freien Stücken dort untergebracht haben; es sind nur kleinbürgerliche Kinder. Heinz hat seine günstige schulische Entwicklung (mit Einschränkung) seiner Gruppenschwester zu verdanken, die sich gerne und intensiv um ihn kümmert, ihm hilft, sich für ihn einsetzt, kurz Mutterersatz für ihn wird.
Im Schülerheim bleibt Heinz vier Jahre lang, von 1964 bis 1968. Als einziger Fürsorgezögling und aus einer Arbeiterfamilie stammend, ist er dort ziemlich isoliert. Während die anderen ihr reichliches Taschengeld von den Eltern erhalten, bekommt Heinz zwei Mark die Woche vom Heim. Die anderen Jungen können daher auch Geldverleihgeschäfte (gegen Zinsen) ma-

chen. Das persönliche Eigentum wird fetischisiert. Heinz hat deswegen mehrmals starke Konflikte. Denn er nimmt Bücher anderer Jungen, ohne sie wegen ihrer Abwesenheit fragen zu können. Obwohl er die Bücher nach dem Lesen sofort zurückbringt, gibt es deswegen großes Theater. Bei den nachmittäglichen Hausaufgaben unter Aufsicht helfen sich die Jungen nicht untereinander. Jeder will so schnell fertig werden wie möglich, um schon vor 16 Uhr Ausgang zu bekommen. So sind die Beziehungen der Jungen zueinander typisch kleinbürgerlich geprägt.
Nicht nur die Beziehungen unter den Jungen sind kleinbürgerlich, die ganze Heimordnung und das Heimleben sind kleinbürgerlich. Auf Sauberkeit, anständiges Benehmen und Vermeiden jeglicher Prügeleien wird größter Wert gelegt. Das ist wichtiger als eine gute Hilfe bei den Hausaufgaben, die nur formal überwacht, aber nicht ernsthaft erledigt werden. Für Heinz, der sich in seiner früheren proletarischen Umwelt um Sauberkeit und Anstand nicht zu kümmern brauchte und offen und ungehemmt toben konnte, bedeutet insbesondere das Schülerheim eine fremde Welt, die im Widerspruch steht zu seinen spontanen Bedürfnissen. Zwei Stunden Freizeit bedeuten eine ungeheure Einengung der Spontaneität eines Jungen. Hinzu kommt die Langeweile wegen der Abgelegenheit des Heimes. Es gibt kaum Abwechslung. Heinz fühlt sich deswegen nicht wohl dort. In der Freizeit besucht er seine Geschwister in den anderen Heimkomplexen oder einen Klassenkameraden, der nicht im Heim, sondern im Dorf bei seinen Eltern wohnt. Im Gymnasium schafft Heinz zwar alle Klassen, die Versetzungen sind jedoch immer recht knapp. Einige wenige Lehrer helfen ihm, aus Mitleid, andere lehnen ihn ab, insbesondere wegen seiner Clownerien. Denn Heinz nimmt die Schule nicht wirklich ernst. Er sieht den Sinn des Lernens nicht ein, der Stoff erscheint ihm irreal, uninteressant und ohne Beziehung zu seinem täglichen Leben. Der Bezug zur Wirklichkeit, zu praktischen Problemen fehlt ja bekanntlich völlig in der höheren Schule. Denn auch die Schule arbeitet auf der Basis kleinbürgerlicher Erziehungsmethoden: praxislos, tot, idealistisch, formal, ohne materielle Belohnungen, einzig mit dem Ziel zu pauken und zu disziplinieren. Die Widersprüche überspielt Heinz wieder, wie schon in seiner Kindheit, mit Späßen und Albernheiten, er wird zum Klassenclown. Er genießt natürlich auf diese Weise auch die daraus gewonnene Zuneigung der Klassenkameraden, die er ansonsten wegen seiner Herkunft kaum besitzt.
Seine Leistungen und sein Verhalten bringen laufend Klagen der Lehrer und Schulleitung bei der Heimleitung mit sich. Doch alle Tadel, schlechten Noten und Ermahnungen führen bei Heinz nicht zur »Besserung«. In der Obertertia kommt es dann zum großen Krach. Heinz wird wegen seiner Beliebtheit und

Offenheit zum Klassensprecher und SMV-Vertreter gewählt. Da der neue Klassenlehrer ein bis ins Mark autoritärer Typ ist, gibt es schnell Auseinandersetzungen zwischen Lehrer und Klasse, bei denen Heinz allzu forsch und frech auftritt. Nun sind die schwachen schulischen Leistungen willkommener Anlaß, in Absprache mit der Heimleitung ihn zunächst als Klassensprecher und dann als SMV-Vertreter abzuschießen, um ihn dann wegen des schlechten Halbjahreszeugnisses ganz abzusägen.

Der Rausschmiß aus der Schule hat weitreichende Folgen für Heinz. Er soll nun nach Hamburg in ein Lehrlingsheim und dort eine Lehre beginnen. Lehrlingsheim, das bedeutet Ausstoß aus der kleinbürgerlichen Umwelt des Schülerheimes, für die er sich nicht »würdig« gezeigt hat. Doch Heinz' Vater, der sich nach sieben Jahren inzwischen »gefangen« hat, bemüht sich in Hamburg darum, daß Heinz die Obertertia dort wiederholen kann. Das gelingt, und so kommt Heinz zwar ins Lehrlingsheim, geht aber weiter auf das Gymnasium. Heinz fühlt sich im Lehrlingsheim viel wohler als in Hannover, er lebt und wohnt mit proletarischen Jungen, also seinesgleichen, zusammen; die Großstadt bietet mehr Abwechslung, er kann sich offen und gerade verhalten. Doch um so stärker gerät der Schulbesuch dazu in Widerspruch. Heinz nimmt die Schule noch weniger als zuvor ernst; Hausaufgaben macht er nun überhaupt nicht mehr, weil ihn keiner beaufsichtigt, geschweige denn ihm dabei hilft. Die Fächer und Wissensgebiete besitzen für ihn keinen praktischen Wert.

Ein Jahr später muß er aufgrund von zwei Schultadeln die Schule verlassen. Im Sommer 1969 soll er eine Lehre beginnen. Doch da wird er zusammen mit einem Freund aus dem Lehrlingsheim beim Stehlen einer Hose erwischt. Sein Taschengeld beträgt ja auch hier nur vier Mark in der Woche. Daraufhin soll er in ein Erziehungsheim, die vorläufige Fürsorgeerziehung wird beantragt. Doch Heinz flieht zusammen mit dem Freund nach Süden, nach Frankfurt. Nach fünf Wochen wird er von der Polizei aufgegriffen und in ein Fürsorgeheim bei Oldenburg gebracht. Der Richter beschließt endgültige Fürsorgeerziehung.

Die wirtschaftlichen und familiären Probleme überfordern die Eltern von Heinz. Da sie die gesellschaftlichen Ursachen ihrer Probleme nicht erkennen und ihnen bis auf die Eltern der Mutter niemand hilft, scheitern sie bei der Erziehung ihrer Kinder. So erlebt Heinz die Widersprüche, erfährt die nutzlosen und erfolglosen Streitereien zwischen Mutter und Vater, Vater und Großeltern, das Ausflippen seines Vaters, die Überforderung der Mutter durch den eigenen Haushalt und kann das alles doch nicht begreifen. Die Widersprüche werden ihm von niemandem

erklärt, niemand zeigt ihm als Vorbild, wie man richtig mit ihnen fertig wird. Familiäre Probleme gelten als Privatsache.
Auch im Kinderheim, in das die Fürsorge ihn schließlich steckt, werden ihm weder die Ursachen, die zum Scheitern seiner Familie geführt haben, erklärt, noch der Versuch gemacht, die Folgen dieser Widersprüche bei ihm zu lösen. Darum geht es dort gar nicht. Als die Erzieher seine gute Intelligenz entdecken, gilt es fürs Heim nur noch, aus dem Proletarierkind mit »unanständigem Benehmen« und »üblem Wortschatz« einen anständigen, strebsamen und willigen Kleinbürger zu machen, der zum Stolz des ganzen Heimes als einziger und erster Zögling das Gymnasium besucht und die mittlere Reife, ja vielleicht sogar das Abitur schaffen soll.
Doch genauso, wie Heinz im Heim die unverständlichen Vorgänge um ihn herum durch Albernheiten und Jux abzutun versucht hat, rauscht der ganze Zirkus mit der Schule nun an ihm vorbei, und er versucht, es einfach auf die spaßige Tour zu nehmen.
Nach seinem Rausschmiß aus der Schule wegen der »großen Enttäuschung« behandelt ihn die Fürsorge wieder »normal«, wie man eben Proletarierkinder behandelt: er wird ins Lehrlingsheim abgeschoben, wo die einzige »Fürsorge« darin besteht, daß die Heimordnung penetrant und pedantisch eingehalten wird. Man lauert außerdem nur so auf den zu erwartenden ersten Fehltritt, um das »Fürsorgewerk« vollenden zu können. Durch die Beteiligung an einem Hosendiebstahl liefert Heinz dann auch den Anlaß für die Einweisung in ein Erziehungsheim.

Dieter

Er wird im Juni 1950 als uneheliches Kind in Alsfeld/Hessen geboren. Seine Mutter hat eigentlich nicht die Absicht, seinen Vater zu heiraten, es hat wohl von Anfang an zwischen Mutter und Vater kein Liebesverhältnis bestanden. Dieter ist also auch kein Wunschkind. Uneheliche Kinder sind nie Wunschkinder. Seine Mutter ist eben wie viele proletarische Mädchen schlecht aufgeklärt über Verhütungsmittel, und einen Arzt, der ihr die Frucht abtreibt, finden zumindest damals eigentlich nur nichtproletarische Mädchen. Auf Drängen insbesondere ihrer Tante hin entschließt sich Dieters Mutter jedoch, den Vater zur Heirat zu drängen. Heirat oder Unterhaltszahlung! Sie will ihr Kind wohl vor der gesellschaftlichen Diskriminierung eines unehelichen Kindes bewahren, heiratet einen Mann, den sie nicht liebt.
Der Vater hat Förster gelernt, sattelt dann jedoch auf Bergmann

um, als sich nach dem Krieg herausstellt, daß er auf absehbare Zeit keine Försterstelle bekommen wird. Daher zieht der Vater gar nicht erst lange bei den Eltern von Dieters Mutter ein. Bald nach der Heirat geht er ins Ruhrgebiet, um dort zunächst alleine für seine Familie eine Existenz aufzubauen. Ein paar Tage im Monat kommt er zu Besuch zu seiner Familie. Mit der Zeit werden die Besuche immer unerfreulicher, weil sehr schnell Streit aufkommt. Denn nach ein, zwei Jahren Schufterei im Bergbau will der Vater die Familie ins Ruhrgebiet nachholen. Doch die Mutter will nicht, sie will mit dem Kind weiter bei ihren Eltern wohnen, wohl weil sie glaubt, mit dem Mann dort nicht glücklich zu werden. Gelegentlich kommt es zu sehr heftigen Auseinandersetzungen, wobei der Großvater die Mutter unterstützt.
Nach mehreren Jahren muß der Vater aus gesundheitlichen Gründen den Beruf aufgeben, er hat sich eine Staublunge geholt. Er ist berufs- und zeitweilig arbeitsunfähig. Die Krankheit zwingt ihn zur Aufgabe seines Plans, einen eigenen Haushalt aufzubauen; er muß zu seiner Familie ins Haus der Eltern seiner Frau einziehen. Krank und gedemütigt beginnt er dann in Alsfeld als ungelernter Arbeiter in einem Steinbruch zu arbeiten — er, ein gelernter Bergmann! Er fängt an zu trinken, zu prügeln, insbesondere den Jungen, und immer mehr zu streiten. Bis ins Mark getreten und verletzt, kann er selber nur noch treten und verletzen.
Die Staublunge ist die Berufskrankheit des Bergmanns. Der Bergmann hat ein durchschnittliches Invaliditätsalter von 53 Jahren. Die Gewerkschaften sind seit Jahren der Ansicht, daß bei geeigneten Absauganlagen der Kampf gegen die Staublunge erfolgreich geführt werden könnte. Aber Absauganlagen sind teuer. Der Bergbau ist ein schrumpfender Wirtschaftszweig. Der Arbeitskräftebedarf des Bergbaus wird zunehmend mit ausländischen Arbeitern gedeckt. Der Bergbau hat es nicht nötig, die Gesundheit seiner Arbeitskräfte zu schonen. Er kann sich den Verschleiß leisten. Im Interesse des Profits braucht man keine Absauganlagen, also spart man sie ein. Denn in der kapitalistischen Wirtschaft wird nicht im Interesse gesellschaftlicher Bedürfnisse, z. B. zugunsten der Gesundheit des Bergmanns, investiert, sondern im Interesse des Profits. Deshalb hat Dieters Vater sich eine Staublunge geholt, ist berufs- und arbeitsunfähig, mußte nach Hause zurückkehren, krank und gedemütigt, mußte als gelernter Bergmann ungelernt im Steinbruch arbeiten. Da hat er das Trinken angefangen, und die Verhältnisse zu Hause werden unerträglich.
Dieters Mutter hat ebenfalls zu arbeiten angefangen, schon in seinen Kindheitstagen. Sie arbeitet ganztags als ungelernte Arbeiterin in der keramischen Industrie. Sie malt Gartenzwerge an, arbeitet im Akkord. Die Fabrik, in der sie arbeitet, gehört

zum Tarifgebiet von Chemie-Papier-Keramik. In diesen Tarifgebieten gibt es immer noch Leichtlohngruppen, das bedeutet: die Lohngruppen für Hilfsarbeiter sind noch unterschieden nach leichter körperlicher Arbeit und normaler körperlicher Arbeit. Leicht: das ist für Frauen – normal: das gilt für Männer. Es bestehen Unterschiede zwischen Männer- und Frauenlohngruppen in Höhe von 5 bis 25 Prozent. Dieters Mutter gehört also zu jener großen Gruppe von dreieinhalb Millionen Arbeiterinnen in der Bundesrepublik, die nicht gleichen Lohn für gleichwertige Arbeit erhalten, die aufgrund ihres Geschlechts schlechter bezahlt werden, diskriminiert sind. Frauen sind billigere Arbeitskräfte als Männer, werden nicht als gleichwertig, sondern als minderwertig angesehen.

Dieters Mutter gehört außerdem zu jenen Müttern, die arbeiten gehen, weil das Einkommen der Männer nicht ausreicht, die Familie zu ernähren. Aus einer Untersuchung des DGB, die auf der 5. Bundesfrauenkonferenz des DGB 1965 in Berlin vorgelegt wurde, geht hervor, daß 66,7 Prozent der Mütter, die Arbeiterinnen sind, Männer haben, deren Lohn nicht die durchschnittlichen Ausgaben eines Haushalts deckt. Sie müssen also mit fürs tägliche Brot arbeiten, fürs Dach überm Kopf.

Dieters Mutter gehört schließlich zu jener Gruppe, gegen die sich der immer wieder erhobene Vorwurf der ›Mütterarbeit‹ richtet, zu jener Gruppe, für die sich einige Institutionen, z. B. die Evangelische Kirche, schon mal ausgedacht haben, man sollte ihnen das Arbeiten verbieten. Zu den Frauen, die aus Not arbeiten gehen, im Betrieb diskriminierend entlohnt werden und sich noch öffentlich dafür beleidigen und vorwerfen lassen müssen, ihre Mutterpflichten zu vernachlässigen, gehört also Dieters Mutter. Eben diesen Vorwurf erhebt dann ja auch das Jugendamt gegen sie: so heißt es in einem der Berichte, die Mutter sei schlampig und keine gute Hausfrau.

Wie soll es unter diesen Umständen noch ein gutes Verhältnis zwischen Mutter und Vater, Vater und Großvater, Eltern und Kind geben? Der Großvater braucht für seine kleine Landwirtschaft Hilfe, kann sich aber keine leisten. Der Vater aber, physisch und psychisch durch Berufswechsel, Staublunge und die Demütigungen kaputt, kann dem Großvater nicht helfen. Die Mutter: als Arbeiterin und Ehefrau kennt sie Lieblosigkeit, Unterdrückung und Mühsal innen und außen. Sie kann daher auch nicht ausgleichen, vermitteln.

Angesichts dieser Familienverhältnisse ist Dieters eigene Geschichte kaum verwunderlich. Er ist zwar in der Schule nicht schlecht, obwohl er in einer zweiklassigen Dorfschule, einer Fast-Zwergschule, von einem autoritären Lehrer nur kärgliches Wissen lernt und ihn der Lehrer des öfteren beim Vater wegen kleiner Streiche anschwärzt, so daß der Vater an Stelle des Lehrers Dieter prügelt. Denn in Hessen ist das erstere erlaubt, das letztere verboten. Als ob Prügel je einen Einfluß auf Schulverhalten und Leistungen gehabt hätten. Es ist auch nicht so, daß Dieter die Schule geschwänzt hat. Aber: »Alle Beobachtungen, Untersuchungen und Feststellungen — die an verwahrlosten Kindern gemacht wurden, stimmen darin überein, daß die Verwahrlosung der Kinder mit Herumtreiben beginnt [...] Befragen wir die jungen Vagabunden, wovor sie sich fürchten und was sie in die Flucht trieb, so erhalten wir in den allermeisten Fällen die erschütternde Antwort: ›Ich sollte Prügel bekommen.‹ Wenn nicht das Haus, so stellt die Schule die Bewährungsfähigkeit des Kindes auf die Probe. Die zahlreichsten Anlässe der Verwahrlosung ergeben sich in der Tat aus dem Schulleben. Hier sieht sich das Kind von vornherein der beamteten, offiziellen Überlegenheit des Lehrers ausgeliefert, hier wird ihm seine Kleinheit und Minderwertigkeit schonungslos zum Bewußtsein gebracht.«[1] In der Fast-Zwergschule, die Dieter besucht, deren Lehrer sich nicht um seine Sorgen, sondern nur um seine Verprügelung kümmert, ist das genau erfüllt.

Als Dieter 1964 die Schule verläßt, ist er — so das Jugendamt — noch nicht berufsreif. Wo soll er auch Sicherheit, Selbstbewußtsein, einen klaren Kopf, kurz Berufsreife hernehmen — nach dieser Familien- und Schulgeschichte? Er will Maschinenschlosser oder Schweißer werden, doch er findet keine Lehrstelle; die freie Berufswahl steht nur auf dem Papier. Er fängt lustlos als Anlernling im Elektrofach an, auch hier ist keine Lehrstelle frei. Sein Berufsleben beginnt — wie sein Leben — unter dem Vorzeichen von ihm nicht beeinflußbarer, von den Gesetzen der Wirtschaft bestimmter Unfreiwilligkeit. Von ihm wird nur verlangt, daß er alles schluckt und daß er spurt. So wiederholt sich nun an ihm das Schicksal seines Vaters, ein Arbeiterschicksal. Er wird Anlernling, bekommt 60 DM im Monat, den Lohn eines Lehrlings, den er zu Hause abgeben muß. Er besteht die Zwischenprüfungen gut bis befriedigend, er ist Anwärter auf eine Lehrstelle, die er dann aber doch nicht bekommt, dafür aber weiterhin den geringen Lohn. Er verschafft sich mit Hilfe der Mutter ein kleines Taschengeld und wird vom Vater verdroschen, als das herauskommt. Daraufhin wird er im Betrieb widerwillig und aggressiv, zerstört mutwillig Werkzeug. Nach eineinhalb Jahren, im August 1965, fliegt er raus. Die Firma kennt kein Erbarmen: wer nicht funktioniert — aus welchen Gründen auch immer —, fliegt.

Auf der nächsten Stelle, einer Stuhlfabrik, wird er entlassen, weil er nach dem Besuch der Berufsschule den restlichen Tag nicht mehr zur Arbeit geht. Er will mal einen Tag lang das Leben eines bürgerlichen Jungen haben: nach der Schule frei sein. — Wo gibt es denn so was! Seit wann maßt sich denn ein

Arbeiterjunge an, zu leben wie ein Oberschüler — wo kämen wir da hin!?
Auf der nächsten Stelle wird er fristlos entlassen, weil er sich beim Zählen von Kartonagen vertut. Die proletarische Frau, die sich verzählt, kriegt ein Kind. Der proletarische Junge, der sich verzählt, fliegt. Ein gleichaltriger Oberschüler, der sich vertut, kriegt einen blauen Brief, eine neue Chance. Ein proletarischer Junge bekommt nie eine weitere Chance.
Dann, September 1965, arbeitet er in einem Sägewerk und hat einen Unfall, den er mit dem Verlust eines Fingers bezahlt. Das Jugendamt kommentiert den Unfall: »Aus Unachtsamkeit und Leichtsinn hat er sich eine Verletzung an der rechten Hand und den Verlust eines Fingers zugezogen.« Das Jugendamt — dummdreist wie bisher auch gegenüber der Mutter — hat natürlich keine Ahnung von Arbeitschutzbestimmungen, kennt nicht die Forderung des Internationalen Arbeitsamtes in Genf, daß die Mitgliedsländer Maschinenschutzgesetze verabschieden sollen, weiß nicht, daß der Deutsche Bundestag bis weit in die sechziger Jahre hinein gezögert hat, es zu verabschieden, weiß nicht, daß die Gewerbeaufsicht aus Personalmangel nicht funktioniert, erkundigt sich überhaupt nicht, ob die Säge den geltenden Schutzbestimmungen entsprechend gesichert ist. Der Unfall passiert, weil Dieter aus Versehen mit dem Knie den Auslösungsmechanismus der Säge in Gang setzt, während er die rechte Hand in der Säge hat. Die Säge ist also alles andere als idiotensicher, und es besteht ohne Studium der näheren Umstände überhaupt kein Zweifel daran, daß die Gewerbeaufsicht Dieters Chef den Betrieb dieser Säge verboten hätte. Dieters Chef ist aber offenbar der Umbau der Säge zu teuer; so wie den Bergbauunternehmungen die Absauganlagen zu teuer sind: Dieter verliert einen Finger, wie sein Vater sich die Staublunge geholt hat — gemeinsames proletarisches Schicksal.
Dann hat er die Nase voll und treibt sich herum. »Das arme Kind, das in zerrütteter Familie, unter widrigen Lebensverhältnissen, in drückender Abhängigkeit aufwachsende Kind, das verprügelte Kind — das, mit einem Wort, proletarische Kind wird im allgemeinen die stärksten Dispositionen mitbringen für einen Lebensplan, der sein letztes Heil in der Flucht sucht, für eine Verhaltensweise, die in der Verwahrlosung einmündet.«[2]
Wer an Dieters Stelle hätte nicht das Heulen und das kalte Kotzen gekriegt, hätte nicht den Ausweg in der Flucht gesucht!? Im Februar 1966, Dieter ist einige Male in Städtchen der Umgebung nachts von der Polizei aufgegriffen worden, wird er von der Fürsorge abgeholt. Er kommt in ein Erziehungsheim, nach Wabern in Hessen.

Dieter wächst unter spezifisch proletarischen Lebensumständen auf: unerwünscht, aber geboren; unehelich geboren, aber wegen der gesellschaftlichen Diskriminierung heiraten dann doch die Eltern; die Eltern lieben sich eigentlich nicht und streiten sich laufend, müssen aber eben eine Ehe führen; die Eltern arbeiten beide für den Lebensunterhalt der Familie, aber die Ausbeutung ihrer Arbeitskraft durch die Kapitalisten erfolgt so extrem, die Zerstörung ihrer Gesundheit und der Verlust des Arbeitsplatzes demütigen insbesondere den Vater so sehr, daß ihr Leben eigentlich kein Leben mehr ist, sie leben nur noch um zu arbeiten. »Man kann von einem Menschen, auf die Dauer jedenfalls, kaum sehr viel andere Gefühle für andere erwarten, als er sie selbst beständig erlebt oder erfährt. Geringes Einkommen, geringes Prestige, geringe Macht und geringe Autonomie werden als ›Lieblosigkeit‹ der Gesellschaft erfahren. Und der Druck dieser Lieblosigkeit erhöht sich dadurch, daß berufliche Ohnmacht und Stagnation oft als Versagen erlebt werden. Zur Unfreundlichkeit der Welt kommt die des eigenen Ich zu sich selbst hinzu. Auch dies ist empirisch längst bekannt: Nirgends ist die Unzufriedenheit mit Beruf und eigener Person so verbreitet wie in der Unterschicht [. . .] Je strenger die Arbeit eines Menschen geregelt ist durch Normen, Anweisungen oder, im Extrem, durch mechanische Abläufe am Fließband, desto liebloser wird er zu seinen Kindern sein. Je unzufriedener ein Mensch mit seinem Beruf ist, desto mehr wird er zu Feindseligkeit und Schlägen neigen. Je abhängiger die Stellung eines Mannes ist, desto weniger Wärme, Verständnis, Anregung und Hilfe wird er für seine Kinder mit nach Hause bringen. Je weniger aber ein Mann nach Hause bringt an Ansehen, Geld und positiven Gefühlen, desto weniger werden ihn seine Kinder lieben, desto schwerer wird ihnen der Gehorsam gegenüber seinen Forderungen, die sich wiederum verschärfen, je gehorsamer er selbst im Beruf sein muß [. . .]
Kriminalität und Familienzerrüttung stehen am untersten Ende der Skala der Folgen eines Familienlebens, das quasi von außen, durch vom einzelnen nicht kontrollierbare Mächte zerstört wird [. . .] Die Frage nach den Ursachen, ja sogar nach der Schuld verschiebt sich damit aber vom Individuum, das eher gebundenes Opfer ist [. . .], hin zur Gesellschaft. Aggressionen, deren legitimes Ziel Vorgesetzte, Betrieb, oder, ins Allgemeine gewandt, ein Produktionssystem sein müßte, das seelisches Gleichgewicht für breite Schichten oft nur um den Preis zuläßt, daß es unter hohen Opfern im Privaten regeneriert wird, werden auf die ohnehin Schwächsten umgeleitet. Dies heißt aber, daß die Fähigkeit, im Arbeitsprozeß zu funktionieren, erkauft wird durch fehlendes Familienglück und durch lang anhaltende seelische Störungen von Teilen der kommenden Genera-

tion. Wo Produktion und Lebenserhaltung erkauft werden müssen durch ›familiäre Verelendung‹, da scheinen Zweifel erlaubt, am menschlichen Gleichgewicht des Systems.«[3]

Dieter erfährt diese Situation tagtäglich, sie prägt sich tief in ihm ein. Und da seine Eltern nicht die Ursachen erkennen, warum es ihnen so dreckig geht, können sie auch ihm keine Erklärung dafür vermitteln, warum er das alles aushalten muß. Er begreift nicht, wieso sein Vater seinen Beruf wechseln muß, eine Staublunge hat, die Mutter in der Fabrik vor die Hunde geht und doch kaum Geld zu Hause da ist.

Er versteht nicht, als er selber beginnt zu arbeiten, warum er Reichtümer schaffen soll, von denen er nichts abbekommt. Da seine Eltern und Großeltern sich streiten, statt sich gemeinsam gegen die Verhältnisse zu wehren, sucht auch Dieter die Schuld bei seinen Eltern. Er sieht nicht die Parallelität seines Schicksals mit dem seines Vaters. Beide sehen das nicht. Beide solidarisieren und helfen sich daher auch nicht. Dieter muß daher glauben, er könne dem Unglück entrinnen, wenn er sich den Eltern widersetzt, im Betrieb sich auflehnt, von zu Hause abhaut. Er weiß nicht, daß ihn das Unglück immer wieder einholt.

Aus dieser unverstandenen und unerklärten wirtschaftlichen und familiären Not heraus entwickelt er daher zu geringe Einsicht in gesellschaftliche Notwendigkeiten, er kann sie nur noch völlig ablehnen, weil sie ihm nicht einmal einen Schimmer von Glück und Befreiung vorspiegeln können. Noch nicht einmal ein bißchen Geld oder persönlicher Konsum sind für ihn aus der Arbeit rausgesprungen. Welchen Grund hätte er da noch haben können, weiter mitzumachen? Für die Fürsorge stellt sich Dieters Situation dagegen schlicht so dar: wegen »wenig geordneter Familienverhältnisse [. . .] dürfte in seiner gesamten Entwicklung eine Verzögerung eingetreten sein«. Er wird als labil, ziellos, haltlos, beeinflußbar und unstet etikettiert. Weil man nichts daran erklären kann und auch gar nicht will, ergreift die Fürsorge dann nur eine Maßnahme: Heimerziehung.

›Auffällige‹ Jugendliche

Diese drei Lebensläufe sind nicht Ausnahmefälle, sondern typisch für die von sehr vielen Jugendlichen, insbesondere von proletarischen. Ihr ›abweichendes Verhalten‹, wie die bürgerliche Pädagogik es bezeichnet, ist bei Hunderttausenden zu finden. Allgemeine Verhaltensstörungen sind bei ca. 1,7 Millionen Kindern und Jugendlichen zu finden, das sind acht Prozent aller unter 25jährigen in der Bundesrepublik. Die meisten davon sind lern-, körper- oder sprachbehindert; zwei Prozent, also ca. 400 000, gelten als ›schwer erziehbar‹.[4] Über 800 000 Kinder stehen unter Vormundschaft, 67 Prozent davon haben einen Amtsvormund. Über 520 000 leben in Pflegeaufsicht, davon 94 000 (18 Prozent) als Pflegekinder in fremden Familien.

390 000 Minderjährige (2,3 Prozent) werden von der Fürsorge ›formlos‹ erzieherisch betreut. Weitere 60 000 Minderjährige stehen unter Erziehungsbeistandsschaft, Freiwilliger Erziehungshilfe und Fürsorgeerziehung, das sind über drei Promille aller Minderjährigen; 40 000 von ihnen leben in Fürsorgeerziehungsheimen. In Heimen aller Art leben ca. 130 000 Kinder und Jugendliche.[5]

Die Jugendgerichtshilfe bearbeitet pro Jahr ca. 225 000 Fälle. Für 120 000 Delikte, die von Kindern und Jugendlichen begangen worden sind, sind Strafen ausgesprochen worden. 9000 Kinder und Jugendliche sitzen im Jugendknast.[6]

Wie die drei Beispiele zeigen, liegen massive gesellschaftliche Ursachen hinter dem ›auffälligen Verhalten‹. Wenn Dieter die ›Lust‹ zu arbeiten verliert, von zu Hause abhaut, sich rumtreibt, wenn Heinz die Schule rechts liegen läßt, sie schwänzt, klaut, wenn Peter sich auflehnt, nicht mehr mitmachen will, dann ist dies als Ausbruch aus einem unerträglichen geistigen und materiellen Druck zu verstehen. Sie können die Widersprüche unseres gesellschaftlichen Systems, zumindest in der Form, wie sie ihnen erscheinen, nicht ertragen und versuchen, sich ihnen zu entziehen, vor ihnen zu fliehen. Das jedoch muß scheitern. Dafür sorgt die Fürsorge.

Es sind im wesentlichen zwei Widersprüche der kapitalistischen Gesellschaft, die die ›schwer erziehbaren‹ Jugendlichen nicht richtig bewältigen können: das private Eigentum und die Lohnarbeit.

Vor ihrer Einweisung haben 76,5 % der männlichen und 35,5 % der weiblichen Fürsorgezöglinge Eigentumsdelikte, meistens kleineren Umfanges, begangen. 34 % bzw. 42,5 % bummelten bei der Arbeit, 30 % bzw. 14 % schwänzten die Schule. Bei 20,5 % der männlichen Zöglinge ist Diebstahl der Haupteinweisungsgrund, bei 8,5 % Arbeitsbummelei und bei 7,5 % Schuleschwänzen. Bei den Mädchen sind der Haupteinweisungsgrund ›unerwünschte sexuelle Beziehungen‹. Bei 45 % der männlichen und 47 % der weiblichen Jugendlichen sind mehrere Gründe fest miteinander verbunden, so z. B. Diebstahl zusammen mit Weglaufen von zu Hause oder zusammen mit Arbeit- und Schuleschwänzen, oder bei den Mädchen ›unerwünschte sexuelle Beziehungen‹ zusammen mit Fortlaufen oder Arbeitsbummelei.[7]

Jugendliche eines Erziehungsheimes z. B. waren zu nur 20 %

mit ihrem Beruf vor der Einweisung zufrieden, 80 % dagegen hatten Arbeitsschwierigkeiten.[8]
Die Jugendlichen sehen, wie sie mit ihrer Hände Arbeit mithelfen, riesige Reichtümer aufzuhäufen, von denen sie aber kaum einen Fitz bekommen. Sie erhalten in vielen Fällen sogar noch weniger als das wenige, was ihre Arbeitskollegen um sie herum erhalten, weil sie, wie z. B. bei Dieter, alles zu Hause abgeben müssen, oder weil sie, wie z. B. bei Peter, als Heimkinder ihren Lohn nicht in die Hände bekommen, sondern nur ein geringes Taschengeld. Da ist es nur zu verständlich, daß sie nicht einsehen, warum sie sich ausbeuten lassen sollen, warum sie für andere schuften sollen. Das Elend ihres Zuhause, falls sie eines haben, ihre gestörten Familienverhältnisse, die fast immer wirtschaftlicher Probleme wegen so beschissen sind, zeigen ihnen deutlicher als anderen ihre ›Zukunft‹. Bei dem einen oder anderen dauert es kürzer oder länger, bis er durchblickt und nicht mehr mitmachen will und ›aussteigt‹. Entweder nehmen sie sich einfach einen Teil der Reichtümer, oder — romantischere Form der Flucht — sie gehen auf Fahrt, auf in die Großstadt, in den Süden, irgendwohin; sie verlassen Arbeit und Schule und Elternhaus. Während jedoch die meisten Jugendlichen, die ins Erziehungsheim kommen, schon einiges angestellt haben müssen, kommt ein kleiner Teil relativ schnell hinein. Es sind dies, wie z. B. Peter oder Heinz, die Jugendlichen, die schon vorher in Heimen und Pflegestellen ›fürsorgerisch‹ behandelt worden sind. Wenn sie die Volksschule abgeschlossen haben und sich ein wenig gegen die Drangsale der Fürsorge wehren und dann bei ersten Versuchen, selbständig zu leben, scheitern, landen sie sehr rasch z. B. im Staffelberg. Ihr Anteil an den Fürsorgezöglingen beträgt ca. 22 % bei den männlichen und 12,5 % bei den weiblichen Zöglingen; wobei bei den ersteren vorher 12,5 % in Kinderheimen und 9,5 % in mehreren Pflegestellen mit Kontaktwechsel gewesen sind, während bei den Mädchen es 7 % bzw. 5,5 % sind. Die Fürsorge schafft sich also z. T. selber ihre ›Arbeitsobjekte‹.[9]

Bürgerliche und kleinbürgerliche Ideologen — auf der Suche nach den Ursachen — haben vertreten und vertreten z. T. noch heute die These, es sei die Großstadt, die die Menschen, insbesondere die Jugend entwurzele, gefährde usw. Also versprechen sie sich von der ›Reinigungskraft‹ der Natur und dem Arbeiten auf dem Lande Abhilfe.
Die These schien durch Statistiken bewiesen, nach denen überdurchschnittlich viele Fürsorgezöglinge aus Großstädten kamen. Eine Statistik von 1906 vermittelt diesen Eindruck, doch heute zeigt eine ähnlich aufgegliederte Statistik ganz andere Verhältnisse.[10]

Gemeindegröße	Preußen 1906 FE %	1905 Bev. % (bis 18 J.)	Regierungs-Bezirk Hannover in FE 1963 männl. %	weibl. %	Bev. % (bis 18 J.)
unter 2000	17,9	44,3	26	31	37,1
2000—5000	9,5	11	16	11	15,7
5—20 000	10,9	14,5	20	19,5	17,8
20—100 000	30,1	13,4	22,5	29	15,4
über 100 000	31,4	16,8	14	9	14

Berechtigter als die bürgerliche These von der Großstadtgefahr ist wohl die, daß vor 50 Jahren die Ursache der durch den Kapitalismus verursachte ungeheure gesellschaftliche Wandel mit seinen die Familien zerreißenden Widersprüchen gewesen ist. In den großstädtischen Slums traten die Widersprüche deshalb am schärfsten auf, weil sich dort der Kapitalismus als erstes gegenüber dem Feudalismus durchsetzte. Innerhalb von nur fünf Jahren, von 1900 bis 1905, nahm die preußische Bevölkerung, welche in Städten über 100 000 Einwohnern lebte, um ca. 30 % zu.[11] Heute äußern sich die Widersprüche des Kapitalismus dagegen in kleineren und mittleren Städten schärfer als in den Großstädten. Damals wie heute sind die Ursachen eben nicht die Lasterhöhlen der Großstädte, zu denen wohl die wenigsten Proletarier Zugang haben, oder der ›moralische Verfall‹ usw., sondern es ist die Schärfe der Ausbeutung. Sie äußert sich heute durch Pendlersituation und niedrigere Löhne in den Klein- und Mittelstädten am klarsten. Die Erziehungsschwierigkeiten sind auch deshalb heute in den kleineren und mittleren Städten größer als in den Großstädten, weil die Kinder und Jugendlichen dort zwar dieselben ›Freiheiten‹ und Zerstreuungen genießen wollen wie die Jugendlichen in den Großstädten, wie sie aus Radio, Fernsehen und Presse zu wissen glauben, weil sie das aber in noch geringerer Weise in ihren Städten realisieren können als die Großstadtjugend. Die ökonomische und die kulturelle Situation ist also heute in den kleineren Städten schlechter als in den Großstädten, im Gegensatz zu den Verhältnissen früher, wo der Kapitalismus das weite Land und die kleinen Städte noch nicht so fest im Griff hatte und die Bauern- und Handwerkerfamilien sich noch mehr recht als gut durchschlagen konnten.

Eine andere Begründung für die Auffälligkeit von Jugendlichen sahen und sehen bürgerliche Ideologen in einer angeblichen biologisch-negativen Auswahl aus der Bevölkerung. Sie behaupten, schlechte Neigungen, Auffälligkeit seien erblich bedingt. Dem widerspricht aber schon, daß Verhaltensstörungen bei der Jugend ein allgemeines Problem sind. Hinzu kommt, daß solche Behauptungen biologisch unbeweisbar sind. Außerdem haben diejenigen Jugendlichen, die ernstlich kriminell werden, meistens einen langen, dahin führenden Lernprozeß hinter sich. Und Fachleute halten dabei die Jugendkriminalität sogar zu 75 % für Pseudokriminalität.[12]

Die Kinder und Jugendlichen, die der Fürsorge in die Hände fallen, sind aber auch keineswegs dümmer, schlechter oder von Natur aus unmoralischer als andere.

Sicher, die Schulleistungen sind kärglich; zum Schulbesuch benötigt das Kind ja auch Unterstützung von außen. Diese aber hat bei den meisten gerade gefehlt. Trotzdem haben immerhin 54 % aller männlichen und 61,5 % aller weiblichen Fürsorgezöglinge die Volksschule abgeschlossen. Die Rate in der Gesamtbevölkerung beträgt allerdings 79,1 %. Weitere 2,5 % bzw. 3 % haben weiterbildende Schulen besucht gegenüber 19,5 % in der Gesamtbevölkerung. Während also nur 1,4 % der Gesamtbevölkerung ohne Volksschulabschluß bleiben oder die Sonderschule besuchen, sind dies 43 % bzw. 35,5 % bei den Zöglingen.[13]

Aber bei Tests, die die entwickelte praktische, verbale und abstrakte Intelligenz ›messen‹, sieht es ganz anders aus. So gibt es z. B. zwischen jungen Rechtsbrechern und Gesetzestreuen im Intelligenzquotienten kaum eine Differenz, 92 gegenüber 94 IQ.[14]

Und bei Fürsorgezöglingen ist der Anteil der Jugendlichen mit unterdurchschnittlicher Intelligenz (80—89 IQ) und Debiler (IQ unter 80) mit 21,5 % für die männlichen und 30 % für die weiblichen im Bereich des üblichen. Bei der Gesamtbevölkerung sind es 25 %. Also fast 80 % der männlichen und 79 % der weiblichen Fürsorgezöglinge haben durchschnittliche Intelligenz oder bessere.[15]

Wenn Kinder oder Jugendliche in Fürsorgeerziehung kommen, sind sie also durchschnittlich geistig und körperlich genauso entwickelt wie andere Kinder, lediglich verbale Ausdrucksformen und Leistungen in der Schule hinken hinterher. Das könnte aber durchaus in kurzer Zeit in richtiger Art und Weise nachgeholt werden. Jene Kinder aber allerdings in Erziehungsheime zu stecken, ist ein verabscheuungswürdiges Verbrechen an ihnen. Denn für alle Jugendlichen sieht ihre psychische und intelligenzmäßige Situation ganz anders, nämlich viel schlechter, aus, wenn sie die Fürsorgeerziehung hinter sich haben!

Das Versagen der Familie

Wieso versagen so viele, insbesondere proletarische Familien bei der Erziehung ihrer Kinder, so daß die Fürsorge eingreift? Wieso wirken familiäre Konflikte sich so ungünstig für die Kinder aus?

Alle proletarischen Familien haben im Kapitalismus große Anstrengungen zu machen, um ihre Aufgaben, insbesondere die Aufzucht ihrer Kinder, einigermaßen zu erfüllen. Ausbeutung, Entfremdung, totale Verfügbarkeit zerstören Lebensenergie, Selbstvertrauen und Gesundheit. Die Spuren davon, daß Menschen zur bloßen Ware, zum profitbringenden Objekt gemacht werden, sind an den Zuständen in den proletarischen Familien ablesbar. Das wesentliche ist: es fällt allen proletarischen Familien schwer, wegen der Widersprüche aus dem Produktionsprozeß das komplizierte Familiengleichgewicht zwischen Mann und Frau, zwischen Eltern und Kindern, zwischen Ruhe, Entspannung und Erlebnishunger in der Waage zu halten. Ca. 45 % der Mütter von Zöglingen sind berufstätig.[16]

Sofort ist das Gleichgewicht gestört, wenn die physische Reproduktion gefährdet ist – durch Krankheit, Arbeitsschwierigkeiten, Arbeitsplatzwechsel, durch Arbeitslosigkeit. Prinzipiell ist davon jede proletarische Familie bedroht. Die Krisen kommen immer wieder, und proletarische Familien besitzen kein Vermögen, Krisen ruhig und sicher durchzustehen.

Langsamer, aber nicht weniger stark, wird die Familie ge- und zerstört, wenn die psychische Regeneration nicht gelingt. Wenn die Arbeitsspannungen nicht durch die Familie einigermaßen entspannt werden, sind sie im Laufe der Zeit nicht mehr auszuhalten, und dem unerträglichen Druck versucht dann jeder auf seine Weise zu entfliehen: Flucht vor der Arbeit, in den Alkohol, aus der Familie.

Auf die Kinder wirken sich solche Deformationen der Familie stark aus, ihre sozialen Lernprozesse werden schwieriger. Unmöglich ist Lernen, wenn die Lernprozesse widersprüchlich (gleichzeitig Lob und Tadel) oder zu stark bzw. zu schwach belohnt werden. Die Anpassung an die Realität wird verfälscht. Je fluktuierender und loser das Verhältnis der Eltern zueinander und zu den Kindern ist, um so mehr scheitern die Kinder bei der Anpassung. Eine gründliche Untersuchung von Fürsorgezöglingen ergab, daß nur 3 % der männlichen und 3,5 % der weiblichen Zöglinge aus einer Familie stammen, wo beide leiblichen Eltern noch leben und wo die Eltern sich verstehen. Alle anderen Fürsorgezöglinge stammen aus Familien, wo ein Elternteil oder beide fehlen oder es mit den Eltern ›nicht stimmt‹.[17] Aus vollständigen Familien kommen 35,1 % der Jugendlichen, aus einer geschiedenen Ehe kommen 25 %, unehelich sind 22,5 %, Halb- oder Vollwaise sind 14,2 %.[18] Diese Zahlen zeigen, daß kaum ein Kind in Fürsorgeerziehung kommt, wenn die Familie ›intakt‹ ist.

Wenn die familiären Widersprüche solche verheerenden Folgen für den Bestand der Familie und eine richtige Erziehung der Kinder haben und wenn das bei sehr vielen Familien so ist und wenn weiterhin die Ursachen dieser Widersprüche im wesentlichen in gesellschaftlichen Widersprüchen des Kapitalismus liegen, warum betrachten dann so viele Familien ihre Probleme als ihre Privatsache, obwohl es doch wirklich nicht nur ihre private Sache ist? Warum sind insbesondere proletarische Kinder in so hohem Anteil in Fürsorgeerziehung? War das immer so?

1912 war der relative Anteil proletarischer Kinder an den in Fürsorgeerziehung stehenden Kindern relativ geringer als heute. – Während 1907 das Industrieproletariat ca. 35 % der gesamten Bevölkerung ausmachte, beträgt heute der Anteil der ›Unterschicht‹, die in etwa dem Industrieproletariat gleichzusetzen ist (gelernte und ungelernte Arbeiter, abhängige Handwerker in Werkstätten, Industrie, Landwirtschaft und persönlichen Diensten), ca. 52 %. Der Anteil der Fürsorgezöglinge aus dem Proletariat bzw. aus der ›Unterschicht‹ betrug 1912 jedoch 43 %; 1964 dagegen 83 % (männliche) bzw. 92,5 % (weibliche)! Von den schulentlassenen Fürsorgezöglingen waren 1912 vor ihrer Einweisung nur 41,5 % in Gewerbebetrieben beschäftigt. Die anderen arbeiteten im Handwerk (36,4 %), in der Landwirtschaft (10,8 %), waren zu Hause (2,3 %) oder arbeiteten nicht (5,9 %).[19] Trotz äußerster Not also konnte noch in den ersten Jahrzehnten dieses Jahrhunderts das Proletariat seinen Anteil an extrem ›auffälligen‹ Kindern relativ gering halten. Das gelang dem Proletariat insbesondere durch große Klassensolidarität und klares Klassenbewußtsein. Familiäre Probleme und die Probleme der Kinder wurden politisch begriffen und nicht als privates Unglück. So machte das Proletariat gerade nach dem ersten Weltkrieg und in den Wirtschaftskrisen der zwanziger Jahre große Anstrengungen, die auf Grund größter Not drohende Verwahrlosung proletarischer Kinder durch eine Kinder- und Jugendbewegung aufzufangen.

Nach den großen Niederlagen des Proletariats jedoch (Weltwirtschaftskrise, Faschismus) und mit der beginnenden Restauration in der Bundesrepublik verringerte sich die Klassensolidarität des Proletariats. In Not geratende proletarische Familien stehen ohne Hilfe da. Im Gegenteil, das Proletariat verhält sich jetzt ihnen gegenüber genauso wie vor Jahrzehnten das Kleinbürgertum dem deklassierten Kleinbürgertum gegenüber: statt solidarisch und organisiert zu helfen, verachtet es sie, statt die Ursachen klassenbewußt zu analysieren, entwickelt es emotionale

Vorurteile. Dabei übersieht das Proletariat, daß das deklassierte Proletariat heute aus Gründen scheitert, die völlig verschieden von denen des deklassierten Kleinbürgers sind, der zu fein ist, Prolet zu werden!
So macht der Verlust der praktischen und ideologischen Klassensolidarität alle proletarischen Familien verwundbarer. Das Proletariat ist heute ungewappneter gegenüber familiären und ökonomischen Krisen.
Beim Kleinbürgertum sehen die Probleme anders aus. 1907 betrug der Anteil kleinbürgerlicher Gruppen (ohne Bauern) an der Gesamtbevölkerung ca. 35 % und 1955 die in etwa vergleichbare Gruppierung ca. 38,6 %. Der Anteil kleinbürgerlicher Fürsorgezöglinge sank von ca. 17,4 % im Jahre 1912 auf ca. 14 % bei männlichen und 4,5 % bei weiblichen Jugendlichen. Wenn wir berücksichtigen, daß die Gelegenheitsarbeiter um 1912, die damals nur 0,7 % der Bevölkerung ausmachten, im wesentlichen ehemalige Kleinbürger waren, die ihre ökonomische Stellung verloren hatten, dennoch aber sich weigerten, einfache Arbeiter zu werden, verringerte sich in den fünf Jahrzehnten der Anteil kleinbürgerlicher Kinder an Fürsorgezöglingen um sehr viel mehr, von 38 % (1912) auf 14,5 %.[20] Den hohen Anteil kleinbürgerlicher Kinder an Zöglingen um 1912 können wir damit erklären, daß damals das Kleinbürgertum in riesigem Ausmaße zwischen Proletariat und Bourgeoisie zerrieben wurde, aus seiner ›unabhängigen‹ ökonomischen Situation ›entwurzelt‹ wurde. Diese Zerreißprobe zerriß viele Familien. Verlor der Kleinbürger endgültig seine unabhängige Existenz, wollte er sich aber immer noch nicht damit abfinden, Lohnarbeiter, Prolet, zu werden, dann wurde er zum Lumpenproletarier. Er arbeitete nur gelegentlich, mal dies mal das, und hoffte im übrigen auf bessere Zeiten, auf Wiedereintritt ins Kleinbürgertum. Zu solidarischen Maßnahmen gegen diese drohende Deklassierung zum Lumpenproletariat konnte sich das Kleinbürgertum wesensgemäß nicht aufraffen, es hätte auch seiner Ideologie der ›Selbständigkeit‹ und ›Unabhängigkeit‹ widersprochen. Vielmehr verachteten die noch nicht Entwurzelten die gerade Gestrauchelten und hofften auf die dadurch verbesserten eigenen geschäftlichen Chancen, weil es einen Konkurrenten weniger gab.
In den fünfziger Jahren jedoch hat das Kleinbürgertum bzw. seine neuen Erscheinungsformen auf Grund der vorübergehend verbesserten ökonomischen Situation (Ausweitung des Dienstleistungssektors, Vergrößerung des Beamtenheeres und der Spezialisten) seine Kinder vor offener ›Verwahrlosung‹ in wesentlich stärkerer Weise bewahren können. Zu Hilfe kam auch die bessere finanzielle Situation, so daß sie sich Internatsaufenthalte, Hauspersonal, Nachhilfestunden leisten konnten. Ende

der sechziger Jahre scheint diese Situation sich jedoch verwandelt zu haben. Der Anteil kleinbürgerlicher Kinder an Fürsorgezöglingen nimmt wieder zu.

Die Familie als Erziehungsinstitution

Die geschilderten familiären Probleme haben gezeigt, daß es sich nicht um private handelt. Worin liegt jedoch zwischen individueller Organisation und gesellschaftlicher Grundlage der Widerspruch?
Die bürgerliche Gesellschaft überträgt, wie viele andere Kulturen, der Familie die Aufgabe, den Nachwuchs zum Leben in der Klassengesellschaft zu befähigen. Sie soll den Nachwuchs an die gesellschaftlichen Normen anpassen, kann aber die wichtigsten (etwa: die ökonomischen) nur indirekt vermitteln. Die Familie ist seit dem Beginn des Kapitalismus immer mehr von ihrer ökonomischen Basis, dem eigenen Betrieb oder Hof, losgelöst worden. Sie ist ja seitdem nicht mehr kleinste umfassende Gesellschaftseinheit. Alle Familienmitglieder, soweit sie arbeitsfähig sind, arbeiten außerhalb der Familie. Der Vater, der vorher selbständig wirtschaftete, ob als Bauer oder Handwerker, ist nun nur mehr Proletarier, Teil eines gesellschaftlichen Arbeitsprozesses, hat auch nichts anderes mehr zu verkaufen als seine Arbeitskraft. Für die Kinder arbeitet der Vater ›unsichtbar‹. So kann der Nachwuchs bis weit ins Jünglingsalter hinein wichtige Normen nicht direkt von seiner Umwelt erfahren und sich ihnen anpassen.
Hinzu kommt die Verkleinerung der Familie. Da eine Großfamilie ohne ökonomische Basis unsinnig ist, verliert der Nachwuchs in der Kleinfamilie auch die Möglichkeit, wichtige kollektive Sozialisierungsformen früh zu lernen. Die Familie, das heißt jetzt also als natürliche Vorbilder nur noch: Vater und Mutter, kann daher wichtige Verhaltensweisen nur abstrakt, mittelbar, ihren Kindern vermitteln.
Direkte Funktionen hat die Familie daher nur noch außerökonomisch:
– *Biologische Reproduktion.* Die meisten Kinder werden in der Familie gezeugt und aufgezogen.
– *Physische Regeneration.* Die Wiederherstellung der Arbeitskraft erfolgt in der Familie.
– *Psychische Regeneration.* In der Familie erfolgt der Triebausgleich. Die im Laufe einer Zeitspanne aufgestauten Aggressionen, Frustrationen (i. w. aus dem Produktionsprozeß herrührend), die gewachsenen Triebe (Sexualität, Bewegung etc.)

und sonstige Spannungen werden gewöhnlich in der Familie ausgeglichen (psychodynamischer Triebausgleich).
— *Sozialisierung, Statuszuweisung und -kontrolle.* Kinder werden in der Familie genährt und erzogen und wegen der klassenspezifisch unterschiedlichen Familiensituation auch in ihre Klasse hineingeboren und -erzogen. In der Familie lernen sie nicht nur, sich Vater und Mutter gegenüber zu verhalten, sondern auch als Klassenmitglied der eigenen und fremden Klassen gegenüber.

Das Hauptproblem der Familie bei der Aufzucht ihrer Kinder ist daher: diese auf die Arbeitssituation vorzubereiten. Denn es ist wichtig für die Kinder zu lernen, das Negative an der Arbeit — wie z. B. Ausbeutung, entfremdete Produktion, Disziplinierung, Einordnen in die Betriebshierarchie — auszuhalten. Die Familie muß die aus der Arbeitssituation entstehenden Schwierigkeiten auffangen. Da proletarische Eltern in steigendem Maße oft beide Lohnarbeit leisten, können beide dem Kind ihre langen Erfahrungen vermitteln. In einer proletarischen Familie ist eine solche Vermittlung dann richtig, wenn die Eltern auch ihre Erfahrungen aus dem Klassenkampf mitteilen und über den gegenwärtigen Stand der Kämpfe laufend berichten. Am günstigsten für ein proletarisches Kind ist es, wenn seine Eltern selber aktiv und organisiert am praktischen Klassenkampf teilnehmen und so das Kind schon so früh wie möglich die Grundwidersprüche seiner Existenz erfahren lassen. Denn nur dadurch kann es dem Kind später gut gelingen, sich an Notwendigkeiten einerseits anzupassen und doch schon gleichzeitig mitzuhelfen, die Notwendigkeiten dieser Klassengesellschaft überhaupt abzuschaffen, also sich klassenbewußt anzupassen.
Die klassenbewußte proletarische Familie erzieht daher in ganz besonderer Weise. Nicht sie führt die Anpassung an die kapitalistische Arbeitssituation praktisch durch, sondern sie läßt ihre Kinder diese Disziplinierung und Ausbeutung am Arbeitsplatz selber erfahren und erleben. Sie kann und will ihren Kindern diese ursprüngliche Erfahrung nicht ersparen und vor der Zeit vorwegnehmen. Weil auf diese Weise eine vorherige, abstrakte Disziplinierung nicht erfolgt, werden die kapitalistischen Arbeits- und Leistungsnormen nicht über die Identifizierung mit Vater und Mutter verinnerlicht. Es entsteht von vornherein keine Identifizierung von familiären und proletarischen einerseits und kapitalistischen Ausbeutungsnormen andererseits. Im Gegenteil, die Kinder wissen von Anfang an und eindeutig, wer sie und ihre Eltern zwingt, sich bzw. ihre Arbeitskraft zu verkaufen, wer sie ausbeutet, für wen sie arbeiten. Sie verinnerlichen nicht die Normen ihrer Ausbeuter, sie erdulden sie nur so lange, bis der Tag der Abrechnung kommt. Im Gegenteil, sie

verinnerlichen und identifizieren sich mit den Normen ihrer Eltern, mit den antikapitalistischen Normen des proletarischen Klassenkampfes und der Klassensolidarität. Und darin und damit stützt die klassenbewußte proletarische Familie ihr arbeitendes Kind am besten und hilft ihm durchzuhalten. Doch sie hilft nicht nur, negative Seiten der Lohnarbeit zu ertragen. Sie versucht auch, die positive Seite so groß wie möglich zu machen: die Ent-(Be-)lohnung. Die Eltern kümmern sich um einen hohen Verdienst des Kindes, obwohl es fast immer nur ein lachhafter Betrag sein wird. Sie lassen ihm ein hohes Taschengeld. Sie selber konsumieren in der Familie fast ihr gesamtes Einkommen. Die Kinder dürfen auch (wie die Eltern) offen und aggressiv und nicht gekünstelt ›kultiviert‹ ihre Spannungen ausgleichen. Insbesondere haben die Kinder große sexuelle Freiheit. Insgesamt: das arbeitende Kind wird für voll genommen, es ist in Zukunft einer der Ernährer der Familie.
Damit wird deutlich: proletarische Erziehung beinhaltet gleichermaßen Anpassung wie Auflehnung.

Anders erzieht die kleinbürgerliche Familie, entsprechend ihrer vom Proletariat verschiedenen ökonomischen Situation. Denn es wirkt auf die Erziehung der Kinder zurück, wenn das Kleinbürgertum versucht, sich dem kapitalistischen Verwertungsprozeß zu entziehen, indem es seine handwerklichen und händlerischen Fertigkeiten, seine Spezialistenkenntnisse und beamtenrechtlichen Positionen weiterzuentwickeln und dadurch zu retten versucht. Sie sieht in dem heranwachsenden Kind nicht den (in gleicher Weise wie sie) durch den kapitalistischen Arbeitsprozeß ausgebeuteten und unterdrückten jungen Erwachsenen, sondern den sich entwickelnden Nachfolger, Partner im eigenen Geschäft, im eigenen gesellschaftlichen Status. Insgeheim träumt die kleinbürgerliche Familie natürlich davon, daß eines ihrer Kinder es endlich schafft: aufzusteigen ins Bürgertum.
Entsprechend faßt die kleinbürgerliche Familie die Erziehung ihrer Kinder als *ihre* Privatsache auf, obwohl über die Identifizierung mit Vater und Mutter unbewußt nicht nur familiäre, sondern auch — wie bei der proletarischen Familie — klassenspezifische gesellschaftliche Normen, die Normen des Kleinbürgertums vermittelt werden. Dies sind im wesentlichen: Sparsamkeit, Redlichkeit, Sauberkeit, Bescheidenheit, Pünktlichkeit, Anstand und Sitte, Seßhaftigkeit; alles im Grunde Normen vorindustrieller, vorkapitalistischer Zeit. Der Kapitalismus rechnet mit Profit statt mit Ehre und Anstand und Redlichkeit, er verlangt Konsum statt Sparsamkeit, er bewirkt gesellschaftliche Mobilität statt Seßhaftigkeit, er ist ganz und gar unbescheiden.
Doch die eigentlich historisch längst überholten kleinbürger-

lichen Normen sind noch in einigen gesellschaftlichen Bereichen herrschende Normen, so im ganzen staatlichen und kirchlichen Erziehungsapparat und in Theater, Funk, Film und Fernsehen.
Für das kleinbürgerlich erzogene Kind bedeutet das daher, daß bei seiner Erziehung zunächst kein offener Bruch, kein Widerspruch zwischen familiären und z. T. gesellschaftlichen Normen und Verhaltensweisen entsteht, anders als beim proletarisch erzogenen Kind, das den Widerspruch schon sehr früh und bewußt erfährt. Das kleinbürgerlich erzogene Kind wird daher in eine private ›heile Welt‹, die kleinbürgerliche Insel im gesellschaftlichen Sumpf, gestellt. Den Kindern wird damit verwehrt, die Realität kennenzulernen, die Widersprüche zu erkennen und sich gemäß ihrer Entwicklung zu verhalten. Das Kleinbürgertum erzieht zu blinder Anpassung, weil es seine Erziehung als ›privat‹ versteht.
Entsprechend den unterschiedlichen Erziehungszielen differieren auch die Erziehungsmittel von Proletariat und Kleinbürgertum. Die proletarische Familie belohnt ihre Kinder materiell, durch Teilnahme am Konsum und Ermöglichen sexueller Befriedigung. Die kleinbürgerliche belohnt mit Statusversprechungen in der Zukunft, mit höherem späterem gesellschaftlichem Ansehen. Die sexuelle Betätigung ist streng tabuisiert, weil durch die entstehende Ablenkung (›Konzentrationsstörung‹, ›Energieverschleiß‹) und wegen eventueller Kinder die gesellschaftliche Karriere, die lange Ausbildung usw. gefährdet würden. Statt sich anzupassen und sich gleichzeitig gegen Unterdrückung aufzulehnen, wird das kleinbürgerliche Kind ein Streber, Aufsteiger, Individualist.
Kleinbürgerliche Erziehungsmittel widersprechen somit proletarischen und umgekehrt. Daher werden proletarische Kinder von kleinbürgerlichen Normen frustriert, lehnen sie ab. Kleinbürgerliche Kinder wiederum werden von proletarischen Normen erschüttert, materielle Belohnung hat keine ›ethischen‹ Werte, sexuelle Befriedigung ist unmoralisch und gefährlich.
In den letzten Jahrzehnten wurden proletarische Erziehungsweisen stark zurückgedrängt. Der ganze Erziehungsapparat des kapitalistischen Staates arbeitet mit kleinbürgerlichen Erziehungsmethoden. Denn der Kapitalismus benötigt immer mehr in speziellen Fähig- und Fertigkeiten Ausgebildete. Die Möglichkeit, einfach nur seine Arbeitskraft zu verkaufen, ist verschwindend gering geworden. Immer mehr muß auch der Proletarier seine Arbeitskraft entwickeln, besonders ausbilden, will er Arbeit und einigermaßen sichere Beschäftigung finden. Die Schulen des Klassenstaates öffneten sich daher vorsichtig dem Proletariat, in Mittel- und höheren Schulen sitzen nun auch einige wenige Arbeiterkinder. Doch in den Klassenschulen vollzieht sich die

Vermittlung von Wissen und Verhaltensweisen auf kleinbürgerliche Art und Weise. Nur wer sich als Proletarierkind daran anpaßt, kann die Schule beenden; doch dann ist er kein sich proletarisch verhaltender junger Arbeiter, sondern Kleinbürger geworden. Ganz deutlich zeigt das der Fall von Heinz. Das bedeutet: das Kapital braucht frisches Blut und sucht es sich aus dem Proletariat, indem es sich die Besten heraussucht und gefügig macht.

Der größte Teil der proletarischen Kinder durchläuft allerdings noch eine Ausbildung, die relativ schwach von kleinbürgerlichen Erziehungsweisen geprägt ist: gewerbliche Lehr- und Anlernverhältnisse. Wenn auch prinzipiell jede Ausbildung durch ›Lehre‹ kleinbürgerliche Disziplinierung mit sich bringt ...

Das Proletariat hat dabei versagt. Statt den Interessen des Kapitals nur insoweit nachzugeben, daß eine polytechnische Ausbildung betrieben wird, wo die Einheit von praktischem und theoretischem Unterricht herrscht und sich keine kleinbürgerlichen Normen und Werte durchsetzen können und wichtige proletarische erhalten bleiben können (keine Spaltung der Arbeiterklasse, proletarische Ausbilder, Einheit von Theorie und Praxis, Klassensolidarität), hat das Proletariat den offenen Kampf darum aufgegeben. So mußte durch Ausbildung Sozialintegration entstehen, und Ausbildung wurde unmöglich ohne Sozialintegration.

Widersprüche kapitalistischer Anpassungserziehung

In jeder Kultur werden die Kinder in einem jeweils typischen Erziehungsprozeß an die Gesetze der Natur und jeweiligen menschlichen Gesellschaft angepaßt. Das Verhalten, insbesondere das Triebverhalten, wird durch die Zwänge der Realität eingeschränkt. Die Art und Weise, der Inhalt und der Umfang dieser Realitätsanpassung sind von Gesellschaft zu Gesellschaft verschieden und von ihrer historischen Entwicklungsstufe her bestimmt. So bedeutet Anpassungserziehung im Kapitalismus, die Kinder an die Widersprüche und Spannungen der kapitalistischen Gesellschaft anzupassen.

Bürgerliche und kleinbürgerliche Erziehung paßt bestenfalls an den bestehenden Stand der Widersprüche an, bleibt also statisch und prinzipiell hinter der Entwicklung der Widersprüche zurück. Sie wirkt daher totalitär, weil sie total an die herrschenden gesellschaftlichen Verhältnisse, an die Herrschaftsverhältnisse, anpaßt. Sie beschränkt sich darauf, die Kinder zu befähigen, die Klassengesellschaft zu erleiden, und verhindert eben dadurch, jene gleichzeitig auch grundlegend ändern zu wollen.

Eine realitätsgerechte Anpassungserziehung dagegen spiegelt die gesellschaftlichen Widersprüche wider. Sie ist dynamisch entsprechend der Dynamik der Widersprüche der geschichtlichen Entwicklung. Sie ist dialektisch, d. h. sie paßt an und paßt gleichzeitig nicht an. Sie paßt an die vorherrschende Seite eines Widerspruchs an, also z. B. an die Notwendigkeit, seine Arbeitskraft ans Kapital verkaufen zu müssen; gleichzeitig weist sie aber auf den Kampf der Gegensätze zwischen Kapital und Lohnarbeit hin und darauf, daß die Gegenkraft eine immer stärkere Rolle spielen wird und die Herrschaft des Kapitals immer eingeschränkter werden wird. Diese Anpassung erzieht also gleichzeitig auch zur Auflehnung, zur organisierten Auflehnung. Sie paßt nur an die zur Zeit unbedingt zu erduldenden Zwänge, Normen, Notwendigkeiten an und lehnt alle anderen Normen ab. Diese Erziehung ist deshalb klassenbewußte Erziehung, weil sie die Kinder der unterdrückten Klassen zwar an einige wenige, unumgängliche Normen der herrschenden Klasse notgedrungen anpaßt, aber sonst nur ihre eigenen Normen vermittelt, die im wesentlichen ein Auflehnen gegen die Normen der herrschenden Klasse bedeuten.

Voraussetzung dafür, daß eine solche klassenbewußte Erziehung, solche Realitätsanpassung, Erfolg hat, ist, daß die Erziehung politisch ist. Das meint: der Heranwachsende lernt die gesellschaftlichen Widersprüche analysieren, lernt die verschiedenen Seiten der Widersprüche erkennen, lernt den Klassenstandpunkt der unterdrückten Klassen, insbesondere des Proletariats, kennen und vertreten. Die Erziehung ist dann erfolgreich, wenn der Heranwachsende selbständig und klassenbewußt seinen Weg durch die Widersprüche der Klassengesellschaft geht, was nicht heißt, daß er ihn alleine geht, sondern im Gegenteil organisiert mit und für seine Klasse, in der Partei des Proletariats.

2. Die kapitalistischen Anpassungslager

Im Fürsorge-Erziehungsheim

Aufnahmestation

Die Fürsorge packt zu. Jetzt wird nicht mehr lange gefackelt. Erziehungsheime liegen abseits, auf dem Lande, ›im Grünen‹. So auch z. B. das Erziehungsheim Staffelberg, in das Peter kommt. Es liegt in der Nähe des Ortes Biedenkopf (7500 Einwohner) auf einem kleinen Hügel oberhalb. Es ist relativ ›modern‹, weil es erst 1961 vom Landeswohlfahrtsverband Hessen als »Europas modernstes Heim« erbaut worden ist.
Ähnlich abgelegen liegt z. B. auch der Karlshof in Wabern, einem kleinen Städtchen, wo Dieter eine Zeitlang leben muß. Die nächstgrößeren Städte, Fritzlar und Bad Wildungen, liegen 6 bis 15 Kilometer entfernt.
Noch etwas schlimmer ist die Lage des Burschenheims Beiserhaus, in dem Dieter auch mal kurz gewesen ist. Es liegt eingeschlossen von mehreren Hügeln in einem Talkessel am Rande des 800-Einwohner-Dorfes Rengshausen. Die nächste Kleinstadt ist über 10 Kilometer entfernt. Dieses Erziehungsheim hat vor kurzem Jubiläum gehabt: es ist 150 Jahre alt, was man den Gebäuden ansieht. Da die Besonderheit dieses Heimes in seiner extremen Isolation besteht, halten die Jugendlichen auch die Verbesserung aller anderen Zustände für völlig nebenrangig. Als bei ›Apo‹-Aktionen die Forderung nach freiem Ausgang gestellt wird, antworten die Jugendlichen: Was sollen wir mit Ausgang in diesem Kaff? Da ist es im Heim viel besser. Man hat mehr Freizeitmöglichkeiten. Bei der Forderung nach tarifgerechter Bezahlung sagen sie: Schon richtig, aber was soll das wenn wir keine Möglichkeit haben, das Geld auszugeben? Bei der Forderung nach freiem Mädchenbesuch: Wer will schon von den drei Eulen im Dorf besucht werden? Bei der Forderung nach freier Berufswahl: Das ist nur in der Stadt möglich. Im weiteren Umkreis gibt es keine Industrie, keine Möglichkeit, industrielle Berufe zu erlernen.
Die Jugendlichen, die in diesen Heimen fast alle mehrere Jahre leben müssen, fühlen sich am Ende der Welt, besonders wenn sie aus Großstädten kommen.
Die charakteristische Anordnung der Heimgebäude und ihr Aussehen vermitteln jedem Neuen und Fremden sofort den Eindruck einer geschlossenen Anstalt. Die Gebäude bilden einen Komplex, von der Nachbarschaft, falls vorhanden, klar abge-

setzt. Einige Heime werden von ziemlich hohen Mauern umgeben.
Die ›Neuen‹ werden fast ausschließlich von Fürsorgern zu diesen Heimen gebracht, oftmals wie z. B. bei Peter, indem ihm das Ziel der Fahrt unbekannt bleibt. Im Heim wird er dann der Heimleitung übergeben. Als erstes ergeht die Aufnahmeprozedur über ihn.
Im Staffelberg beginnt sie für Peter damit, daß er im Zimmer des Heimleiters sitzt und die Leitworte des Heimes laut vorlesen soll. Er liest:

»Mit der Einweisung in unser Heim beginnt ein neuer Abschnitt in Deinem Leben. Ziel ist Deine charakterliche und berufliche Ertüchtigung. Wir sind sicher, daß Du bei uns eine fruchtbare und schöne Zeit verbringst, an die Du später gerne zurückdenken wirst.
BEGEGNUNG. *Wir werden Dich achten und schätzen lernen und bemüht sein, mit Dir in ein echtes Gespräch zu kommen. Wenn Dich Deine Erzieher beraten, denke darüber nach und vergiß nicht, daß sie Dir an Erfahrung und Reife viel voraus haben.*
KRISEN. *Es wird Dir nicht immer leicht fallen, den gestellten Forderungen gerecht zu werden. Beweise Mut und weiche nicht aus. Zeige Dich mannhaft und diszipliniert, auch wenn es Dir einmal schwer fallen sollte.*
BEWÄHRUNG. *Du wirst anfangs in Deiner äußeren Freiheit etwas eingeengt werden. Du darfst aber versichert sein, daß wir Dir nach und nach den Spielraum geben werden, für den Du reif geworden bist.*
FAIRNESS. *Ein harmonisches Zusammenleben in einer größeren Gemeinschaft erfordert von jedem Einzelnen besondere Rücksichtnahmen, Hilfsbereitschaft und Kameradschaftlichkeit. Im Umgang miteinander wollen wir es an Höflichkeit und Freundlichkeit nicht fehlen lassen. Dein Gruß soll offen und korrekt sein.*
SAUBERKEIT. *Ein schönes Heim soll gepflegt sein. Hilf auch Du mit, Räumlichkeiten und Anlagen sauber zu halten. Das gleiche gilt auch für die Sauberkeit Deines Körpers und der Kleidung.*
MÄNNLICHKEIT. *Echte Männlichkeit zeigt sich weder im Kraftprotzen und mutwilligen Zerstören noch im ungestümen Verlangen nach Genußmitteln, sondern in Selbstbeherrschen und Maßhalten. Übe Selbstdisziplin und füge Dich Einschränkungen, die Dir auferlegt werden.*
BERUFSAUSBILDUNG: *Berufliches Können ist die Grundlage für ein erfolgreiches Leben. Wir beraten Dich bei Deiner Berufswahl. In unseren geräumigen Werkstätten geben wir Dir eine Deinen Gaben und Fähigkeiten entsprechende Berufsausbildung.*

FREIZEITBESCHÄFTIGUNG. *Unser Heim verfügt über vielfältige Einrichtungen für ein frohes und bereicherndes Tun in der freien Zeit. Neben den verschiedenen Gruppenveranstaltungen werden Dir auch Interessenclubs Anregungen und Möglichkeiten für die Ausübung und Pflege Deines Hobbys geben.*
ELTERN UND ANGEHÖRIGE. *Wir begrüßen, wenn wir mit Deinen Angehörigen in Kontakt kommen. Pflege gute Beziehungen zu ihnen! Einen regen Briefwechsel werden wir unterstützen. Für versteckte und heimliche Geldsendungen haben wir allerdings kein Verständnis. Auf Unredlichkeit und Heimlichtuerei läßt sich kein echtes Vertrauensverhältnis aufbauen.*
AUSGANG. *Du wirst Gelegenheit haben, mit der Bevölkerung des Kreises Biedenkopf in Kontakt zu kommen. Wir erwarten von Dir, daß Du Dich bei Deinem Ausgang vorbildlich benimmst.«*

Nachdem Peter das vorgelesen hat, murmelt der Heimleiter etwas von: wenn du danach handelst und auch sonst vernünftig bist, werden wir dir gerne helfen; wir geben dir eine Chance!
In anderen Heimen schmeichelt sich die Heimleitung nicht so ein. Ein Frankfurter Junge berichtet über seine ersten Stunden im Burschenheim Beiserhaus in Rengshausen:
»Ich wurde zuerst dem Direktor vorgestellt. Mit ihm hatte ich gleich eine harte Auseinandersetzung, da er mir verbieten wollte, meine MAO-Plakette zu tragen. Er wurde persönlich und schmiß mir Ausdrücke an den Kopf wie Scheißkerl. Ich sagte: ›Aber Herr Direktor! Sie werden sich doch zu benehmen wissen!‹ Der Streit endete damit, daß ich gleich am ersten Tag im Bunker landete. Das ist eine kleine Zelle, Gitter vorm Fenster, Holzbrett als Lager. Dort blieb ich bis zum Morgen. Nach dem Frühstück, um 7,30 Uhr, ging es in den Andachtssaal. In der Predigt griff der Erziehungsleiter auch die APO im allgemeinen und mich im besonderen an: Demonstrationen, Krawallmacherei und Revolution sind nicht das Wahre, das einzig Wahre ist Gott. Oder – nicht Mao oder Ho Tschi Minh sind dein Herr, sondern Jesus einzig und allein!«
Die Heimordnung im Beiserhaus ist ebenfalls nicht so höflich und verklausuliert wie die vom Staffelberg:

»Lieber junger Freund! Wir wollen Dich nicht gleich mit einer Menge von Verboten und Geboten überfallen. Es ist aber sicher gut, wenn Du zu Beginn des Heimaufenthalts über einige wesentliche Punkte unterrichtet bist, die das Zusammenleben in einer großen Heimgemeinschaft regeln. Sie sollen uns allen helfen, unnötige Schwierigkeiten zu vermeiden, damit wir miteinander unbeschwerter leben können. Bemühe auch Du Dich deshalb um eine gute Anpassung an die Heimordnung und ver-

suche Dich recht gut hier einzugewöhnen. Vermeide deshalb alles, was ein gutes Zusammenleben stört.
Hier nur einige Grundregeln:
Beachte in der Begegnung mit Jugendlichen und Erwachsenen des Heimes, sowie bei den Gästen des Heimes die Regeln des Anstandes und der Sitte. Wir wollen einander höflich und freundlich begegnen.
1. Jeder Erzieher hat eine leitende Aufgabe. Es ist ein verantwortungsreicher und kein leichter Dienst. Folge den Weisungen und Anordnungen des Erziehers ohne Murren, auch wenn Du einmal anderer Ansicht bist. Du kannst später die Angelegenheit mit dem Erzieher oder einem anderen Erwachsenen besprechen. Respektiere den Erzieher als einen Erwachsenen und Deinen Vorgesetzten.
2. Sorgen und Probleme solltest Du nicht lange mit Dir herumtragen. Besprich sie aber nicht mit Jungen, die Dir ohnehin keinen guten Rat geben können. Suche Dir Deine Freunde wählerisch aus. Auch der Erzieher, Hausvater, Erziehungsleiter und Direktor haben Zeit für Dich, wenn Du mit ihnen sprechen möchtest.
3. Wir sind ein evangelisches Heim. Es gehört zu unserer Hausordnung, daß wir regelmäßig mit allen Mitarbeitern und Jugendlichen zu einer kurzen Andacht im Andachtsraum zusammenkommen. An jedem Sonntag nehmen wir am Gottesdienst in der Kirche teil.
4. Habe Achtung vor Deinen Mitmenschen. Wir dulden es nicht, daß sich Jungen untereinander schlagen. Versuche Dich gütlich mit den Kameraden auseinanderzusetzen. Gelingt das nicht, wende Dich an deinen Erzieher, damit er die Angelegenheit regelt. Schlagen ist Körperverletzung und wird in einzelnen Fällen von uns bestraft. In schweren Fällen erstattet die Heimleitung Anzeige wegen Körperverletzung.
5. Ohne ausdrückliche schriftliche Erlaubnis des Erziehers, Hausvaters oder eines anderen Vorgesetzten darfst Du das Heimgelände nicht verlassen. Jeder Erzieher kann Dich auffordern, ihm den Erlaubnisschein zu zeigen, wenn Du außerhalb des Heimgeländes bist. Wer unerlaubt ins Dorf geht, muß mit dem Entzug verschiedener Vergünstigungen (wie Sonntagsausgang u. a.) rechnen.
6. Wenn Du von der Aufnahmegruppe in eine offene Gruppe verlegt wirst, kannst Du nach etwa vier Wochen mit einer Ausgangserlaubnis am Sonntag rechnen. Auf eine Ausgangserlaubnis besteht kein Anspruch. Sie wird nur gegeben, wenn Du Dich im Heim, bei der Arbeit und in der Freizeit gut benimmst.
7. Jeder Junge ist verpflichtet seine ganze Kraft bei der Arbeit einzusetzen. Mache Dir klar, daß Du im Heim nicht arbeitest, um etwas zu verdienen. Vielmehr solltest Du lernen, gleichblei-

bende und gute Arbeitsleistungen zu erbringen. Viele Jungen kommen eigentlich zu uns, weil sie außerhalb des Heimes die Arbeit gebummelt haben. Arbeitsverweigerung gilt in unserem Heim als Meuterei und wird darum sehr empfindlich mit Strafe belegt.

8. Den ersten Besuch kannst Du nach 6 Wochen Deines Heimaufenthaltes empfangen. Ansonsten ist immer am ersten Sonntag im Monat Besuchssonntag. Wer noch keinen Ausgang hat, muß mit seinem Besuch innerhalb des Heimgeländes bleiben. Führe Deinen Besuch zum Direktor des Heimes und stelle ihn vor. Dabei ergibt sich dann auch die Gelegenheit, daß Dein Besuch dies oder jenes mit dem Heimleiter besprechen kann.

Natürlich wirst Du Deinen Besuch auch dem Aufsichtsdiensthabenden vorstellen, damit dieser unterrichtet ist und er Dir die Ausgangserlaubnis erteilen kann. Es ist nicht gestattet, daß Du, auch wenn Du Ausgang hast, mit Deinem Besuch wegfährst, ohne daß die Heimleitung gefragt wurde. Das kann dazu führen, daß Dir für die Zukunft kein Ausgang mehr gegeben wird.

Solltest Du außerhalb der Besuchszeit Besuch erwarten, so unterrichte rechtzeitig den Hausvater, Erziehungsleiter oder Direktor, damit geprüft werden kann, ob diese Ausnahme erlaubt wird.

9. Innerhalb des Heimes darf kein Alkohol getrunken oder heimlich aufbewahrt werden.

10. Jugendliche ab 16 Jahren dürfen in unserem Heim rauchen. Während der Arbeitszeit ist das Rauchen nicht erlaubt. Rauche nicht in den Schlafzimmern und in den Toiletten.

11. Sorge für die Erhaltung Deines Eigentums und pflege Deine Kleidung. Es ist darum auch nicht erlaubt, daß im Heim Tauschgeschäfte gemacht oder Dinge verschenkt werden.

12. Bewahre Dir das ausgehändigte Taschengeld so auf, daß Du es nicht verlierst oder es Dir nicht gestohlen werden kann.

Das Heim kann nicht für Ersatz sorgen.

13. Mutwillige Sachbeschädigung, Beschädigung durch Leichtsinn oder Gedankenlosigkeit können teuer werden, denn sie sind auf Rechnung von Dir durch das Taschengeld zu begleichen.

14. Das Taschengeld wird auf einem Konto von Deinem Hausvater verwaltet. Davon kannst Du bei ihm Ware einkaufen. Außerdem bekommst Du, falls das Geld ausreicht, wöchentlich einen gewissen Betrag in bar ausgezahlt.

15. Der Besuch der Berufsschule ist gesetzliche Pflicht. Jugendliche ohne Lehrausbildung und im ersten Lehrjahr besuchen die Heimberufsschule. Ab zweitem Lehrjahr kann die Berufsschule in Bebra besucht werden. Nach der Berufsschule wird die Arbeit wieder aufgenommen.

16. Bewegst Du Dich beim Ausgang oder sonstigen Gelegen-

heiten auf öffentlichen Straßen, hast Du die Verkehrsvorschriften zu beachten.
17. Beim Ausgang ist zu beachten, daß vor und im Wald nicht mit Feuer gespielt wird. Rauchen ist im Wald verboten.
18. Wähle beim Ausgang ein solches Ziel aus, daß Du bei einem Fußmarsch pünktlich wieder im Heim sein kannst.
19. Wenn Du Ausgang hast, hilf das Ansehen des Heimes durch Dein gutes Benehmen zu mehren. Schade dem Ansehen nicht durch schlechtes Verhalten. Denke daran, daß bei unbefriedigendem Verhalten die Ausgangserlaubnis vorübergehend oder für immer entzogen werden kann.
20. Sorge für Deine Gesundheit, achte auf eine gute Körper- und Kleiderpflege. Zur Behandlung von Verletzungen oder Krankheiten steht eine Krankenschwester bereit, die allabendlich Sprechstunde hat. Du kannst Dich beim Erzieher zur Behandlung melden. Befolge die Anordnungen und Weisungen der Krankenschwester und vermeide alles, was den Heilungsprozeß verzögert.
Nutze die Zeit des Heimaufenthaltes zur beruflichen und charakterlichen Ausbildung. Versuche ein junger Mann zu werden, der zielstrebig, willig und verläßlich ist. Auf diesem Wege wollen wir Dir helfen.«

Diese Heimordnung schüchtert ein und verwirrt. Die militärischen Begriffe (Vorgesetzter, Aufsichtsdiensthabender) und die unzähligen Vorschriften und Anweisungen sollen jeden Gedanken an Widerspruch im Keim ersticken (Streik = Meuterei!), die Umschreibungen für klare Verhaltensbefehle sollen den Eindruck der Selbstverständlichkeit machen (»Natürlich wirst Du Deinen Besuch [. . .] vorstellen.«) Die Verbote und Gebote hören noch nicht einmal außerhalb des Heimes auf (kein Rauchen im Wald, gutes Benehmen usw.).

Noch einen Grad eindeutiger ist die Aufnahme eines Mädchens ins Erziehungsheim Guxhagen, das in einem alten Kloster untergebracht ist.[21]
Die Fürsorgerin gibt ein neues Mädchen an der Pforte ab. Von draußen sieht man nicht, wie's drinnen aussieht. Eine Fürsorgerin erzählt: »Wenn ich Mädchen dahin zurückbringe, die schon mal da waren, erst reden wir miteinander, aber dann werden die ganz still und manche zittern und fangen an zu weinen. Und wenn wir ankommen, sind sie ganz starr und gucken sich nicht mehr um. Ich merk' immer nur an den Mädchen, was los ist.«
Wenn das Mädchen drinnen ist, öffnet der Pförtner ein kleines Fenster. Er ist schon alt, und man muß warten. Keiner redet. Dort wird nie geredet. Wenn die Direktorin in den Aufnahme-

raum reinkommt, sitzen auch die, die nicht aufstehen, wie aufgestanden da.
Das Mädchen sitzt vor dem Schreibtisch, die Direktorin dahinter. Die sagt dann: »Na setz' Dich. Haste Angst? Brauchste nicht. Wir verfrühstücken Dich hier schon nicht. Was haste denn gemacht? Na, Mist haste gemacht, sonst wärste ja nicht hier. Nicht? Siehst Du. Und wenn man Mist macht, dann muß man ihn eben auslöffeln. Ich kenne Deine Akte nicht. Wir fangen hier ganz von vorne an. Haste schon mal gearbeitet?« — »Im Haushalt.« — »Da biste wohl abgehauen. Das kennen wir. Und 'nen Freund haste wahrscheinlich auch gehabt!?« — »Ja.« — »Und was macht denn der?« — »Der sucht sich jetzt 'ne neue Arbeit.« — »Ach — der arbeitet nicht, der sucht sich erst Arbeit. Der hat Dich wohl arbeiten geschickt, was? (Pause) Nun schimpf man nicht aufs Jugendamt, die können nichts dafür, daß Du jetzt hier bist. Die tun auch bloß ihre Pflicht. Zeig mal Deine Hände! — Na, die Nägel schneiden wir mal ab. Sowas mögen wir hier nicht. Ich hab Dich auch nicht gewollt. Kannste mir glauben. Wir haben schon genug hier. Ich bin um jede froh, die draußen bleibt und uns hier keinen Ärger macht. Du bist da ganz allein dran schuld, daß Du hier bist, Du ganz alleine. Das mußt Du Dir jetzt bewußt machen. Und wenn Du Dich anständig benimmst, kommste ja auch wieder raus. Erstmal bleibst Du für ein Jahr hier.« Wenn das Mädchen daraufhin weint, macht die Direktorin einen befriedigten Eindruck.

Nach solcher, geschickt psychologisch getrimmten Aufnahme eines Neuen ins Heim beginnt die körperliche und nüchterne. Als erstes muß der Neue seine Kleider ausziehen und einem Erzieher abgeben, auch irgendwelche Schmuckstücke, bis hin zu Freundschaftsringen und der Armbanduhr. Geld und Zigaretten werden ebenfalls abgenommen, wenn sie eine minimale Menge übersteigen. Im Austausch dafür erhält er dann vom Erzieher ein Handtuch, ein Stück Seife, einen Zahnbecher mit Bürste, eine Tube Zahnpasta und einen Kamm. Als neue Kleider bekommt er Unterwäsche, eine Kordhose, in der bequem zwei Platz hätten, ein Stück Kordel als Gürtel, ein Paar graue Wollstrümpfe und ein Uni-Hemd. Zusätzlich wird Arbeitskleidung ausgegeben: schwere Sicherheitsschuhe und ein Overall. Zusammen mit dem Bettzeug wird er dann in seine Unterkunft gebracht. Im Staffelberg sind es Fünfbettzimmer, in Wabern und Rengshausen sind es größere Schlafsäle.
Anschließend gehts zum Heimarzt, der nach ansteckenden Krankheiten, insbesondere Geschlechtskrankheiten, forscht. Von einer Aufnahme in eine Strafanstalt unterscheidet sich diese entwürdigende Begrüßungszeremonie nicht. Ganz ist sie jedoch noch nicht zu Ende. Noch hat z. B. Peter relativ lange Haare, so

wie er sie gerne hat. Die neuen Leidensgefährten, die er in dem Zimmer antrifft, versetzen ihm gleich den nächsten Stoß. Grinsend sagen sie ihm: »He Neuer, gleich sind die Haare ab!« Der Heimfrisör macht sein Werk gründlich. Fast könnte man verwundert fragen, wieso eigentlich noch Haare auf dem Kopf bleiben! Mit freundlicher Miene meint der begleitende Erzieher dazu: »So, jetzt bist Du kein Fremdkörper mehr im Heim. Siehst ja wieder wie ein Mensch aus!«

Wer sich wie z. B. Dieter zu wehren versucht, bekommt kurz ein paar Stöße in die Rippen und dann einen ganz besonderen Schnitt: den ›Futtkopp‹. Dieser Haarschnitt sieht so aus, als wenn der Frisör einen Topf über den Kopf gestülpt und dann den Rand entlang alles abgeschnitten hätte.

Am Abend des ersten Tages ist ein Neuer noch nicht ganz wieder bei Sinnen, so sehr steht er unter dem Eindruck der unvorstellbaren Vorgänge um ihn herum. Und doch kennt er seine Umgebung noch gar nicht richtig. Wenn er auf einmal merkt, daß er abends in seinem Zimmer eingeschlossen wird, begreift er vielleicht, daß es immer so weiter geht und noch viele Überraschungen auf ihn warten.

Neue kommen in den Erziehungsheimen mindestens für die ersten sechs Wochen in die sogenannte ›Beobachtungs‹- oder ›Aufnahmestation‹. Sie haben während dieser Zeit keinen Ausgang aus dem Heim; nachts werden sie eingeschlossen; außer ihren ›Flatter-Klamotten‹, wie die schlabbrigen Kleidungsstücke genannt werden, und ihrer Arbeitskleidung besitzen sie keine anderen. Jeder Dorfbewohner kann sie daher sofort als Heimzögling erkennen. Jeden Abend putzen sie ihr Haus; in Staffelberg besteht das Heim aus zweistöckigen Häusern — sie werden vom Keller bis zum 1. Stock gefegt und gebohnert, zweimal in der Woche zusätzlich geputzt. Morgens, nach dem Waschen und Anziehen und Bettenbauen, wiederholt sich das ganze.

Während der Beobachtungszeit ›arbeiten‹ die Jugendlichen in der ›Hofkolonne‹ oder auf dem Feld bei Bauersleuten. Denn die Berufsberatung und -findung ›dauert‹ so lange. Hofkolonne bedeutet: die Jugendlichen säubern das Heimgelände, sie fegen oder jäten Unkraut. Arbeit auf dem Feld bedeutet: die Jugendlichen helfen z. B. beim Rübenziehen oder Mistfahren.

Die Aufnahmeprozedur und das wochenlange Ausharren auf der Beobachtungsstation lassen den Jugendlichen schon erfahren, was weiteres mit ihm geschieht. Aus besonderen wirtschaftlichen und familiären Ursachen heraus kommen die Jugendlichen ins Heim, jeder im Glauben, er sei ein ›schwarzes Schaf‹, das das Ansehen der Familie befleckt. Doch nun erleben sie ihre Probleme vervielfacht. Aus Lebensschicksalen, die als einzelne erlebt worden sind, macht die Fürsorge das, was sie sind: ein Massenphänomen. Alle ›auffälligen‹ Jugendlichen, egal, ob sie mal eine Hose geklaut oder Dutzende von Kiosken geknackt haben, ob sie nur Streit mit dem Stiefvater hatten oder permanent in Schlägereien verwickelt waren, finden sich zu einem Allerlei vermengt wieder im Erziehungsheim. Niemand ist da, der sich mit dem einzelnen beschäftigt, auf seine besonderen Probleme eingeht, der versucht, zu klären und zu erklären. Im Erziehungsheim findet sich der Jugendliche, der Anpassungsschwierigkeiten hat, unter Jugendlichen wieder, die in der Hauptsache mit ihm gemein haben, daß sie auch solche Probleme haben. Mit ihnen, unter ihnen lebt er nun, meist Jahre lang, in einer Gegend, die keinen anderen Eindruck auf ihn macht als den: je eher ich hier weg bin, umso besser, das Leben hat hier aufgehört, hier ist man nur noch Fürsorgezögling, eine Akte, ist man Mensch besonders niedriger Klasse. Schon hierin zeigt sich also der Charakter der Erziehungsheime: sie sind Lager und nicht Pflegeheime.

Bei der Arbeit und ›Ausbildung‹

Die ›Berufsberatung‹ geht so vor sich: Peter z. B. muß zum Erziehungsleiter, das ist der ›pädagogische‹ Leiter des Heimes; dort wird er nach seinem Berufswunsch gefragt. Als er erklärt, Radio- und Fernsehmechaniker werden zu wollen, lacht ihn der Erziehungsleiter aus. Solch einen utopischen Berufswunsch könne er sich gleich aus dem Kopf schlagen. Das gäbe es hier nicht. Was es gibt, sind: Schreiner, Schlosser, Dreher, Maler, Gärtner, Köche, Landwirte. Wenn Peter keinen solchen Beruf lernen wolle, könne er gleich in der Hofkolonne bleiben. In anderen Heimen gibt es noch angeschlossene Produktionsstätten, die die ›Auswahl‹ ›bereichern‹. In Rengshausen z. B. die Stanzerei. Jungen, die nichts von dem lernen wollen, was man ihnen zur Auswahl anbietet, stanzen dort Sicherungen. In Wabern werden in drei verschiedenen Abteilungen Fahrradspeichen eingezogen oder Ölofenteile gefräst oder Spiel- und Zierautos montiert (aber auch Schlüsselanhänger, Flaschendeckel, Laufställe, Rollen für Polstermöbel). Im Mädchenheim Steinmühle heißt ›Industrie‹, daß Mädchen damit beschäftigt sind, Säcke aufzumachen und zu entleeren, in denen Knochen und Lumpen sind, die weiterverarbeitet werden können. Oder es heißt Nähen von Brauereischürzen.
Bei solcher ›Berufswahl‹ ist es klug schnell zuzugreifen, wenn man überhaupt eine einigermaßen vernünftige Arbeit kriegen will. Als daher der Erziehungsleiter Peter gönnerhaft anbietet, Schreiner zu lernen, weil da gerade noch eine Lehrstelle frei sei, sagt Peter ja zu einem Beruf, den er nie lernen wollte. Doch das ist besser, als in der Hofkolonne weiter arbeiten zu müssen.

Obwohl damit eigentlich alles klar ist, wird Peter der Form halber in der nächsten Woche zur Berufsberatung in der Stadt gebracht. Ein Eignungstest wird gemacht, und fast überrascht es Peter nicht mehr, daß man ihn für besonders geeignet hält, Schreiner zu lernen. In Oberrimsingen hatte das Ergebnis noch gelautet: Radio- und Fernsehmechaniker.
Dieter im Karlshof von Wabern erlebt ein ähnliches Spielchen. Die Lehrlinge dort werden bevorzugt. Doch nur die wenigsten der Jugendlichen machen eine Lehre, weil sie dort erfahren, daß man nur als Arschkriecher eine Lehre machen kann. Und die meisten wollen keine Arschkriecher sein. Die Auswahl unter den Lehrberufen ist ähnlich wie die im Staffelberg. Auch Dieter will nicht klein beigeben. Also kommt er erstmal in die Hofkolonne, danach zur Abwechslung zum Rübenziehen aufs Feld und danach mal in die Schälküche. Nach ein paar Monaten gibt er dann nach; er besucht einen Werkkursus, den einfachsten, für Holz. Später macht er auch noch einen mehrwöchigen Schweißerkurs mit.
Die Handwerks- und landwirtschaftlichen Betriebe der Heime arbeiten durchaus produktiv, genau so natürlich die ›Industrieabteilungen‹, die meist ausgelagerte Produktionsstätten privater Unternehmungen sind, wie in Rengshausen z. B. für die Lahnwerke. Da die Heime besondere Träger (Landeswohlfahrtsverband, Innere Mission u. ä.) haben, arbeiten sie meist für diese. Schreibtische, Schränke, Eisengitter, Malerarbeiten usw. erfolgen dafür. Die landwirtschaftlichen und handwerklichen Arbeiten sind aber auch für die umgebenden Dörfer und Städtchen wichtig. Das Dorf Rengshausen ist sogar direkt abhängig von der Produktion in dem Beiserhaus. Es ist für sie Rohstoff- und Absatzmarkt zugleich.
In den Werkstätten selbst herrschen die autoritären Geister. Wenn ein Jugendlicher nicht pariert oder bei einem Terminauftrag bummelt, wird er rausgeworfen und in die Hofkolonne versetzt. Begründung: beruflich nicht geeignet.
Wirklich industrielle Arbeitsverhältnisse herrschen nicht. Eine industrielle Ausbildung kann daher ebenfalls nicht erfolgen. Die Heimschulen verdienen den Namen Schule ebenfalls nicht.
Das Entgelt für die 40stündige Arbeit in der Woche schwankt zwischen 2 und 4 DM in der Woche. Die jüngeren erhalten weniger, die älteren mehr. Außerdem wird nach Noten bezahlt. Wer gut schafft, kann sogar eine Prämie von 1 bis 4 DM bekommen. Maximal sind also theoretisch 8 DM erreichbar. Wer schlecht oder unwillig arbeitet, erhält weniger, ab und zu sogar gar nichts. In Wabern z. B. erfolgt die Bezahlung nach folgendem Notensystem: es gibt drei Gruppennoten (Sauberkeit, Ordnung, Betragen) und eine Arbeitsnote (Führung, Mitarbeit). Note 1, die kaum einer erreicht, gibt 4 DM. Note 2, die die

›Fleißigen‹ erhalten, ergibt 2,75 DM. Note 3, die die meisten bekommen, macht 2 DM. Note 4 gibt 1 DM. Note 5 bedeutet, man bekommt nichts. Alle müssen —,25 DM an die Gruppenkasse abführen. In den Fertigungswerkstätten wird, um Arbeitsdruck zu erzeugen, Akkord gearbeitet. Hier gibt es ein zusätzliches Prämiensystem: 5 Prozent vom Reingewinn werden unter die Jugendlichen aufgeteilt. Das ergibt im Höchstfall 8 DM pro Person.
Da dies das einzige Einkommen der Jugendlichen ist, ist es für sie gleichbedeutend mit Taschengeld. Die 2 DM reichen natürlich gerade mal für eine Packung Zigarettentabak die Woche und ein Bier, die einzigen Heimvergnügungen der meisten Jugendlichen.

In dem Mädchenheim Steinmühle ist die Arbeitssituation noch schlechter. Von 47 Mädchen arbeiten die auf der Aufnahmestation grundsätzlich im Haus, es ist die einzige geschlossene Gruppe. In der Gärtnerei arbeiten neun Mädchen, eine davon ist Lehrling, die einzige des ganzen Heimes. In der Küche sind drei Mädchen. In der Spülküche machen acht bis zehn Mädchen Dienst; samstags und sonntags wechseln sich alle Mädchen ab, dafür wird eine Mark extra gezahlt. Die Waschküche braucht vier Mädchen. In der ›Industrie‹ sind sieben, und in der Nähstube flicken zwei. Im Schürzennähbetrieb arbeiten vier Mädchen, 60 Schürzen pro Tag sind Pflicht. Das Taschengeld wird ebenfalls nach einem Notensystem für Leistung und Führung berechnet. Maximal gibt es 15 DM im Monat.
Die ›Ausbildung‹ erfolgt durch sogenannte ›Arbeitserzieher‹. Das sind meist im normalen Berufsleben ›gescheiterte‹ Facharbeiter und Meister. Im Heim Steinmühle sind von den Arbeitserzieherinnen zwei Meisterinnen (Gärtnerei und Schneiderei), ein Erzieher ist ausgebildeter Koch, zwei Erzieherinnen haben die Haushaltsschule abgeschlossen. Drei besitzen keine qualifizierte Ausbildung. Ihre pädagogischen Kenntnisse holen sie sich erst im Heim. Im ersten Jahr absolvieren sie einen mehrwöchigen Kurs in Kassel beim Landeswohlfahrtsverband. Die Kurse finden jedoch nur statt, wenn der Arbeitsplan es erlaubt. Die ›Ausbildung‹ in Kassel erfolgt wie in der Schule in Klassen. Die zu lesenden Bücher werden meist nicht gelesen, die Hausaufgaben, wie Aktenauszüge und Berichte, werden oft von ›Sozialarbeiterpraktikanten‹ — sie haben eine Sozialarbeiterschule besucht — erledigt. Am Ende dieser ›Ausbildung‹ wird in Kassel ein Besinnungsaufsatz angefertigt.
Die Arbeitserzieher sind sehr abhängig vom Landeswohlfahrtsverband oder dem jeweiligen anderen Träger ihres Heimes. Denn durch Kündigungen würden sie billige Dienstwohnungen und sichere Arbeitsplätze verlieren. Der Direktor in Wabern

z. B. würde eine ganze Menge verlieren. Er hat auf dem Heimgelände ein Grundstück mit Garten, Hühnerstall und Parkanlage von ca. 3000 Quadratmetern zur Verfügung. Park und Garten müssen von den Jugendlichen ohne Entgelt, eventuell für ein Trinkgeld, gepflegt werden. Zwei Jugendliche, einer mit einem steifen Bein, mußten zwei Tage lang Laub zusammenfegen. Als sie fertig waren, bekam der eine 1 DM, der Körperbehinderte nur 50 Pfennig. Der Junge sah von den 50 Pfennig auf den Direktor, vom Direktor auf die 50 Pfennig, grub dann nach kurzer Überlegung ein Loch, legte die 50 Pfennig hinein und buddelte das Loch wieder zu. Der Direktor: »Was soll das? So gehst Du mit dem Geld um?« Der Junge erwiderte: »Ich komme in einem Jahr mal wieder vorbei und gucke nach, ob sie vielleicht Junge bekommen haben!« Daraufhin bekam er weitere 50 Pfennig.
Die Erzieher lassen die Jugendlichen in Wabern ebenfalls für sich arbeiten, unentgeltlich oder für ein Bier. Einige sind begütert, Gastwirtschaft oder Bauernhöfe. Fast alle sind schon älter, »haben schon unter Hitler geschlagen«.

Die Arbeits- und Ausbildungssituation der Jugendlichen in Erziehungsheimen ist gekennzeichnet durch Nichtausbildung, durch Verhindern von Ausbildung. Selbst die Jugendlichen, die eine Lehre absolvieren, lernen einen Dreck, weil sich die Arbeitserzieher kaum Mühe geben. Die große Mehrheit der Jugendlichen lernt nichts, fast nichts. Denn auf jeden Fall lernen sie, Arbeiten zu hassen. Dem ›verwahrlosten‹ Jugendlichen, der ohnehin die Arbeit schon hassen gelernt hat, die Arbeit seines Vaters, die Arbeit seiner Mutter, dessen Familie durch die Arbeitssituation der Eltern zerrüttet wurde, der selbst nur Schwierigkeiten auf seinen Arbeitsstellen erlebt hat, der keinen Grund hat, die Arbeit um ihrer selbst willen zu tun, höchstens des Geldes wegen und des Konsums – diesem Jugendlichen wird im Erziehungsheim die Arbeit aufgezwungen, gleichzeitig noch das Geld entzogen. So wird die Arbeit zur Strafe – die Hoffnung, daß Arbeit jemals Spaß machen könnte, wird dem Jugendlichen endgültig ausgetrieben. Er muß unbezahlt arbeiten. Selbst das Taschengeld ist ihm nicht sicher, auch das wird gekürzt und gesperrt, wenn er nicht spurt.
Das Arbeitsangebot ist beschränkt, das Angebot an Lehrstellen beschränkter. Die Aussicht, daß der Jugendliche im Heim einen Beruf lernt, von dem er später eine Familie ernähren kann, ist gleich Null!

Der Tagesablauf

Das Leben im Heim beginnt nach dem Aufstehen um 6,30 Uhr erst richtig mit dem Appell, so um 7,30 Uhr. Alle Jugendlichen versammeln sich dabei auf dem Hof des Heimes oder in einem Versammlungsraum. Der Erziehungsleiter bittet sich sofortige Ruhe aus und läßt sie gerade stehen. Wenn ihm auf seinen Gruß »Guten Morgen« nicht ein laut geschrienes »Guten Morgen, Herr Erziehungsleiter« entgegenschallt, müssen die Jugendlichen zum Aufwecken ein Lied singen. Wenn auch das gar zu müde und zu schlaff klingt, kriegen sie ein paar Rüffel und Strafandrohungen zu hören. Anschließend werden die Jugendlichen dann gruppenweise den Arbeitserziehern mit einem »Auf gehts an die Arbeit« übergeben.

Um 9,30 Uhr ist die erste Pause. Zum erstenmal darf eine Zigarette geraucht werden. Wer vorher beim Rauchen erwischt wird, muß mit Taschengeldabzug rechnen.

Um 12 Uhr haben sie eine Stunde Mittagspause. Dabei wird Post ausgegeben, wobei die Jugendlichen feststellen, daß die meisten Briefe geöffnet sind. Geldsendungen werden rausgenommen, nur 5 DM können behalten werden, das andere wird einem Konto gutgeschrieben. Wegen des miesen Essens gibt es in Wabern z. B. eine Reihe von mit harten Strafen belegten ›unchristlichen‹ Tischsprüchen: »Komm Herr Jesu Christ / der die großen Brocken frißt / die kleinen läßt er liegen / der Teufel soll auch was kriegen.« Oder: »Der Herr hab Dank / für Speis und Trank / der Rest kommt in den Kühlschrank.«

Um 13 Uhr gehts wieder an die Arbeit. Die letzte Pause ist um 15 Uhr. Um 17 Uhr ist Feierabend. Bis 18 Uhr müssen die Jugendlichen sich selbst und ihre Zimmer reinigen. Um 18 Uhr ist Abendessen.

Auf Sauberkeit wird sehr großer Wert gelegt. Nicht nur morgens nach dem Aufstehen und abends nach der Arbeit wird gefegt und gebohnert, sondern auch noch den ganzen Samstagvormittag gibts großen Hausputz! Wem müßte da eigentlich nicht speiübel werden vor lauter Reinlichkeit!?

Am Sonntagvormittag haben sich alle, abgesehen von den Kirchgängern, z. B. auf dem Staffelberg um 9,15 Uhr in der Turnhalle einzufinden. Dort liest der Erziehungsleiter biblische Geschichten vor, trägt Gedichte vor, fragt die ›Zehn Gebote‹ ab. Einige davon lauten im Staffelberg so:

1\. *Gebot: Du sollst nicht Beatsänger als Gott ansehen.*
3\. *Gebot: Du sollst zum Zuspruch sauber und mit kurzgeschnittenen Haaren erscheinen.*
4\. *Gebot: Du sollst den Erziehern gehorchen.*
6\. *Gebot: Du sollst nicht onanieren.*
7\. *Gebot: Du sollst nicht klauen.*

8. Gebot: Du sollst nicht Falsches über die Erzieher Deinen Eltern erzählen.
9. Gebot: Du sollst keine Mädchen mit unschamen Augen ansehen.
10. Gebot: Du sollst Dich morgens nicht beim Rauchen erwischen lassen.
Bei diesem besonders reizvollen Abfragespiel gibt der Erziehungsleiter dann noch besondere Kommentare zu den einzelnen Jugendlichen, in wieweit sie gegen diese Gebote in der letzten Woche verstoßen haben.
Der Tagesablauf im Heim ist streng reglementiert. Er imitiert den Tagesablauf der proletarischen Familie, soweit er von der Arbeit bestimmt ist, mit pünktlichem Aufstehen, pünktlichem Frühstück, pünktlichem Arbeitsbeginn, pünktlicher Mittagspause, pünklichem Arbeitsschluß. Die Freizeit ist militärisch organisiert: mit Stubendienst, Bettenbauen, kontrollierter Entspannung, pünktlichem Einschluß am Abend. Das heißt, der Tagesablauf im Heim ist nicht bestimmt von irgendwelchen pädagogischen oder psychologischen Einsichten — welche immer es auch wären —, auf die individuellen Probleme wird nicht eingegangen, kann bei solch einem Tagesablauf auch nicht eingegangen werden. Der einzige ›pädagogische‹ Sinn liegt darin, daß der Jugendliche auf ein späteres reibungsloses Arbeiten in der gewerblichen Wirtschaft vorbereitet, getrimmt werden soll. Er soll ganz automatisch reagieren, aufstehen, essen, arbeiten, sich reinigen, schlafen . . . Ohne viele Fragen zu stellen, ohne zu denken, ohne daß ihm Widersprüche bewußt werden.

›Freizeit‹

Freizeit haben die Jugendlichen von 18,30 bis 22 Uhr, wenn sie schon etwas älter sind. Diese Zeit können sie in ihren Gruppenräumen mit Lesen, Radiohören, Tischtennisspielen, Kartenspielen u. ä. verbringen. Oft wird in den Heimen auf sportliche Betätigung großer Wert gelegt, beliebt sind Fußballspielen und Boxen. Damit soll wohl auch überschüssige Energie ausgetobt werden. Ab 20 Uhr sitzen die meisten vorm Fernsehen, wobei die Erzieher öfters mit Verboten einschreiten. So wird in manchen Heimen bei Kriminalfilmen abgeschaltet, weil die Jugendlichen davon angeblich besonders gefährdet würden. Die Auswahl der Tages- und Wochenzeitungen ist kümmerlich. Progressive Zeitungen sind nicht zu finden, dafür aber Heimatzeitungen. Illustrierte dürfen wegen der ›sittlichen Gefährdung‹ nicht gelesen werden. Die Informationsmöglichkeiten sind also sehr beschränkt.
Auf dem Staffelberg gibt es noch ein besonderes Beschäftigungs-

system: Clubs. Jeder muß in einem Club mitmachen und wöchentlich einmal dabei sein. Es gibt Clubs für Sport, Tischtennis, Foto, Chor, Tierehalten u. ä. Wer im Chor mitmacht, den der Erziehungsleiter durchführt, erhält besondere Vergünstigungen wie mehr Taschengeld, besonderen Ausgang, wird nachsichtiger behandelt. Zur Kontrolle hat jeder Jugendliche eine Clubkarte; samstags wird kontrolliert, ob man den Club besucht hat oder nicht. Wer am Samstag keinen Clubbesuch nachweisen kann, muß am Sonntagnachmittag in den Club der Interesselosen: dort wird ein Kapitel aus der Bibel abgeschrieben, während die anderen Ausgang haben.
Am Samstagnachmittag finden auf dem Staffelberg Gemeinschaftsveranstaltungen statt. Um 14 Uhr müssen sich alle in der Turnhalle versammeln. Es werden Geschichten vorgelesen, Verkehrsquiz-Spiele veranstaltet und gelegentlich ›geeignete‹ Filme vorgeführt. Wenn die Zeit bis zum Abendessen noch nicht rum ist, werden Lieder gesungen oder man läßt ›Raketen steigen‹. Ein Beobachter müßte zu dem Schluß kommen, es handele sich hier um Jugendliche, die auf dem Entwicklungsstand von 5 bis 10jährigen Kindern stehen geblieben sind.
Meistens nur einmal in der Woche haben die Jugendlichen Ausgang in das Dorf oder Städtchen. Das ist meistens sonntagnachmittags von ca. 13 bis 19 Uhr. In diesen paar Stunden werden also alle Jungen, die Ausgangserlaubnis haben, auf einmal ins Dorf oder Städtchen losgelassen. Dort erkennt man sie sofort als Zögling. Widerwillig werden sie in den Gastwirtschaften geduldet; falls sie zu laut und zu ausgelassen werden, fliegen sie raus. Die Töchter der Bürger werden um diese Zeit von ihren Eltern besonders genau überwacht, auf daß nur keine mit einem Zögling geht.
Im Juni 1968 gründet sich in Biedenkopf z. B. ein Verein der ›Staffelberggeschädigten‹. Sein Ziel ist: der Bau einer zusätzlichen geschlossenen Abteilung (s. u.), eine strengere Hausordnung und weniger Ausgang. Am liebsten hätte das ›Bürgerkomitee‹ eine generelle Ausgangssperre. Von November 1968 bis Februar 1969 erschleicht sich dieser Verein auch solch eine allgemeine Ausgangssperre. Danach zieren sich die Biedenkopfer Mädchen noch mehr als vorher, mit Staffelbergern zu vögeln. Eine Diskothek, in der man sich vorher treffen konnte, ist inzwischen geschlossen worden. In einem anderen Städtchen hat einmal ein Kaufhausbesitzer nach einem Diebstahl von einem Heimjugendlichen ein Schild ins Schaufenster gestellt: »Für Zöglinge Betreten verboten!« Erst nach einer Woche, nachdem sich die Jugendlichen beim Heimleiter beschwerten, wurde das Schild zurückgenommen.
Die Jugendlichen fühlen sich wie Aussätzige, wie Menschen dritter Klasse, wenn sie endlich mal raus aus dem Heim dürfen.

Sie können sich kaum dagegen wehren. Jedes Auflehnen führt sofort zu Klagen beim Heimleiter, und der betreffende Jugendliche hat für Wochen seinen Ausgang gehabt!

Disziplinierungen und Strafen

Die Erziehungsheime verfügen alle über ein umfangreiches Disziplinierungs- und Strafsystem. Hauptanlässe dafür sind: Zuspätkommen vom Ausgang (›angeheitert‹ gilt als erschwerend), Arbeitsverweigerung, Tätlichkeiten unter Jugendlichen, allgemeiner Ungehorsam gegen Erzieher, Flucht. Ein ansehnlicher Strafkatalog steht zur Verfügung.
Kleinere ›Vergehen‹ werden mit Taschengeldabzügen und Ausgangssperren bestraft. So z. B. Zuspätkommen: Pro angebrochene Stunde gibt es in Wabern einen Sonntag Ausgangssperre. Wer angeheitert zurückkommt, erhält entweder acht Wochen Ausgangssperre oder vier Wochen völlige Taschengeldsperre. Wer in der Arbeitszeit oder nach 22 Uhr raucht, erhält 5 DM Taschengeldabzug. Wenn aus Versehen Geschirr zerschlagen wird, müssen vom Taschengeld pro Teller oder Tasse 1 DM, pro Kanne 8 DM bezahlt werden.
Da Schlagen offiziell verboten ist, schlagen die Erzieher nur ab und zu. Dafür ›überlassen‹ sie es dann älteren Jugendlichen, die sich Liebkind machen wollen, die Strafe zu vollstrecken.
Schwere Verfehlungen werden mit Verlegen in die Geschlossene Abteilung oder mit Karzer bestraft. Dies ist eine besondere Abteilung im Heim, mit eigenem Tagesablauf, eigenen Sitten und Gebräuchen. Jeder Heiminsasse fürchtet sich vor dieser Abteilung mehr als vor Schlägen. In dieser Gruppe befinden sich Jugendliche, die sich nicht an die bestehenden Vorschriften gehalten oder diese zuweilen nicht respektiert haben, die ihren Aufpassern nicht genügend Folge geleistet haben oder aus dem Heim ausgebrochen sind. Unter anderem hat aber z. B. im Staffelberg auch ein Jugendlicher dort eineinviertel Jahr gelebt, weil er auf seinen Prozeß wegen Mordes an einem Amerikaner gewartet hat. Angeblich soll die Geschlossene Abteilung straffällig gewordene Jugendliche vor der Untersuchungshaft schützen. Die Untersuchungshaft ist jedoch fast immer besser als die Geschlossene Abteilung.
30 Jugendliche können dort wohnen. Es gibt nur Einzelräume, bis auf ein Dreimann-Zimmer. Zusätzlich gibt es auf dem Staffelberg z. B. zwei Karzer, manche Heime haben auch mehr. Dies sind Arrestzellen, in denen die Fenster mit Panzerglas versehen und an die Fensterfüllung angeschraubt sind, so daß sie nicht geöffnet werden können. Als Lüftung dient oberhalb des Fensters ein schmaler Schlitz, der immer offen ist. In dem Karzer

befindet sich ein großer Holzkasten, der das Bett darstellen soll. Auf dem Kasten liegen eine Matratze und eine Wolldecke zum Zudecken. Tagsüber darf das Bett nicht benutzt werden. Wer trotzdem dabei erwischt wird, bekommt die Matratze entzogen und muß nachts auf dem Holz schlafen. Gegessen wird auf der Fensterbank. Einzige Lektüre ist die Bibel. In Wabern werden die Betten tagsüber an die Wand geklappt und mit einer Eisenkette und einem Vorhängeschloß festgemacht. In der Zelle befindet sich außerdem noch eine Toilette, die aber nur von außen gespült werden kann. Wenn der Jugendliche deswegen den Erzieher in der Nacht rausläutet, kann er sicher sein, daß er eine gefeuert kriegt. In den anderen Räumen gibt es statt Toiletten des Nachts Putzeimer. Man kann sich vorstellen wie es in dem Dreimannzimmer nachts stinkt!
Die Jugendlichen in dieser Abteilung tragen besondere Kleidung, die sie von den anderen Insassen des Heimes unterscheidet. Alle Außentüren sind auch tagsüber geschlossen. Muß ein Jugendlicher in irgendein anderes Gebäude gehen, dann begleitet ihn stets ein Erzieher, der mit einem dicken Schlüsselbund die Türen auf- und wieder zuschließt.
Sobald morgens der Schlüssel des Erziehers im Schloß klappert, hat der Jugendliche vor dem Bett zu stehen und dem Erzieher einen guten Morgen zu wünschen. Anschließend hat er sich mit einem Besen und einem Bohnerbesen zu bewaffnen und seinen Raum auf Hochglanz zu bringen.
Um halb acht Uhr haben sich alle Jugendlichen dieser Abteilung in ihrem Eßsaal zu versammeln und gemeinsam unter strengstem Schweigen das Frühstück einzunehmen. Es darf grundsätzlich nicht beim Essen gesprochen werden. Nach dem Essen müssen alle in die Umkleideräume gehen und ihre Freizeitkleidung, die aus Trainingsanzügen besteht, mit Arbeitskleidung vertauschen. Auf einer Seite des Hofes im Heim Staffelberg, der von einer hohen Mauer umschlossen ist, liegt die Arbeitsbaracke, die zur geschlossenen Abteilung gehört. Dorthin marschieren die Jugendlichen in Zweierreihen ab. In dieser Werkstatt werden Federn für Autositze gedreht. Die Arbeit ist für den Jugendlichen sehr schmerzhaft, da seine Fingerkuppen rot und blau davon werden. Deshalb fragt sich jeder, warum diese Arbeit nicht maschinell verrichtet wird.
Wenn deshalb aggressive Spannungen während der Arbeit auftreten, wird die Arbeit unterbrochen, und die Jugendlichen müssen im Hof Völkerball spielen.
Die Frühstückspause entfällt. Der Mittag verläuft so: zunächst ist die Arbeitskleidung wieder mit dem Trainingsanzug zu vertauschen, danach haben sich alle Jugendlichen im Eßsaal, der zugleich Tages- und Fernsehraum der Gruppe ist, einzufinden und vor ihrem Eßplatz aufzustellen. Nun tritt der Erzieher ein

und brüllt: »Guten ...« Darauf antworten die Jugendlichen mit »... Appetit!«. Nach dem Essen schreit der Diensthabende »Auf!« Alle springen von den Stühlen auf und stellen sich hinter die Stühle. Nun schreit der Erzieher: »Wir ...« und die Jugendlichen antworten: »... danken!«. Danach ist Zigarettenpause.

Abends dürfen die Jugendlichen die Bibliothek der geschlossenen Abteilung aufsuchen und sich Bücher ausleihen. Als Lesestoff dienen: Heimatromane, Tiergeschichten, Abenteuerromane und fromme Geschichten. Einmal in der Woche kommt der Erziehungsleiter in diese Abteilung und hält den Jugendlichen eine große Moralpredigt. Das hört sich etwa so an: »So, Jungs, heute abend werden wir uns mal ausführlich darüber unterhalten, was man seinen Eltern nach Hause schreibt. Mir sind mehrere Briefe in die Hand gegeben worden, die ihr nach Hause schicken wolltet. Darin beschweren sich einige von euch über die Geschlossene Abteilung. Aber so geht das nicht! Wenn einige von euch meinen, daß sie ungerecht behandelt werden, so haben sie sich an mich zu wenden und nicht an ihre Eltern. Du, Michael, hast z. B. geschrieben, daß du hier mehrere Male von dem Erzieher geschlagen wurdest. Wenn du sie mal gekriegt hast, dann hast du sie mit Recht gekriegt. Kein Erzieher schlägt ohne Grund. Schließlich bist du nicht ohne Schuld hierher gekommen. Du weißt ganz genau, daß du draußen die Arbeit geschwänzt hast. Das Jugendamt hat dich hierher gebracht, damit du deine Berufsausbildung erfolgreich abschließen kannst. Doch was hast du gemacht? Du hast deinen Meister geschlagen! Und anschließend bist du auf Flatter gegangen. Du hättest ja zu mir kommen können und mir deine Sorgen erzählen können. Aber nein, du bist lieber draußen rumgestreunt. Als du wiedergebracht wurdest, von der Polizei, hast du dich trotzig hingesetzt und erklärt, daß du jetzt gar nichts mehr arbeitest. Da hast du eben einen oder auch zwei auf die Backe bekommen, als dem Erzieher der Geduldsfaden riß! Das war doch voll und ganz berechtigt! Oder? — Du wirst also einen neuen Brief schreiben! — Und du, Willi, hast dich über das Essen beschwert! Das gerade du das machst! Wo ihr zu Hause doch arm wie die Kirchenmäuse seid und noch nicht mal Margarine auf'm Brot habt! Und hier beschwerst du dich, daß es jeden Tag Wurst und Käse gibt!« Er zerreißt den Brief und drückt ihn dem rotwerdenden Jungen in die Hand. »Schreib gefälligst einen neuen!«

Der Aufenthalt in der Geschlossenen richtet sich danach, in wieweit der einzelne sich geschlagen gibt, resigniert, sich anpaßt und unterwirft.

Der Karzer ist nach der Geschlossenen Abteilung die letzte Disziplinierungsmaßnahme des Heimes. Einzelne bleiben dort bis zu zwölf Tagen eingesperrt.

In einem südwestdeutschen Heim, in dem es drei Karzer gibt, sind in einem Jahr 242 Jugendliche eingesperrt worden, wobei im Heim ca. 500 verschiedene Jugendliche im Jahr leben. Das Karzerbuch, das genau Auskunft gibt, verzeichnet, daß die Karzer 580 Tage ›belegt‹ gewesen sind, d. h. jede Zelle öfter als jeden 2. Tag![22] Einige Jugendliche vom Staffelberg schildern ihren Aufenthalt im Karzer so:

»— Ich war da oben in der Geschlossenen. Da habe ich gesagt, ich wäre krank. Der Obererzieher kam rein und hat mir eine runtergehauen. Er hat gemeint, ich würde nur simulieren. Die Arztfrau ist reingekommen und hat Fieber gemessen, meinte, ich hätte kein Fieber. Am anderen Tag kam sie noch einmal, hat gemessen und gesagt, ich hätte 39,4. Drei Tage konnte ich liegen bleiben. Nach drei Tagen kam sie und sagte, du kannst jetzt noch mal drei Tage im Karzer verbringen, ohne was zu lesen.

— Ich bin damals in den Karzer gekommen und hatte keine Ahnung, was da oben für Zustände herrschen. Morgens lag ich da im Bett, als der Erzieher in den Karzer kam. Da hat er gemeint, was das wäre, ich hätte neben dem Bett zu stehen, sobald ich den Schlüssel im Schloß höre, und halb angezogen zu sein. Er hat mich dann durch den Karzer geschlagen.

— Wenn man morgens aufsteht, wie soll ich das sagen, da geht einem der Hut hoch, wenn man Druck drauf hat. Ist doch klar, wenn man unbedingt aufs Klo muß, hat man eben einen Harten. Naja, als ich im Karzer war, hat das eben der Erzieher gesehen am Morgen und mir in die Fresse gehauen.

— Ich war im Karzer, weil ich abgehauen war. Ich hatte seit drei Tagen nicht mehr geschlafen. Da bin ich tagsüber in den Karzer gekommen, wo ich noch nie war. Ich bin dann todmüde ins Bett gefallen. Auf einmal wach ich auf, weil der Erzieher reinkommt und mich anbrüllt. Er hat mir die Matratze rausgeholt. Dann habe ich mich auf die Holzpritsche geknallt, und als er dann wieder reinkam, hat er noch lauter geschrien, von wegen ich sollte aufstehen. Da hab ich gefragt, warum, wenn ich doch todmüde bin, da muß ich doch schlafen dürfen. Da hat er mir halt eine geschossen, daß ich gegen die Wand gesegelt bin.

— Die Türen werden abends zugeschlossen, wenn wir ins Bett gehen. Da ist so eine Ritze oben im Fenster drin, und wenn man scheißen muß, kann man nicht auf die Toilette gehen, weil es sonst stinkt, weil die Fenster praktisch zu sind.

— Ich kann keinen Käse essen, da hebt sich bei mir alles. Auf einmal hats Limburger oder so 'nen Kram gegeben und da hab ich gesagt, den würde ich nicht essen. Da hat der Erzieher dann gesagt, wenn du den nicht ißt, steck ich dich in den Karzer. Als ich ihn trotzdem nicht aß, hab ich die Fresse voll gekriegt und

bin in den Karzer gekommen. Als ich den Käse dann immer noch nicht gegessen hatte, hat er mir nochmal in die Fresse gehauen. Darauf habe ich den Käse dann den Luftschacht hochgeschmissen. Danach durfte ich dann wieder raus aus dem Karzer.
— Ich war vier Tage im Karzer. Da sind Gitter vor den Fenstern, und rausgucken kann man nicht, weil die weiß gestrichen sind. Die ganzen vier Tage hatte ich nichts zu lesen, das war zum Durchdrehen. Hinlegen durfte ich mich auch nicht.«

Wenn ein Junge von der ›Flatter‹ (Flucht) zurückgebracht wird, kommt er nicht einfach in den Karzer. Oft wird er erst mal von den Erziehern zusammengeschlagen und erhält fürs erste, wie z. B. in Wabern, acht Wochen keinen Ausgang, für vier Wochen kein Taschengeld und danach für weitere sechs Wochen halbes Taschengeld. Wenn er allerdings mehrmals abhaut, kommt er sofort nach der ›freundlichen Begrüßung‹ in den Karzer, mindestens für drei Tage, ohne rauchen zu können, bei halber Essensration.
Auch die Gruppe hat darunter zu leiden. Denn der Obererzieher hält Moralpredigten vor der Gruppe und empfiehlt, jeden, der fliehen will, zurechtzustauchen. Wenn der Erzieher meint, die Gruppe habe von der Flucht gewußt, gibt es Kollektivstrafe (Fernsehverbot und Rauchverbot oder zehn Runden barfuß über den Hof laufen).
In den Mädchenheimen sind die Disziplinierungen noch viel totaler. Ein Mädchen aus dem Heim Steinmühle hat ihre Eindrücke über diese Situation niedergeschrieben:[23]

»Ich bin seit dem 24. April in diesem Heim. Also drei Monate. Ich fühle mich manchmal so, als wäre ich in einem Gefängnis. Die Zustände hier sind miserabel. Wir werden hier manchmal wie Sträflinge behandelt, die ein schweres Verbrechen begangen haben, dabei haben wir nur kleine Sünden begangen. Wir müssen morgens unsere Zimmer putzen, immer gründlich, die Betten abrücken, und so ein Kram, als wenn das nötig wäre. Die Zimmer sind doch gar nicht so schmutzig. Wir müssen schon um sechs Uhr aufstehen. Kurz nach sieben wird gefrühstückt. Manchmal kriegen wir nur Butter zum Brot. Wir kriegen nie Bohnenkaffee. Von Kuchen, Schokolade und sonstigen Delikatessen können wir nur träumen. Rauchen dürfen wir natürlich auch nicht, wäre ja auch ein Wunder. Einen Fernseher haben wir zwar, er wird aber oft nur zum Ansehen benutzt, denn wir dürfen nur 2–3mal in der Woche fernsehen. Und dann immer nur die Filme, die nicht später als um 20,15 Uhr beginnen. Unseren Schmuck dürfen wir nur sonntags tragen. In der Woche dürfen wir noch nicht mal einen Ring tragen. Wenn

wirs trotzdem tun, gibts Krach. So etwas Blödes, als wenn es eine Schande wäre, einen Ring zu tragen. Schminken dürfen wir uns auch nur am Sonntag. Und wenn man sich zu auffällig schminkt, dann fragt man uns, ob wir Nutten wären, die auf den Strich gehen wollen. Wenn wir zu kurze Röcke tragen, dann fragt man uns, ob wir auf die Kaiserstraße gehen wollen.

Wir müssen den ganzen Tag schuften wie Tiere, und was kriegen wir dafür? Höchstens 15 DM im Monat und eine schlechte Behandlung obendrein. Wir haben den ganzen Tag keine Ruhe, laufend wird an uns herumgemeckert. Oft ohne Grund. Frau Scholz treibt es oft schlimm. Hier einige Beispiele. Einmal hat ein Mädchen den Abfalleimer vor ihre Türe gestellt. Da hat sie den Abfalleimer mit dem Fuß den Flur entlang gestoßen. Einmal habe ich mich auf mein Bett gelegt, da hat sie gesagt, ob ich eine alte Oma wäre, die sich hinlegen muß. Am Montag hatte ich eine weiße Bluse an, die hatte ich mir am Samstag aus dem Schrank geholt, die lag zwischen den Werktagsblusen. Da hat Frau Scholz mich angemeckert, wieso ich eine Sonntagsbluse am Werktag anhätte. Dabei habe ich gar nicht gewußt, daß es eine Sonntagsbluse war, sie lag ja zwischen den Werktagsblusen. Am Dienstag hat Frau Scholz gesagt, ich würde die Mädchen zum Abhauen aufhetzen und würde mir nachher die Hände in Unschuld waschen. Dabei habe ich bloß zur Sylvia gesagt, sie soll die Tür offenlassen. Dann hat sie noch gesagt, daß ich wie alle anderen Mädchen wäre, die es nicht wert wären, und daß es bei mir keinen Zweck hätte, daß man sich Mühe mit mir gebe. Das juckt mich sowieso nicht, was die redet, auf der ihre Mühe scheiße ich sogar. Der kann man doch nur recht sein, wenn man den ganzen Tag arbeitet, sich mustergültig benimmt und macht, was sie uns sagt. Auf gut deutsch gesagt, wenn man ihr in den Arsch kriecht. Außerdem hat sie ihre Lieblinge, die immer bevorzugt werden und denen sie immer heimlich abends was in den Arsch steckt. Auf deutsch gesagt, die bildet sich ein, wenn sie uns sonntags mal einen Kuchen backt und uns Bohnenkaffee gibt, dann wäre es damit getan. Man kann hier zu keinem Vertrauen haben, nicht zu den Erzieherinnen, von den Mädchen ganz zu schweigen. Nur mit Frau Heinrich, Fräulein Krause und Frau Drewes rede ich. Mit denen kann man sich wenigstens anständig unterhalten. Die brüllen einen wenigstens nicht an, wenn man etwas sagt, was ihnen nicht paßt. Hoffentlich brennt dieser Saustall einmal ab, es müßten alle Erziehungsheime abgeschafft werden. Die Jugendämter und die Polente müßten auf den Mond geschossen werden. Wenn ich später einmal Kinder habe, werde ich dafür sorgen, daß diese nicht ins Heim kommen. Denn ich weiß, was es heißt, eingesperrt zu sein. Es heißt immer, wir sind selber schuld, daß wir ins Heim gekommen sind.

Aber es liegt nicht nur an uns, es liegt auch viel an den Eltern. Ich könnte ein Liedchen davon singen.
Es ist für uns ohnehin schon schwer genug, daß wir hier drin sind. Da könnte man es uns doch etwas erleichtern. Aber nein, da wird einem dieser Aufenthalt hier drin noch erschwert, indem man laufend an uns herummeckert. Die Zeit, die wir hier drin hocken, kriegen wir doch von keinem Schwein bezahlt. Die Erzieherinnen wundern sich immer, wenn so viele Mädchen abhauen. Das ist doch auch kein Wunder bei der Behandlung. Wenn sie den Mädchen das Leben hier drin nicht zur Hölle machen würden, würde das nicht passieren.«

Da eigentlich schon fast alles verboten ist, was einem Jugendlichen normalerweise als Strafe verboten werden könnte, stekken die Heime bei ihrer ›Erziehungsmethode‹ vor einer großen Schwierigkeit. Denn wenn ein Jugendlicher Widerstand leistet, weil er das Unrecht und die unmenschlichen Zustände nicht hinnehmen will, ist er kaum durch die Heimstrafen mürbe zu machen. Die Erzieher greifen daher zu Drohungen, die über das Heim hinausgreifen. So z. B. drohen sie, daß der Jugendliche in ein völlig geschlossenes Heim verlegt würde, wie Börgermoor, Voccawind oder Freistadt. Börgermoor ist ein Heim im Moor, eine Straße bildet den einzigen Zugang. Nachts wird sie taghell angestrahlt und bewacht. Die Arbeit besteht im Torfstechen. In Voccawind ist es ähnlich, es liegt völlig einsam an der Grenze zur DDR. Dort wird im Steinbruch gearbeitet. Oder sie drohen gleich mit Jugendarrest und Jugendknast. Da die Jugendlichen durch allerlei Informationen wissen, daß es immer noch schlechtere Heime gibt, lassen sie sich in vielen Fällen von solchen Drohungen einschüchtern.
Typisch ist, daß sofort jede Entwicklung von Solidarität, von Gemeinschaftsgefühl und Kameradschaft und gegenseitiges Füreinander-Einstehen verhindert wird. Eine große Rolle spielen dabei die Gruppensprecher. Die Jugendlichen sollen sie sich selber wählen, dadurch soll der Eindruck entstehen, jene würden gegen die Erzieher ihre Interessen vertreten. In Wirklichkeit ist es genau anders herum. Die Gruppensprecher erhalten die Funktion von Erzieherhelfern. Sie erhalten den Auftrag, für Sauberkeit und Ordnung zu sorgen, dafür dürfen sie dann auch schlagen, wenn ein anderer nicht pariert. Die Gruppensprecher erhalten auf diese Weise einen Schimmer von der Macht der Erzieher. Dadurch werden Arschkriecher herangezüchtet, wird die Solidarität der Jugendlichen geschwächt. Der Gruppensprecher hat auch noch die Funktion eines Spitzels, weil er alles wichtige dem Erzieher erzählen muß.
Wenn aber ein Gruppensprecher das nicht mitmachen will, sich für sein Kollektiv einsetzt und eine Front gegen die Heimlei-

tung aufbaut, dann bleibt er nicht lange Gruppensprecher. Entweder er wird einfach von der Heimleitung abgesetzt oder in eine andere Gruppe verlegt.
Es ist ganz klar: wenn Streik als Meuterei gilt und jede Solidarität verhindert wird, dann ist das Ziel, die proletarischen Jugendlichen zu spalten.
Für besonders gut parierende Jugendliche gibt es z. B. im Heim Staffelberg eine besondere Belohnung. Neben Taschengelderhöhungen und Sonderausgang winkt als höchster Lohn das Wohnheim. Dort hat jeder ein Einzelzimmer, kann dort tun und lassen, was er will, braucht nicht jeden Tag zu bohnern und zu putzen – dafür gibts da nämlich eine Putzfrau! Im Jugendwohnheim leben auch die Jugendlichen, die außerhalb des Heimes in Biedenkopf z. B. eine Lehre absolvieren. Es sind dies die gefügigsten und bravsten.

Hinter diesen Disziplinierungen steckt Methode. Zwar sind einige Strafen Ausdruck der Hilflosigkeit der kaum ausgebildeten Erzieher, mit den Problemen der Jugendlichen richtig fertig zu werden. In der Hauptsache jedoch wird damit das Ziel verfolgt, die Jugendlichen zu vereinzeln, in ihnen selbstzerstörerische Schuldgefühle zu verinnerlichen, ihr Selbstvertrauen und ihr Selbstbewußtsein zu zerstören. Das wird in der Hausordnung von Rengshausen sogar offen geäußert. Sie sollen gefügig, klein gemacht werden. Außerdem werden die Jugendlichen gespalten in die, welche aufbegehren und deshalb mit radikalsten Mitteln terrorisiert werden, und die, die willige Handlanger werden. Dazwischen stehen noch die vielen Schwankenden, die vor offener Auflehnung zurückschrecken, aber auch nicht Arschkriecher werden wollen.
Es ist daher auch nicht verwunderlich, wenn viele Jugendliche ›aussteigen‹ wollen. Sie begehen in erschreckend hohem Maße Selbstverstümmelungen und Selbstmordversuche.

Die Erzieher und ihr Verhältnis zu den Jugendlichen

Etwa 50 Prozent der Erzieher, die in den Fürsorgeheimen der Bundesrepublik und Westberlin arbeiten, sind nicht als Erzieher ausgebildet, sondern höchstens in einem Kurzlehrgang vorbereitet worden. Die Arbeitserzieher haben manchmal eine Berufsausbildung, eine Erzieherausbildung haben sie nicht. Ein Viertel bis ein Drittel der vorhandenen Planstellen sind nicht besetzt.
Der Krankenstand unter den Heimerziehern gehört zum höchsten aller Berufsgruppen – ein Ausfall von 50 Prozent durch Krankheit ist keine Seltenheit. Diejenigen, die man antrifft,

wenn man Heime besucht, sind immer überlastet, sind immer fertig, haben immer in der vorigen Nacht Nachtdienst gemacht und machen heute schon wieder Dienst. Ihre freien Tage in der vorigen Woche haben sie nicht genommen, ihren Urlaub noch nicht gehabt — sie sind immer überanstrengt, ferienreif.
Eine tägliche Erzieherkonferenz, in der die tägliche Arbeit koordiniert werden könnte, in der man sich gegenseitig beraten könnte, findet in keinem Heim statt. In Wabern z. B. laufen die Entscheidungsabläufe so: morgens gibt der Direktor den Obererziehern Anweisungen für die Gruppen. Diese geben sie weiter an die Erzieher und jene wieder an die Gruppensprecher oder direkt an die Gruppe. Vierzehntäglich findet eine Erzieherkonferenz statt.
So befindet sich der Erzieher selber gegenüber dem Heimleiter in einem autoritären Abhängigkeits- und Befehlsverhältnis, beim Heimleiter geschieht dasselbe gegenüber seiner Behörde, die ihrerseits wiederum hierarchisch-bürokratisch organisiert ist. So kommt es beispielsweise hundertfach vor, daß ein Heimleiter sich weigert, noch einen Jugendlichen aufzunehmen, weil kein Platz da ist, Erzieher krank sind, aus was für Gründen auch immer, er aber von seiner vorgesetzten Behörde dazu gezwungen wird. Selbst gezwungen, zwingt er einem Gruppenerzieher den Jugendlichen auf, dieser schafft ihn dann in die Gruppe. Der Entscheidungsablauf in den Heimen geht strikt von oben nach unten, und ganz unten sind eben die Jugendlichen.
Ein Mädchen schreibt über ihre alte und neue Heimleiterin:[24]

»Früher, zu Frau Theners Zeiten, gab es keine Meinungsäußerungen, die durfte man nicht hören, sie wurden als Frechheiten und Ungehörigkeiten bezeichnet. Es wurde mit Arresten gedroht. Wenn ein Mädchen gerannt ist und wieder kam, gab es ›Besinnung‹, das hieß, sie durfte mit keinem anderen Mädchen in Berührung kommen, mußte Heimklamotten tragen, das Mädchen wurde ganz einfach sich selbst überlassen. Man glaubte, damit dem Mädchen zu helfen. Eventuell wurde die übrige Gruppe dazu aufgestachelt von den Erzieherinnen, das Mädchen durch Gruppenschläge oder einen Eimer Wasser übern Kopf zu bestrafen. Das wurde dann auch Tradition.
Am 1. Mai kam Frl. Heinrich als Heimleiterin. Man durfte sich nun am Wochenende etwas anmalen, aber nicht zu stark. Die Neuen durften früher als sonst die eigenen Sachen anziehen. Nach langen Kämpfen durften wir unsere langen Hosen anziehen, aber nicht in dem Speisesaal, also nur auf den Gruppen, vielleicht auch mal beim Spaziergang, aber nur wenn die Erzieherin es billigte. Bei Fräulein Theners bekamen die Erzieherinnen gegenüber den Mädchen immer Recht, auch wenn sie Unrecht hatten. Fräulein Heinrich versucht jetzt immer auf beiden

Seiten sehr behutsam zu schlichten. Sie war für viele eine Neuerung. Sie konnte sich bei einigen Erzieherinnen nicht durchsetzen, dadurch verlief vieles im Sande.«
Hinzuzufügen ist: nach drei Monaten verläßt die neue Heimleiterin wieder das Heim Steinmühle, nachdem sie gemerkt hat, daß alle Versuche, vom Träger entscheidende Verbesserungen in der Heimausstattung zu erreichen, fehlschlagen müssen.

Die Hilflosigkeit der Erzieher gegenüber den Problemen der Jugendlichen drückt sich auch in einem Anschlag am Schwarzen Brett aus, den der Obererzieher von Staffelberg nach ersten solidarischen Aktionen der Jugendlichen aushängt:

»Ich schreibe diese Zeilen für diejenigen, *denen es nicht an Einsicht in die (unbeliebten) Notwendigkeiten innerhalb einer Gemeinschaft mangelt, und richte sie* an diejenigen, *die offene, sachliche Überlegungen scheuen. (Und scheinbar nicht nur das!)*
Ihr zeigt durch euer Verhalten, daß ihr schlichtweg ablehnt, die notwendigen Forderungen, *ohne die keine Gemeinschaft auskommen kann, zu übernehmen. Ihr wollt leben, wie die Drohne im Bienstock, wie die Made im Speck! — Als Nutznießer oder Schmarotzer auf Kosten anderer?*
Ihr wollt euch »nicht ausbeuten lassen« — und genießt skrupellos die Vorteile, die eine intakte Gemeinschaft bietet? Angefangen bei geordneten Mahlzeiten und einer ordentlichen Unterkunft. Was dann, wenn alle so dächten und handelten? *Warum nutzt ihr diejenigen schamlos aus, die einsichtig geblieben sind, daß ohne* Mitarbeit für *die Gemeinschaft ein Leben* in *Gemeinschaft nicht möglich ist?*
Ihr könntet sicherlich mehr Sympathien erwerben, wenn ihr durch Taten bewieset, daß euer Anliegen ist, günstigere Bedingungen für alle *zu schaffen,*
daß euer Interesse auf ein
besseres Gemeinschaftsleben *gerichtet ist. Und nicht ganz primitivem Egoismus entspringt, ganz primitiver billiger, nur auf eigene Annehmlichkeit schielender Drückebergerei und Faulenzerei.*
Wie wärs, *wenn ihr statt herumzulungern, die einfachsten (doch darum nicht weniger notwendigen) Verrichtungen für die Heimgemeinschaft aus eigener Einsicht und Bereitschaft von euch aus übernähmt? Zum Beispiel das Kartoffelschälen?*
Mancher Zweifelnde würde euch als besonnene, kämpferische, doch mitverantwortungsbewußte junge Menschen betrachten!
gez. Kretschmer.«

Es zeigt sich, daß der Erzieher, der hilflos ersten solidarischen Streikaktionen der Jugendlichen gegenübersteht, schnell in im

Kern faschistisches Gedankengut rutscht. Volksgemeinschaft – Heimgemeinschaft – Betriebsgemeinschaft. Die Klassengegensätze werden vertuscht, eine Interessenharmonie wird postuliert. Dieses Gedankengut kommt ja auch schon in der Heimordnung von Rengshausen zum Ausdruck: »[. . .] das Zusammenleben in einer großen Heimgemeinschaft [. . .] verlangt gutes Zusammenleben.« Als ob die Jugendlichen auch nur einen Deut Interesse an dieser Gemeinschaft hätten, als wenn ihre Bedürfnisse hier in irgendeiner Weise befriedigt werden würden, als wenn das Erziehungsheim nicht die Aufgabe hätte, sie kaputt zu machen, sie zu spalten, sie von ihrer Klasse abzuspalten!

Die Erzieher in den Fürsorgeheimen sind zumeist unzufriedene, unsichere und schlecht ausgebildete Helfershelfer der Fürsorgebürokratie. Selbst wenn sie anders wollten, sie sind eingespannt in eine Unterdrückerrolle, aus der sie nur herauskommen können, indem sie den Beruf aufgeben. Progressive Erzieher haben daher fast allesamt nach kurzer Zeit eine solche Konsequenz gezogen. Und wenn sie sie nicht ziehen, so zieht die Aufsichtsbehörde die Konsequenz und feuert allzu unbequeme Erzieher, insbesondere wenn sie sich mit den berechtigten Forderungen der Jugendlichen solidarisieren.[25] Wer daher Erzieher ist und bleibt, erzieht zwangsläufig nach den Zielen der Fürsorgebürokratie, er hilft, die Jugendlichen zumindest psychisch zu zerstören und damit unschädlich zu machen.

Das Wesen der Erziehungsheime

Die Isolation

Fürsorgeerziehung hat zwei Funktionen: die proletarische Familie zu entlasten und den Jugendlichen zu disziplinieren. Diese Disziplinierung erfolgt in den Erziehungsheimen durch die Zwangsanpassung durch Isolation. Isolation bestimmt jedes Erziehungsheim und Erziehungsprogramm.

Isolation ist ein typisch kleinbürgerliches Erziehungsmittel, es baut eine scheinbar aus der Gesellschaft losgelöste Ersatzwelt auf. Sie kann verglichen werden mit dem harmlosen Erziehungsinstrument der kleinbürgerlichen Familie: »Diese Woche Stubenarrest« oder »Stell dich in die Ecke« – der Verstockte soll in der Einsamkeit in sich gehen.

Die Ideologen der Fürsorgeerziehung sagen: die Familie hat bei der Anpassung versagt, deshalb muß der Staat das jetzt in die Hand nehmen, indem er den Jugendlichen in eine ›künstliche

Familie‹, in die ›Heimgemeinschaft‹ steckt. Gerade der Staat, der doch als Handlanger der herrschenden Klasse sein gewichtiges Teil an Schuld mit trägt an den Schicksalen der Jugendlichen, gerade er soll also nun der Retter sein!

Durch die Isolation werden die Kinder und Jugendlichen aus der Realität mit ihren Widersprüchen herausgelöst. Das führt dann zu der Einbildung bei den Erziehern und nach längerer Bearbeitung dann auch bei den Zöglingen, die Widersprüche und Probleme würden gar nicht mehr existieren. Was sich auch darin zeigt, daß die Jugendlichen die Welt draußen idealisieren, laufend von der ›Freiheit‹ träumen, Wunschbilder sich ausdenken. So entsteht dann auf der Scheinrealität des Erziehungsheimes – mitten in der Natur – viel einfacher als sonstwo die Scheinanpassung, die gewünschte Anpassung von proletarischen Kindern an kleinbürgerliche Normen. All die schönen sittlichen Werte und Verhaltensweisen lassen sich jetzt recht gut vermitteln. Und durch die genormten Werte entsteht bald bei allen Heimbewohnern die totale Normierung in Bedürfnissen und Verhaltensweisen. In einem Aufwasch werden all die Abweichungen von der kleinbürgerlichen Erziehungsnorm (pünktlich, sauber, bescheiden, ehrlich, a-sexuell, anständig, unmaterialistisch denkend) glattgebügelt, die den Kleinbürger schon immer am Proletariat störten.

Das Wesen der Erziehungsheime, die Isolation, ist also in sich widersprüchlich: sie löst die Zöglinge aus den Widersprüchen der Realität und versucht sie wiederum einzuordnen durch Anpassung an die kleinbürgerliche Scheinrealität des Heimes.

Das Ganze muß natürlich fehlschlagen!

Fehlschlagen, weil die Zöglinge dadurch noch nicht einmal an die Normen des kapitalistischen Arbeitsprozesses angepaßt werden, weil jene ja auch in den heimeigenen Werkstätten fehlen. So kommen nur 40 Prozent der männlichen und 37 Prozent der weiblichen Zöglinge nach dem Heimaufenthalt mit der Arbeit einigermaßen zurecht, meist in kleinbürgerlichen Beschäftigungsverhältnissen. Woanders halten sie es nicht aus.

Fehlschlagen, weil die Frustrationstoleranz der Jugendlichen künstlich im Heim verändert wird. Wieder in der Gesellschaft, werden sie mit den gesellschaftlichen Spannungen nicht fertig, entweder weil sie zu geringe Frustrationstoleranzen haben und bald ausbrechen, oder weil sie zu hohe haben; dann sind sie starr, können sich nur schwer seelisch auf neue Situationen einstellen.

Fehlschlagen, weil die Anpassung ans Heim eine Anpassung an eine Subkultur ist. Entsprechend werden sie auch in großer Anzahl nachher Anschluß an Subkulturen, meist krimineller Art, suchen.

Ganz zu schweigen davon, daß es natürlich ein Fehlschlag ist,

wenn man eine realistische, eine klassenbewußte Anpassung erwartete. Die kapitalistischen und kleinbürgerlichen Ideologien werden von denen, die nicht kriminell werden, total verinnerlicht.
Vor der Fürsorgeheimerziehung schafften die Jugendlichen die eine Seite realistischer Anpassung nicht: jene, die Aushalten und Ertragen von Widersprüchen verlangt. Dafür entwickelte sich bei ihnen die andere Seite, die Auflehnung gegen Unterdrückung und Ausbeutung sehr stark aber falsch, weil individuell und unorganisiert.
Nach der Heimbehandlung ist es umgekehrt. Die Fähigkeit zu gerechtfertigter Auflehnung ist bei denen, die sich angepaßt haben, die also nicht im Knast gelandet sind, völlig verdrängt, die Fähigkeit des Erleidens und Erduldens von Unterdrückung durch irrationale Normen übertrieben stark. Hinzu kommt, daß die Erscheinungsform der Unterdrückung und Normierung im wesentlichen kleinbürgerlich und nicht kapitalistisch ist. Damit sind die Jugendlichen doppelt vom Regen in die Traufe gekommen.
Der Mensch, das in hohem Maße soziale Wesen, braucht, um leben und sich entfalten zu können, viele soziale Beziehungen (Interaktionen). *Isolation* ist das Gegenteil. Sie ist ein Mittel zur Individualisierung, zur Selbstzerstörung, zur Zerstörung des sozialen Wesens *Mensch*.

Erscheinungsformen der Isolation

Die Isolation vollzieht sich im Erziehungsheim auf drei Ebenen: örtlich, gesellschaftlich, individuell.

Die örtliche Isolation. Die ›auffälligen‹ und ›aufsässigen‹ Jugendlichen werden von ihrem Heimatort weggebracht, oftmals sogar durch Tricks regelrecht entführt. Das Erziehungsheim liegt fast ausnahmslos weg von der Stadt, abseits menschlicher Behausung, im ›Grünen‹. Ähnlich wie im Mittelalter und in noch früheren Zeiten die Aussätzigen vor die Städte und Dörfer ›ausgesetzt‹ wurden.
Die Jugendlichen sollen vor schlechten Einflüssen von draußen ›geschützt‹ werden. So ein ›freiwilliger Schutz‹ erinnert immer an Schutz- und Vorbeugehaft. In Wirklichkeit sollen die Jugendlichen von den Mitgliedern ihrer Klasse isoliert werden. Nur so kann verhindert werden, daß sie sich nicht weiterhin auflehnen.
Das Hauptgewicht bei dieser örtlichen Isolation liegt aber auf dem ›Schutz der Außenwelt‹. Das Erziehungsheim ist Bewahranstalt. Daher ist das Heim auch organisiert wie der Knast. Es gibt besondere Kleidung, die im Grunde die Funktion von Sträf-

lingskleidung hat: man ist sofort als Zögling erkennbar. Der Ausgang ist stark beschränkt, meist nur ein Nachmittag in der Woche. Die Heimgebäude sind deutlich abgesetzt von anderen Gebäuden in der Nähe. In der ganzen Umgebung kennt man die Zöglinge. Die Bevölkerung sieht in ihnen Kriminelle. Die Stigmatisierung als Mensch dritter Klasse ist die Folge. Die Kleinstädter sehen ihre saubere, heile Welt durch diese ›Verbrecher‹ befleckt.

Die gesellschaftliche Isolation. Durch das Eingreifen der Fürsorge werden die Familien und Kinder als ›verwahrlost‹ gekennzeichnet, die Stigmatisierung beginnt schon hier. Die Heimeinweisung reißt den Jugendlichen heraus aus seinem Verwandten- und Freundeskreis. Denn ist er im Heim, so sieht er jene fast überhaupt nicht mehr. Erst nach längerer Zeit und nur bei gutem Benehmen darf er die Eltern besuchen; das geschieht nicht vor Ablauf eines halben Jahres.[26] Besuch von Verwandten ist einmal im Monat erlaubt, nach Ablauf eines halben Jahres.

Der Jugendliche ist aber auch aus dem gesellschaftlichen Ausbildungs- und Arbeitsprozeß herausgerissen. Im Heim gibt es für die Schulpflichtigen keine ausreichende Schulausbildung, weder außerhalb in einer Dorfschule, noch in der eventuell vorhandenen Heimschule. Für Schulentlassene bedeutet der Heimaufenthalt praktisch Entzug von Ausbildungsmöglichkeiten. Am 31. Dezember 1968 befanden sich nur 12 % der Fürsorgezöglinge in einem Anlern- oder Lehrverhältnis, obwohl über 78 % der Zöglinge über 14 Jahre alt waren. Nur weitere 16 % standen überhaupt in einem vertraglichen Arbeitsverhältnis![27]

Natürlich werden alle Kinder und Jugendlichen von morgens bis abends beschäftigt, allerdings zum überwiegenden Teil mit unsinnigen Tätigkeiten (Hausputzen, Hofsäubern), mit primitiver Knastarbeit (Stanzen von Autosicherungen, Drehen von Autositzfedern) oder als Helfer in der Landwirtschaft. Selbst die wenigen Lehrlinge und Anlernlinge erhalten keine sinnvolle Ausbildung. Die typischen handwerklichen und bäuerlichen Berufe haben keine Zukunft. Die Berufe, wenn sie zu Ende gelernt werden, werden sofort nach dem Heimaufenthalt von vielen wieder aufgegeben. Denn in anderen Beschäftigungen verdienen sie mehr, dort sind die Zukunftsaussichten auch günstiger. Hinter dieser ›Ausbildung‹ steckt natürlich die kleinbürgerliche Ideologie: unter der Fuchtel eines Handwerksmeisters oder in der frischen Luft bei einem Bauern macht die Arbeit aus dem Jugendlichen wieder einen ›gesunden‹ Kerl. Trotz des Auftrages des Gesetzgebers in § 1 Jugendwohlfahrtsgesetz: »Jedes deutsche Kind hat ein Recht auf Erziehung zur leiblichen, seelischen und gesellschaftlichen Tüchtigkeit«, wird das wichtigste Ziel, die gesellschaftliche Tüchtigkeit, nicht erreicht, kann nicht im entferntesten erreicht werden wegen der gesellschaftlichen, besonders der ökonomischen Isolation. In der ganzen Gesellschaft herrscht das Profitprinzip. Gearbeitet und investiert wird, weil und wo Geld gemacht werden kann. Im Erziehungsheim dagegen wird aus ideologischen Gründen gearbeitet. Natürlich bringt die Arbeit der Zöglinge auch Geld ein oder hilft dem Heim, autark zu wirtschaften. (Das ist in den meisten noch das ökonomische Hauptziel.) Aber die Arbeitsstätten der Erziehungsheime sind in der Hauptsache keine kapitalistischen Produktionsbetriebe. Gar zu rückständige Werkstätten, wie Schuhmacherei und Schneiderei, leiden oft unter Auftragsmangel von draußen. Der Hauptzweck des Arbeitens in einem Erziehungsheim liegt darin, die Jugendlichen durch Zwang so total an die Arbeit zu gewöhnen, daß sie draußen bei der Industriearbeit überhaupt nicht mehr auf die Frage kommen, ob diese Arbeit sinnvoll ist, ob sie zufrieden macht, oder ob sie ausgebeutet werden. Die Arbeit um des Arbeitens willen sollen sie als eigenständige Norm verinnerlichen.

Nur in ganz wenigen Heimen und dort auch nur ansatzweise gibt es eine kombiniert theoretisch-praktische Ausbildung durch allgemeine industrielle Grundkurse und verallgemeinernden Unterricht. Um so ein Ausbildungsprogramm durchzuführen, muß ein Heim zum einen sehr viel Geld haben, für Lehrmaterial, Werkstätten, Personalkosten, und zum anderen geeignetes, vielfältig ausgebildetes Personal beschäftigen. Das Ziel erreicht kein Heim.

Die Zöglinge sind also aus der gesellschaftlichen Realität, aus der Lohnarbeit, den Klassenkämpfen, dem Strukturwandel, gesellschaftlichen Krisen, kulturellen Auseinandersetzungen (beschränkte Informationsmöglichkeiten) herausgerissen. Sie leben in einer Subkultur mit eigenen Gesetzen und Riten. Die Folge ist: sie lernen eine künstliche Welt zu ertragen, was selbst bei den (nicht existierenden) pädagogisch-psychologisch orientierten Heimen immer noch eine Lebensuntüchtigkeit in der Realität hervorriefe. In den normalen, beschissenen Heimen, d. h. in den heute vorhandenen, zerstört es die Jugendlichen total.

Im Heim lernen sie deshalb auch, Drogen zu nehmen. Sie atmen Dünste und Dämpfe von allerlei Grundsubstanzen, wie etwa Pattex, ein, um sich zu berauschen, um aus der Wirklichkeit zu entfliehen.

Die individuelle Isolation. Die Erziehungsheime haben kleinbürgerliche Erziehungsmittel und -ziele. Ersatzweise nimmt man auch ausgewählte proletarische Mittel: z. B. Prügel.

Hauptziel in bezug auf den einzelnen ist: die Vereinzelung. Alles wird getan, um Gruppenbildung und Gruppensolidarität

zu verhindern. Die Jugendlichen dürfen sich untereinander nicht ihre Probleme, ihre Vergangenheit usw. erzählen (siehe Punkt 2 der Hausordnung Rengshausen). Das soll der Jugendliche gefälligst den Erziehern überlassen, nur der weiß Rat und kann helfen. Warum die Gruppenbildung und das Herausbilden kollektiver Solidarität verhindert wird, ist klar: sie könnte gefährlich werden, könnte Auflehnung bedeuten, könnte proletarisches Klassenbewußtsein bewahren, weiterentwickeln.
Da jeder Junge, der zu sehr die Interessen der anderen mitvertritt, verlegt, beschimpft oder sonstwie diszipliniert wird, versuchen die Jugendlichen statt Gruppenbildung Zweierverhältnisse aufzubauen. Die sogenannten ›Fifty-Fifty‹-Verhältnisse bedeuten, daß zwei alles miteinander teilen: Essen, Zigaretten, Geld, Freud und Leid. Zu zweit hoffen sie, alles besser aushalten zu können.
Auf Grund des Fehlens von Gruppensolidarität gibt es natürlich viele Schlägereien und aggressive Handlungen unter den Jugendlichen. Aggressivität wird schließlich jeden Tag dort erzeugt, irgendwo muß sie abreagiert werden. Die Erzieher setzen auch geschickt ältere ein, um jüngere zu disziplinieren, und sei es mit Gewalt. Es ist daher nackter Hohn, wenn es in der Hausordnung von Rengshausen heißt: »Wir dulden es nicht, daß sich Jungen untereinander schlagen.« Was sie dulden ist, daß die Erzieher die Jungen sich schlagen lassen und gegeneinander aufhetzen.
Neben der Vereinzelung muß der Jugendliche seinen eigenen Willen, sein Selbstbewußtsein, seine eigenen Normen und Werte verlieren, er muß ganz klein gemacht werden, sein ganzer Widerstand muß gebrochen werden, erst dann können die neuen Normen und Werte eingetrichtert werden. So hat der Jugendliche kein persönliches Eigentum. Von der Aufnahme an werden ihm die eigenen Kleider und alles übrige weggenommen. Er hat auch keine Möglichkeit, eigene Sachen zu kaufen. Denn Geld kommt kaum in seine Finger. Er kann keines von den Bedürfnissen befriedigen, die andere Jugendliche in seinem Alter zigfach befriedigen: Kino, Weiterbildung, Sexualität, Unterhaltung, Feste. Die Unterdrückung der Sexualität führt zu mit Schuldgefühlen verbundener versteckter Onanie und Homosexualität. Rauchen ist so ungefähr der einzige ›Genuß‹, der erlaubt ist, wenn auch oft in eingeschränkter Form.
Das Herbeirufen von Hilfe durch Briefe und sonstige Mitteilungen ist ebenfalls fast unmöglich. Es herrscht überall Postzensur. Obwohl die Einschränkung dieses Grundrechtes durch das Jugendwohlfahrtsgesetz nicht erlaubt ist, daher offen ein Verfassungsbruch ist, wird sie tagtäglich und trotz Protests durchgeführt. Kein Brief kommt und kein Brief geht, der nicht wegen ›eventueller schlechter Einflüsse oder falscher Angaben‹ gelesen

und gegebenenfalls zensiert wird. Das planmäßige Verinnerlichen von Schuldgefühlen und des Empfindens, zu Recht bestraft zu sein, erfolgt durch ein straffes Bestrafungs- und Belohnungssystem. Wer die klaren Unterdrückernormen nicht erfüllt und erwischt wird, dem droht in abgestufter Form: Taschengeldentzug, Ausgangsverbot, Schläge, Geschlossene Abteilung, Karzer, Verlegung in ein schlimmeres Heim, Androhung von Strafanzeigen, Knast. Die meisten lernen dabei nach einiger Zeit, sich wie Sklaven zu verhalten, sie lernen, der Gewalt auszuweichen, keine Angriffsflächen zu bieten und hoffen auf den Tag der Entlassung, träumen von dem ›Leben danach‹. In ihren Vorstellungen muß es dem Paradies ähnlich sein.
Bei eigentlich allen, die längere Zeit im Erziehungsheim leben, hat die Zerstörung der Persönlichkeit durch dieses straffe und terroristische Disziplinierungssystem Erfolg. Erschütternd sind dabei die vielen Selbstverstümmelungen und Selbstmordversuche. Die einen werden Arschkriecher, helfen den Erziehern bei der Disziplinierung. Die anderen, die sich weiter auflehnen, werden physisch zerstört, indem sie in den Jugendknast abgeschoben werden. Knapp 20 Prozent wandern während ihres Heimaufenthaltes in Jugendknast.[28]

Isolation in den Erziehungsheimen der Fürsorge bedeutet also Dressur. Die Jugendlichen werden wie zu dressierende Tiere aus ihrer Lebenswelt gerissen und nach ihnen fremden und ihrer vorherigen Erziehung entgegengesetzten Normen dressiert.

Widersprüche der Anpassungslager

Die Erziehungsheime entsprechen ökonomisch und ideologisch noch nicht einmal mehr den Ansprüchen des kapitalistischen Staates. Seitdem dieser das erkannt hat, versucht er auch einige Veränderungen, natürlich nur in seinem Sinne, einzuführen.
Ökonomisch entsprechen die Heime nicht den Erwartungen, weil die erhoffte Entlastung der proletarischen Familie und damit der Rationalisierungseffekt nicht eintritt, den man sich dadurch erhoffte, daß die Kinder aus der gestörten Familie herausgenommen werden. Eigentlich wären dann die Eltern stärker im Arbeitsprozeß verwertbar.
Doch die hohe Quote derjenigen Kinder, die aus der Freiwilligen Erziehungshilfe (FEH) vorzeitig von den Eltern herausgenommen werden, weist auf das ›Versagen‹ der Heimerziehung in dieser Funktion hin. Die Abgänge bei der Freiwilligen Erziehungshilfe auf Grund elterlichen Wunsches waren 1968 mit 39,2 % aller Abgänge höher als die, die auf Grund »der Erreichung des Erziehungszweckes« entlassen wurden. Das waren

nur 35,6%![29] Denn sobald die Eltern dahinterkommen, was in den Heimen getrieben wird, sei es bei einem Besuch im Heim, sei es durch rausgeschmuggelte Briefe, sei es durch Presseberichte, holen sie ihr Kind heraus. Sie bekämen sonst ein schlechtes Gewissen, könnten nicht mehr ruhig schlafen, wenn sie weiter ihr Kind in einem Arbeitslager zerstören ließen.
Ein großer Teil der Fürsorgeideologen und -praktiker sehen deshalb in der Freiwilligen Erziehungshilfe ein für ihre Zwecke nur z. T. geeignetes Mittel. »Die Eltern werden zu schnell weich«, heißt es bei ihnen.[30] Gegenüber der normalen Fürsorgeerziehung (FE) die vom Richter ausgesprochen wird, bleiben jene Jugendlichen viel kürzer in Erziehungsheimen. Zahlen verdeutlichen das. 63 % der FEH-Zöglinge bleiben weniger als zwei Jahre im Heim, 37 % sogar weniger als ein Jahr. Anders bei FE-Jugendlichen; von ihnen sind ›nur‹ 53 % weniger als zwei Jahre und 24 % weniger als ein Jahr im Heim. Fast 26 % müssen als FE-Zöglinge sogar zwischen drei bis über zehn Jahre im Heim bleiben. Bei denen ist die ›Erziehungsarbeit‹ natürlich viel gründlicher![31]
So wird das Ziel, die Familie zu entlasten und zu stabilisieren, damit die Eltern in Ruhe arbeiten gehen können, nur in sehr beschränktem Maße erreicht.

Ideologisch werden die Heime den Ansprüchen des heutigen kapitalistischen Staates deshalb nicht gerecht, weil nicht einmal die grundsätzlichsten Ideale der liberalen Ideologie einer freien Persönlichkeitsentfaltung eingehalten werden. Einen ehrlichen Liberalen erschreckt der Sadomasochismus in Erziehungsheimen. Erziehungsterror, Prügeln, tagelanges Einsperren in Arrestzellen ohne Beschäftigung und mit Leseverbot, keine echte Freizeit, kein Ausgang (bis auf ein paar Stunden am Sonntagnachmittag für die Gefügigen), Korruption, Schmeichelei, Appelle morgens, mittags, abends, keine freie Radio-, TV- und Zeitungsauswahl, sexuelle Unterdrückung, homosexuelle Beziehungen, Verblödung usw. — dem liberalen Ideal eines autonomen Ichs widerspricht diese Realität eines Erziehungsheimes total. Lt. § 71 Jugendwohlfahrtsgesetz sind legal eingeschränkt die Grundgesetz-Artikel 2, Absatz 2, Satz 2 und Artikel 11, Absatz 1; also: »Die Freiheit der Person ist unverletzlich« und »Alle Deutschen genießen Freizügigkeit im ganzen Bundesgebiet.« Damit ist nur das Aufenthaltsbestimmungsrecht der Eltern eingeschränkt und auf die Fürsorge übertragen. Mehr jedoch nicht!
Die Rechte auf körperliche Unversehrtheit, auf freie Entfaltung und Persönlichkeit, auf Informationsfreiheit, auf Ausbildung, auf Brief- und Postgeheimnis, auf freie Benutzung seines Eigentums, auf freie Arbeitswahl (kein Arbeitszwang lt. Art.

12 GG!) sind im Erziehungsheim eingeschränkt, ihre Verwirklichung unmöglich. Das Jugendwohlfahrtsgesetz deckt das nicht. Die Zustände in den Heimen sind also illegal.[32]
Ein weiteres, nebenrangiges Ziel der Heimunterbringung soll sein: die Verhinderung von späteren Eigentumsdelikten. Ihr Anteil ist ja bei den Einweisungsgründen besonders hoch. Nun werden viele Eigentumsdelikte aber begangen, weil die Täter mit ihrem eigenen Geld nicht wirtschaften können. Die Isolation in den Heimen führt nun aber gerade zu solchen Schwierigkeiten in steigendem Maße. Denn kein Jugendlicher erhält in den Jahren, die er im Heim sitzt, ausreichend Geld, um damit umgehen lernen zu können. Die 2 bis 6 DM in der Woche gehen für Zigaretten und ein Bier drauf. Da bleibt fürs Lernen nichts übrig. Wenn sie erst einmal 18 bis 20 Jahre alt sind, ist es für solche Lernschritte zu spät. In einigen Heimen bekommt der Jugendliche noch nicht einmal einen einzigen Pfennig in die Hand. Es gibt z. B. reine Zigarettenwährungen in einem südwestdeutschen Heim![33] Die Folge ist, daß viele Jugendliche etwas anderes lernen: das Knacken von Zigarettenautomaten und ähnlichen Geräten. Das Erziehungsheim ist daher eher eine Vorschule der Kriminalität als eine Sicherung davor!

Die Ideologie der Fürsorgeerziehung

Als allgemeine Aufgabe der Heime finden wir in der Literatur über Fürsorgeerziehung und Heimerziehung immer wieder: die Erziehung zur Reife, zum reifen Menschen oder auch Entwicklung zur persönlichen und gesellschaftlichen Tüchtigkeit.[34] Im Heim kann danach das Kind oder der Jugendliche ungestört (!) wachsen, sich von der eigenen ungünstigen Vergangenheit lösen und von ihr Abstand gewinnen. Dazu werden negative Einflüsse ferngehalten. Das Heim soll ein Ort sein, der Überforderung von außen verhindert und durch Umstellung der gesamten Lebensweise negativen Entwicklungen der Persönlichkeit Einhalt gebietet.[35] Bei christlichen Ideologen heißt es so: »Die Reifung menschlichen Daseins setzt die Hinwendung zu einer Ordnung absolut normierender Werte voraus.« Heimerziehung bedeutet ihnen: » [. . .] eine Hilfe zur Entfaltung der Wert-empfänglichkeit und Wertgestaltungsfähigkeit der Person.«[36]
Das Heim übernimmt »stellvertretend für das Elternhaus die Pflege und Erziehung«[37]. Herrschen soll der partnerschaftliche Erziehungsstil. Die Jugendlichen lernen in der Gruppe aus ihren Schwierigkeiten und Fehlern, sie werden zur Mitverantwortung und Mitentscheidung angehalten, fühlen sich allmählich sicherer, lernen in einer Ordnung zu leben und »auftretende Störungen in ihrem triebhaften Verhalten zu unterbinden«[38]. Der

Charakter der Jugendlichen soll durch Gewöhnung, Übung, Zucht und Disziplin geformt und geprägt werden, so daß »[...] der Charakter allmählich gute, gesellschaftstüchtige Dispositionen erhält und das sittlich Gute leicht und sicher vollbringt«[39]. Durch Geduld und gutes Beispiel der Erzieher sollen »[...] gute Gewohnheiten im Benehmen gegenüber den Kameraden und Erwachsenen entstehen«[40].
Das alles zu erreichen ist natürlich für das Heim nicht gerade leicht, das geben die Ideologen auch zu. Insbesondere ist es für das Heim deshalb schwer, weil die Jugendlichen materialistisch eingestellt sind. Die kleinbürgerliche Wertordnung muß daher gegen diese materialistische Einstellung strikt ankämpfen.[41]
Eigentlich machen diese wenigen, relativ liberalen Stellungnahmen zur Heimerziehung von sich aus deutlich, daß es gar nicht um Partnerschaft, wirkliche Tüchtigkeit, Hilfe der Eltern, Elternersatz geht, sondern um etwas anderes. Ziel ist die Anpassung der proletarischen (materialistisch eingestellten) Kinder an die kleinbürgerliche Totalordnung. Das sittlich Gute soll aus dem ach so bösen Jungen/Mädchen herausgebildet werden, und der Heimleiter bzw. Erzieher ist natürlich dabei das Vorbild; er personifiziert das sittlich Gute! So geben selbst liberale Ideologen in Nebensätzen zu erkennen, was die Reaktionäre offen aussprechen: Diese Kriminellen sollen endlich arbeiten lernen, denen muß es mal gezeigt werden! In der freien, sauberen Natur bei der Arbeit auf dem Felde zusammen mit dem frischen Bauern können sie zeigen, ob noch ganze Kerle aus ihnen werden können! Die Reaktionäre geben wenigstens zu, daß der verstockte Willen der Kinder gebrochen werden soll, ihre übermächtigen Sexualtriebe gemeistert werden müssen, daß nur eine klare, eindeutige, sittliche Ordnung den jungen Menschen den Weg in die menschliche Gesellschaft ebnet. Deshalb die Gemeinschaftsideologie in den Hausordnungen, deshalb das Disziplinierungssystem. Hauptziel der liberalen wie reaktionären Ideologen ist Erziehung durch Zwangsarbeit, egal ob es unproduktive Knastarbeit, Arbeit bei Bauern oder nackte Beschäftigungstherapie ist. Die Gesellschaftsnormen haben sich verselbständigt, jede nur beschränkte Rationalität verloren! Sie hängen in der Luft. Schon daher ist der Erfolg unmöglich. Die in der Lohnarbeit im Kapitalismus liegenden Widersprüche und damit die Hauptprobleme der Jugendlichen werden auch nicht ansatzweise erkannt.

Kritik der liberalen Heimreform

Es gibt seit Jahren liberale Kritiker der Heimerziehung. Die Erfolglosigkeit ihrer Argumente belegt ihre gesellschaftliche Bedeutungslosigkeit. Sie bemängeln im wesentlichen,

(a) daß die Gruppen im Heim zu groß seien um Erziehungserfolge zu erzielen,
(b) daß zu sehr Ruhe und Ordnung betont und zu wenig die Eigeninitiative gestärkt werden,
(c) daß die Heime differenzierter werden müßten, je nach Art der Auffälligkeiten,
(d) daß durch die zu ungünstigen Ausbildungsmöglichkeiten keine gute und längerfristige Berufs- und Arbeitswahl erreicht werde,
(e) daß zu wenig Geld für die Heime bereitgestellt wird; nötig seien an Investitionen ca. eine halbe Milliarde DM.[42]
Die liberalen Kritiker schlagen vor,
das Heim soll in kleine familienähnliche Gruppen aufgeteilt werden,
die Erzieher sollen Identifikationsprozesse einleiten,
in Einzelfällen sollen therapeutische Behandlungen erfolgen,
an die Arbeit soll zwanglos herangeführt werden,
die Freizeitmöglichkeiten sollen vielseitig und offen sein (viel Sport, Spiel und Entspannung).
Viel fällt den Liberalen an Nettem und Wichtigem ein, und wenn nur einiges davon verwirklicht würde, wäre das schon eine erhebliche Verbesserung für die Zöglinge. Doch typisch ist eben, daß nichts erfolgt auf die Kritik. Und typisch ist, daß liberale Kritiker Nebensächlichkeiten erreichen, Trostpflästerchen verabreichen wollen.
Sie erkennen nicht die Irrealität vieler ihrer Vorschläge, sie erkennen nicht, daß sie so lange nicht verwirklicht werden können, solange es Erziehungsheime gibt! Keiner der Reformer denkt daran, grundsätzlich die Isolation der Heime aufzugeben. Zwar werden ihre Schattenseiten immer wieder bedauert, man denkt sich Abhilfe aus. Die Konsequenzen jedoch werden nicht gezogen, können nicht gezogen werden. Die Erziehungsheime, so wie sie jetzt sind, sind zu wichtig als Abschreckungs- und Disziplinierungsmittel, als daß unsere Gesellschaft auf sie verzichten könnte!
Typisch ist auch der Vorschlag, familienähnliche Gruppen einzurichten. Die Jugendlichen haben zwar ein Defizit an passablen Familienerfahrungen. Das kann man aber doch nicht dadurch beheben, daß man ihnen als fast Erwachsenen eine Familie imitiert! Den Verlust an ›Familie‹ in der Kindheit kann man doch nicht zehn Jahre später nachholen! Dieser Vorschlag ist so dumm, daß dahinter System, nämlich Ideologie stecken muß. Sicher speisen sich solche Ideen aus der kleinbürgerlichen Vorstellung von ›heiler Familienwelt‹, heil und heilend, höflich und geordnet.
Ebenso ist es mit den Vorschlägen, durch vielseitige Ausbildungsmöglichkeiten den Arbeitszwang aufzuheben und an die

Arbeitsprobleme vorsichtig heranzuführen. Wo gibt es das Erziehungsheim, das so etwas leisten könnte? Wo können in einem isolierten Heim die tausendfachen Möglichkeiten heutiger Berufswahl geboten werden? Es wäre schön, weil dort die Erfahrungen kontrollierbarer, vorsichtiger gemacht werden können, als in der Realität. Aber es sieht doch in jedem Heim so aus, daß überhaupt keine Erfahrungen der modernen Arbeitswelt gemacht werden *können*!

Alle liberale Kritik beinhaltet die These, das Erziehungsheim sei reformierbar, man müsse nur Geduld, Zeit, Geld und opferbereite Menschen haben. Der Hauptfehler der liberalen Kritiker ist, daß sie nicht den Hauptzweck der Erziehungsheime sehen, nämlich: das Proletariat zu spalten und einzuschüchtern. Würden sie das sehen, lauteten sicher ihre Vorschläge anders. Etwa so: Verhindern jeder Spaltung und Isolation; Stärkung der Solidaritätsfähigkeit der Arbeiterklasse; bei Anpassungsproblemen der Kinder springen Freunde und Nachbarn ein, helfen Proletarier den Kindern, in der Gesellschaft mit deren Widersprüchen ohne Familienimitation und KZ-Atmosphäre zurechtzukommen. Doch sie wären keine Liberalen mehr, würden sie zu diesen Schlüssen kommen.

In den Klauen der Fürsorge

Das Wesen der Fürsorge ist: sie greift nicht ein, um Schwachen zu helfen, sondern sie bestraft eine Familie, wenn kapitalistische Normen, wie Leistungs- und Arbeitsmoral, sexuelle Disziplin, Unverletzlichkeit des Eigentums, gebrochen werden. Zu welcher Familie die Fürsorge einmal kommt, zu der kommt sie immer wieder. Die Familie, zu der die Fürsorge kommt, ist vor der ganzen Nachbarschaft als asozial und kriminell gezeichnet. Fürsorge stigmatisiert!

Was will die Fürsorge? Sie hilft nicht, die Ursachen des auffälligen Verhaltens bei den Kindern zu beseitigen. Denn da müßte sie die Klassensolidarität des Proletariats stärken und kaputten Familien vom Beginn an helfen. (Nachbarn und Freunde könnten ja einspringen.) Nein. Sie droht, statt zu helfen. Sie droht Eltern und Kindern, das Kind wegzuschaffen in den Knast oder ins Heim. Wer sich von den Drohungen disziplinieren läßt, den quält die Fürsorge dann jahrelang, bis er endlich total pariert. Bei wem sich sofort oder bald zeigt, daß Drohungen nichts nutzen, der wird weggekarrt.

Das ist die Fürsorge. Sie sorgt für den Staat und nicht fürs Proletariat. Sie spaltet das Proletariat und schüchtert es ein. Denn der Klassenstaat hat Angst vor den auffälligen Jugendlichen, wie vor dem klassenbewußten Proletarier. Denn beide lehnen

sich offen auf gegen Ausbeutung, Entfremdung, Armut, hoffnungslose Zukunft, gegen ihr ganzes Dasein als Lohnarbeiter und Untertan. Aber die auffälligen Jugendlichen kann der Staat durch die Fürsorge sehr leicht klein kriegen. Eben das haben die auffälligen Kinder und Jugendlichen nicht geschafft: dem Staat keinen Vorwand zu bieten, sie und ihre Auflehnung legal und sauber zu beseitigen. Damit ist ihre ganze Auflehnung sinnlos und schlägt auf sie selber zurück.
Die Fürsorge und die Ideologen des Sozialstaates geben vor, sie würden die ›Verwahrlosung‹ der Kinder stoppen und ihnen helfen, normale Menschen zu werden. Das ist doppelt falsch.
Keineswegs stoppt die Fürsorge mit Erfolg die falsche Anpassung; es sind ja nach mehreren Untersuchungen höchstens 50 Prozent, die nach der Fürsorgeerziehung ›legal‹ leben.

Jugendliche mit Vermögensdelikten und ihre ›Bewährung‹ sechs Jahre nach ihrer Entlassung. 33 % waren ambulant erzieherisch betreut worden, 33 % waren im Jugendarrest, 20 % hatten Fürsorgeerziehung, 14 % Jugendstrafe.[43]

	Keine Vermögensdelikte	Wenige u. geringe V-delikte	Bedenklich rückfällig	Schwer rückfällig
männl.	42 %	22 %	18 %	16 %
weibl.	55 %	18 %	14 %	5 %

Bewährung von Zöglingen (Fürsorgeerziehung und Freiwillige Erziehungshilfe); 6 Jahre nach ihrer Entlassung.[44]

	Bewährt	Teilbewährt	Nicht bewährt
männl.	49,8 %	35,1 %	14,1 %
weibl.	51,3 %	34,9 %	13,8 %

Außerdem haben weit weniger Zöglinge sich mit ›Erfolg‹ an die Arbeit angepaßt, als an die Einhaltung von Gesetzen. Sind es dort zumindest ca. 50 Prozent, so sind es hier nur 40 Prozent bei den männlichen Jugendlichen und bei den weiblichen sogar nur 37 Prozent. Die Fürsorgeerziehung erreicht also noch nicht einmal ihr Hauptziel. Auch trägt sie kaum dazu bei, daß sie später ›normal‹ leben. Denn die erfolgreichen 50 Prozent sind ange-

paßt, der ›Erfolg‹ ging auf Kosten der vernünftigen, klassenbewußten Auflehnung gegen die kapitalistische Ausbeutung und Unterdrückung. Sie wurden zu Nachbetern des Kapitalismus, zu seinen Handlangern, verfügbar, wenn er sie braucht!
Die bürgerliche Kritik an der Fürsorge findet nur Unwichtiges wichtig: die geringe Effizienz der Fürsorge, ihr zu spätes Eingreifen, ihre groben und schematischen und undifferenzierten Methoden. Das Ziel bürgerlicher Kritiker ist: eine reibungslosere Fürsorge, eine bruchlosere Identifizierung bei den Kindern mit den Normen des kapitalistischen Staates. Sie sind nichts als Rationalisierer der Anpassung.

Über individuelle Reaktionen auf den Heimterror

Auflehnung einzelner

Während sich einige Jugendliche um die Erzieher scharen, willig Dienste für sie erfüllen, und die große Masse der Jugendlichen hin und her schwankt, passiv alles über sich ergehen läßt, lehnen sich eine ganze Reihe von Jugendlichen offen auf. Doch sie lehnen sich nicht kollektiv auf, sondern nur als einzelne. So will einmal die Landwirtschaftsgruppe des Heimes Rengshausen streiken, alle wollen im Bett bleiben und sich nicht eher rühren, bis ihre Forderungen erfüllt sind. Die Forderungen: mehr Taschengeld und späteres Aufstehen; statt 4 Uhr erst 5 Uhr. Doch am Tag, als sie im Bett bleiben wollen, droht der Erzieher mit vollständigem Taschengeldentzug und Ausgangssperre. Da steht erst der Kleinste und Schwächste auf, dann einer, der unbedingt Geld für Tabak braucht, der dritte hat sich für Sonntag mit seiner Freundin verabredet, usw. Zum Schluß bleibt nur einer liegen. Und er bleibt liegen, weil er es sich leisten kann. Er ist der Stärkste im Heim. Auch als der Erziehungsleiter kommt und der Chef, er bleibt liegen, trotz einiger Versprechungen und Drohungen. Er sagt, er habe einfach keine Lust mehr. Er wird dann auch eine Woche in Ruhe gelassen, weil auf ihn sowieso im nächsten Monat eine Gerichtsverhandlung wartet, die die Heimleitung nun noch zu beschleunigen versucht.
Auch wenn z. B. ein Jugendlicher zu Unrecht bestraft, schlecht behandelt oder geschlagen wird, kommt es nicht zu spontaner Solidarität. Der Jugendliche muß sich selber wehren, also z. B. zurückschlagen oder dem Direktor auf die Pelle rücken. Hat er Pech, und meistens haben Fürsorgezöglinge Pech, wird der Jugendliche, der zurückschlägt, von herbeieilenden anderen Erzie-

hern windelweich geschlagen oder wandert in den Karzer, oder im anderen Fall hält der Chef die Beschwerde für unverschämt und legt Taschengeldentzug als zusätzliche Strafe auf.
Die Zimmerkameraden diskutieren vielleicht erregt über die Ungerechtigkeit, doch schließlich sagen sie: »Was sollen wir machen!?« Sie sind hilflos, wissen sich nicht organisiert zu wehren, und einer in einer Gruppe ist immer schwach genug, um bei genügend Drohung und Druck vor den Erziehern zu Kreuze zu kriechen, eventuell sogar schon vorher die Aktion zu verraten. Der Widerstand der einzelnen ist daher wegen der fehlenden solidarischen Unterstützung im Grunde zum Scheitern verurteilt, zwecklos. Nur wer sehr clever ist, die Erzieher in Legitimationsschwierigkeiten bringt, oder sehr gut arbeitet, so daß man auf ihn nicht verzichten will, kann durch sein kämpferisches Auftreten ein wenig erreichen. Die meisten jedoch wehren sich ungeschickt und müssen die ganze Skala an Disziplinierungsmitteln ertragen. Irgendwann, zwischen Ausgangssperre, Geschlossener und Jugendknast, geben sie dann schon doch nach, müssen sie klein beigeben. Der Griff der Fürsorge wird immer härter und schärfer. Auf dem Rücken der Jugendlichen ›bremst‹ so die Fürsorge den Widerstand. Der Jugendliche, der bis hin zu bewußten kriminellen Taten geht, beginnt in seinem Widerstand schon, sich eine negative Identifizierung aufzubauen: die des Kriminellen, des Outcast der Gesellschaft. Was ihm jahrelang vorgebetet wird: »Du bist ein Krimineller!«, das akzeptiert er immer mehr. Aus seiner Ablehnung des Erziehungsheimes wird eine Bejahung der Kriminalität.

Flucht

Für viele Aufmüpfige ist Flucht (›Flatter‹, ›Auf Trebe‹, ›Satz machen‹, ›Auf Salz‹) die Hauptreaktion auf die Zustände im Heim und auf Strafandrohungen, die sie nicht mehr hinnehmen wollen.
Ein häufiger Grund, warum selbst Jugendliche fliehen, die erst kurze Zeit im Heim sind, ist das Nichteinhalten von Versprechungen der Fürsorge.
Ein Jugendlicher bekommt z. B. von seinem Fürsorger, der ihn zum Staffelberg bringt, zugesichert, daß er dort seine Lehre als Betriebsschlosser fortsetzen kann. Doch dort kann er das nicht weiter lernen. Dort gibts nur eine Stelle als Bauschlosser, wo er nun den ganzen Tag z. B. Gitter für den Landeswohlfahrtsverband oder Gebläse schweißen muß. Seine vorherigen anderthalb Jahre Lehre sind für die Katz. Zuerst wird er vertröstet, er könne bald in Biedenkopf weiter lernen. Als er jedoch merkt, daß daraus bestimmt nichts werden wird, flieht er nach Frankfurt,

für zwei Tage. Er trampt dorthin, übernachtet bei einem Freund und geht am nächsten Tag zum Jugendamt, voller Hoffnung, daß sein Amtsvormund die Sache schon klären wird. Doch die einzige Reaktion dort: ab nach Staffelberg. Abends ist er wieder dort. Nach ein paar Wochen flieht er wieder, doch diesmal geht er nicht mehr zum Jugendamt.

Einem anderen Jugendlichen, der in Idstein die Volksschule in einem Kinderheim beendet hat, wird z. B. versprochen, daß er nach Wiesbaden, seiner Heimatstadt, ins Lehrlingswohnheim entlassen werde. Doch er erfährt durch einen Freund, der in der Verwaltung des Heimes Büroarbeiten macht, daß er nach Staffelberg verlegt werden soll, also in ein Erziehungsheim mit weniger Ausgang. Daraufhin rückt er ab. Nachdem er geschnappt ist, muß er zwei Wochen in einen karzerähnlichen Raum, ohne Beschäftigung und mit verringerter Essensration. Danach kommt er nach Staffelberg.

Derselbe Junge will zu der Zeit, als er schon im Staffelberg lebt, seinen Urlaub in Idstein verbringen, weil dort sein jüngerer Bruder im Heim lebt, den er ein Jahr lang nicht gesehen hat. Er stellt einen Antrag, der Obererzieher befürwortet ihn auch, was bedeutet, daß das auch finanziell klar geht. Dem anderen Heim wird geschrieben, ob es ihn aufnimmt für zwei Wochen usw. Das geht auch klar. Der Junge freut sich. Doch am Tag vor der Abfahrt kommt der Obererzieher mit dem Urlaubsgesuch und zeigt es ihm: da steht dann quer darüber: »Wer soll das bezahlen!?« Jetzt auf einmal will das Heim es nicht mehr bezahlen, was reine Willkür ist, denn das Geld bekommt es ja vom Landeswohlfahrtsverband wieder! Ein Freund, der von seinen Eltern Geld geschickt bekommen hat, will ihm die 20 DM zahlen, doch auch da sagt der Obererzieher Nein. Daraufhin fährt er eben ohne Geld und Erlaubnis, kommt in Idstein an, besucht seinen Bruder und bleibt vier Tage, bis einem Erzieher in Idstein auffällt, daß der Junge gesucht wird. Zurück auf dem Staffelberg erhält er dann noch eine Strafe.

Andere Jugendliche fliehen aus dem Heim und treiben sich z. B. ganz in der Nähe herum, schlafen in Schrebergärten, stehlen sich das Essen oder, waghalsiger, kommen nachts ins Heim und plündern die Küche. Von Kameraden im Heim erhalten sie Unterstützung. Bis dann einer mal petzt und alle geschnappt werden. Drei Tage Karzer sind das Ergebnis.

Die Jugendlichen, die ein Zuhause haben oder gute Freunde, fliehen aus dem Heim aus Heimweh, suchen nach menschlicher Geborgenheit. So flieht einer z. B. mehrmals von Rengshausen bis nach Bremerhaven, wo er dann ein paar Wochen bei einem Freund lebt, bis die Polizei ihn irgendwo dort aufgreift. Die Jugendlichen, die kein Zuhause oder keine Freunde haben, fliehen, weil sie es im Heim nicht mehr länger aushalten können,

weil sie frei sein wollen, weil sie Menschen suchen wollen, die vielleicht Freunde werden könnten. Besonders im Sommer schnellt die Fluchtquote hoch. Alle wollen Urlaub, wollen etwas erleben, träumen von Tramperabenteuern, vom Südfrankreich der Werbeprospekte. Doch selbst wenn sie fliehen, sie schaffen es nie bis dorthin; die einen werden an der französischen Grenze, die anderen an der holländischen geschnappt.
Obwohl viele Jugendliche ›auf Flatter‹ gehen und es oft tun, sind es doch nur wenige, die fast sofort wieder abhauen, wenn sie aus dem Karzer oder der Geschlossenen wieder in die normale Gruppe verlegt werden. Das sind meist Jugendliche, die kein Zuhause haben und eine Unzahl von Heimen durchwandern und doch in keinem einen Ersatz für ihr verlorenes oder nie erlebtes Zuhause finden. Ein Jugendlicher beschreibt sein beständiges ›Auf-der-Flucht-Sein‹:

»Mit sieben Jahren kam ich in das St. Josefsheim Klein-Zimmern Kr. Dieburg. Dort konnte man sich nicht beschweren, es gab nur Prügel. 1966 im Januar flog ich dort raus, angeblich wegen Kameradenbelästigung. Unter Kameraden verstehe ich, wenn es keine Radelfahrer sind, die wegen jeder Kleinigkeit zum Erzieher laufen, wenn man einmal abends im Schlafsaal Kopfkissenschlacht macht oder ein paar Zigaretten pafft und ein Bier dazu trinkt. Ich kam in das Heilpädagogische Heim in Freiburg, wo ich nach ein paar Monaten wieder flog, aus dem Grunde, weil ich dauernd entwichen bin. Ich kam wieder in ein Kinderheim nach Buchenau, Kr. Biedenkopf. Dort entwich ich auch zweimal, worauf ich dort auch flog. 1966 im Dezember kam ich in das Landschulheim Vogt/Hangenmeilingen Kr. Limburg, dort flog ich erst nach einem Jahr wieder. Ich kam in das Vinzenzhaus/Hofheim i. Taunus. 1968 im Sommer war es fällig für mich. Ich kam in das Piusheim in Glonn/Oberbayern. Dort entwich ich sofort. Am gleichen Abend wurde ich wieder aufgegriffen, worauf ich sofort in die Einzelzelle kam. Nach einer Woche durfte ich wieder in meine alte Gruppe. Sofort sprang ich aus einem offenen Fenster aus dem ersten Stock, das gerade offen war, wurde aber am zweiten Tag auf dem Münchener Hauptbahnhof von der Kripo aufgegriffen. Sie brachte mich sofort wieder in das Piusheim zurück, dort wurde ich wieder in die Zelle gesteckt, wo ich wieder eine Woche festgehalten blieb. Ich wurde mir klar darüber, daß es im Moment für mich keinen Sinn mehr hatte, abzuhauen.
Ungefähr zwei Monate später im September haute ich mit zwei anderen Kollegen ab, die es aber gleich mit der Angst zu tun bekamen, so daß wir nach 10 km Entfernung entschlossen waren, wieder gemeinsam in das Heim zurückzukehren. Es gab für uns keine Karzerstrafe, weil wir uns freiwillig stellten, sondern

folgende Strafe: 4 Wochen Abspüldienst, 4 Wochen Gruppe sauberhalten, einen Monat kein Gruppenausgang und Taschengeldentzug für einen Monat, obwohl wir zweimal in der Woche Schwerarbeit bekamen (Säge, Schmiede, bei Hitze in der Landwirtschaft oder in der Gärtnerei). Da ich drei Monate wieder im Heim war, hatte ich Glück, daß ich drei Wochen Weihnachtsurlaub bekam. Als es soweit war, wieder in das Heim zurückzukehren, obwohl ich nicht wollte, erfuhr ich vom Jugendamt, daß ich im Februar entlassen werden sollte. Da man mir im Heim dann erklärte, daß es nicht ginge, bevor ich nicht die Schule zu Ende hätte, überlegte ich schwer, ob ich nicht vor den Sommerferien noch einmal abhauen sollte. Doch ich entschloß mich, abzuwarten, da es nicht mehr so lange bis zu den Ferien war. Doch als dann das neunte Schuljahr kurz darauf eingeführt wurde, gab es keine Überlegung mehr, ich haute ab, wurde aber wieder nach fünf Tagen in Günzburg bei Ulm aufgegabelt. Von dort aus kam ich sofort in das Ulrichsheim, ein Durchgangsheim in Augsburg, wo mich das Augsburger Jugendamt abholte und ins Piusheim zurückbrachte. Gott sei Dank waren die Zellen schon umgebaut zu Lebensmittelräumen, sonst hätten sie mich wieder eine Woche lang dort festgehalten. Doch ich hatte so eine Wut, daß ich am gleichen Abend noch mit einem Kollegen, den ich vorher überredete, er solle doch noch die 35 DM aus dem Gruppenschrank filzen, dann würde ich ihn ganz gewiß nach Hamburg bringen, abhaute. Aber es gelang uns noch nicht einmal, bis nach Ingolstadt zu kommen. Es lag noch viel Schnee, so daß unsere Turnschuhe ganz dreckig und durchnäßt waren und unsere Kleider bis zum Knie voll Schlamm waren. Ich sagte zu ihm, er solle doch einen Moment warten, ich ginge schnell in die Raststätte und hole was zu essen und zu trinken. Er hatte aber Angst, daß er zu kurz käme, und kam einfach nach in die Raststätte. Ich sagte zu ihm, es sei doch klar, daß wir allmählich dem Kellner auffallen würden, weil wir so dreckig aussahen. Und es dauerte auch nicht lange, da kam die Polizei und holte uns ab.

Wir kamen wieder ins Piusheim. Ich redete dann mit einer Erzieherin, mit der ich vorher wegen meiner Probleme Streit hatte. Ich sagte ihr, daß sie es nicht verstehen könne, daß ich keine Lust hätte weder im Heim zu bleiben, noch bei meinen Eltern. Ich würde mich am liebsten umbringen, weil ich nicht die Freiheit ausnutzen kann und mich immer isoliert fühle. Zuvor hatte ich mich aber noch mit ihr versöhnt, als sie Mitleid mit mir bekam. Sie sagte mir, wenn ich etwas auf dem Herzen habe, sollte ich doch zu ihr kommen. Doch ich hielt es wieder keine zwei Wochen aus und floh gegen 20 Uhr mit einem Freund, den ich so einschätzte, daß er nicht so ein Depp ist, daß wir wieder nach 2 Tagen aufgegriffen würden. Wir trennten uns in Stuttgart nach zwei Tagen und am selben Abend bin ich noch bis nach

Hause gekommen. Eine Woche später brachte mich das Limburger Jugendamt wieder ins Piusheim zurück. Dort blieb ich nun bis zum Juni. An dem Tag, an dem ich mich wieder entschlossen hatte, abzuhauen, kam die APO von München, mit denen ich dann gleich mitfuhr, zusammen mit noch vier weiteren Kollegen.«

Für die meisten Jugendlichen verläuft die Flucht nicht so ohne weitere Probleme. Das erste Problem bei jeder Flucht ist: wie wegkommen?! Die einen laufen manchmal stundenlang zu Fuß durch Wald und Feld, um weit genug vom Heim weg zu kommen. Dann versuchen sie es als Anhalter. Andere sind entschlossener und mutiger. Sie knacken Pkws. Während der Heimzeit haben sie genug gelernt, um zu wissen, wie mans macht und wie man fährt — solange der Sprit reicht. Dann versuchen sie ein neues zu knacken. Aus dem alten nehmen sie alles mit, was sie auf der Flucht gebrauchen können: Bargeld, Autokarten, Radios, Decken. Das zweite Problem ist das Geld. Da sie kaum Taschengeld erhalten, können sie nichts sparen oder weglegen. Klar, daß dann die Gruppenkasse geknackt wird oder unterwegs diverse Automaten. So versuchen es jedenfalls die härteren, mutigeren.

Die anderen betteln sich durch, schnorren bei Leuten, die sie im Auto mitnehmen. Sind sie erst einmal am Reiseziel angekommen, suchen sie Eltern oder Bekannte auf, die ihnen zumindest zu essen geben und sie bei sich schlafen lassen. Wer allerdings kein Zuhause hat und auch keine Freunde kennt, muß sich anders weiter durchschlagen. Die Harten und Mutigen kommen weiter durch kriminelle Delikte zu Geld, übernachten in gestohlenen Autos, bis sie über kurz oder lang von der Polizei erwischt werden. Die anderen gehen auf den Strich, verdienen sich ihr Geld quasi im Schlaf und haben obendrein noch eine Unterkunft dazu. Auf den Hauptbahnhöfen der großen Städte finden sie ›Freunde‹ in Hülle und Fülle.

Diese ›Reiseerlebnisse‹ haben natürlich — meist schwerwiegende — Konsequenzen. Durch die kriminellen Delikte auf der Flucht begeben sich die Jugendlichen selber, ›freiwillig‹, auf den Weg, den die Fürsorge gerade für sie, für die Harten, die Selbstbewußten, die Mutigen und Starken, vorgesehen hat: auf den Weg in den Knast. Am Fall von Dieter wird dies deutlich.

Allein zwischen August 1966 und Dezember 1967 flieht Dieter fünfmal aus Wabern. Das erstemal flieht er, weil er nach einem halben Jahr Heimaufenthalt endlich einmal nach Hause will. Urlaub hat er nicht bekommen, weil er in den Monaten vorher nicht alles hingenommen hat, weil er sich wehrte. Er sei noch nicht gefestigt genug, heißt es. Als ob er für einen Besuch in seinem Elternhaus, in dem er 16 Jahre verbracht hat, besonders gefestigt sein müßte.

Also haut er eben ohne Erlaubnis ab, zusammen mit drei anderen Jugendlichen. Unterwegs ›lösen‹ die vier die Hauptprobleme der Flucht so:
Sie brechen ein Wochenendhaus auf, um dort zu schlafen. Kleidungsstücke und eine Wolldecke nehmen sie am Morgen mit. Ein Kofferradio geht ebenfalls mit, es soll zu Geld gemacht werden. Am nächsten Tag versuchen sie ein Auto zu knacken, doch das eine Mal gelingt es ihnen nicht und das andere Mal werden sie gestört. Daraufhin brechen sie in eine Segelflugzeughalle ein, wo sie außer Wollsocken, einer Decke und einer Gitarre einen Autoschlüssel finden. Doch bei der Suche nach dem passenden Auto werden sie geschnappt.
Ende Dezember 1966 erhält Dieter deswegen 14 Tage Dauerarrest. Doch beim Absitzen der Strafe im April 1967 ist Dieter keineswegs zerknirscht und in sich gekehrt. Ganz im Gegenteil. Er müpft auf, verweigert einmal eine eklig schmeckende Suppe, schmeißt sie dann dem Wärter vor die Füße, als der ihn deswegen anbrüllt. Eine zusätzliche Strafe ist die Folge.
Das zweite Mal ist die Heimfahrt noch schneller zu Ende. Wieder mit anderen zusammen wird ein Auto geknackt. Doch wegen der geringen Fahrkenntnisse gerät der Wagen auf glatter Fahrbahn bald ins Schleudern und prallt gegen eine Leitplanke. Nun zu Fuß fallen sie bald einer Polizeistreife auf, und noch in derselben Nacht sind die Jungen wieder im Heim. Dieter kriegt daraufhin wegen Diebstahls zwei Jahre mit Bewährung.
Im August 1967 will Dieter Urlaub machen — wie so viele andere Jugendliche auch. Mit einem Freund zusammen macht er sich nach Holland auf. Die Nordsee und der Strand locken. Wegen der Bewährung vermeidet Dieter strikt, Autos zu knacken. Doch an der Grenze werden sie geschnappt. Der Urlaub hat noch nicht begonnen, da ist er schon zu Ende.
Im Oktober 1967 flieht er das vierte Mal, dabei zerreißt er Decken, knüpft sie aneinander und läßt sich so aus einem Fenster im 1. Stock herunter. Doch auch diesmal kommt er nicht weit.
Weihnachten 1967 will er endlich einmal sein Zuhause wieder sehen. Offiziell ist sein Weihnachtsurlaub gestrichen. Drum versucht er es inoffiziell. Er kommt auch zu Hause an, die Freude ist groß, aber kurz. Nach Weihnachten holt ihn die Polizei wieder ab.
Bei den letzten drei Ausbrüchen hat Dieter kriminelle Delikte vermieden. Die Fürsorge registriert dies und auch den Wunsch, nach Hause zu kommen. Sie entläßt ihn nach zwei Jahren Heimaufenthalt, Ende März 1968, nach Hause. Es liegt auch noch ein weiterer Anlaß dafür vor: die Eltern sind aus dem elterlichen Haus der Mutter ausgezogen, haben endlich eine eigene Wohnung.

Dieter fängt in einer Blechwarenfabrik in Lauterbach an. Doch er ist zwar zwei Jahre im Heim gewesen, aber gelernt hat er fast nichts. Sein Verdienst als Ungelernter ist entsprechend mies. Fast 18 Jahre alt, hat er immer noch keinen Beruf.
Im Juli 1968 soll er daher — auf Veranlassung der Fürsorge — in seiner Firma als Schweißerlehrling mit zweijähriger Lehrzeit anfangen. Doch bald nach Lehrbeginn verliert er jede Lust an der Lehre. In der Berufsschule sitzt er neben 14jährigen Kollegen, die ihm, dem 18jährigen, in fast allen schulischen Leistungen über sind. Er kommt sich als Idiot vor, entwickelt eine regelrechte Abscheu vor der Schule. Er spürt, daß er nicht mehr mitkommt, daß da in ihm eine Barriere ist. Er ist nicht in der Lage, mit den Problemen fertig zu werden. Die zwei Jahre FE haben in ihm den letzten Rest Selbständigkeit, Selbstbewußtsein und Mut, Probleme anzupacken und zu lösen, vernichtet.
Auch zu Hause findet er keine Hilfe. Seine Eltern lieben sich jetzt nicht etwa, nur weil sie eine eigene Wohnung haben. Es gibt weiter Streit und unfruchtbare Auseinandersetzungen. Dieter entzieht sich diesen ungemütlichen Verhältnissen, indem er mit einem Freund auf dessen Motorrad durch die Landschaft braust. Er träumt schon davon, Rennfahrer zu werden.
Dadurch werden die Konflikte aber zu Hause nur noch größer. Nun gibt es Streit zwischen Vater und Sohn. Im Oktober verläßt Dieter seine Arbeitsstelle und auch sein Elternhaus. Er landet in Wiesbaden. Ende Oktober wird er aufgegriffen und findet sich in einem Heim wieder.
Nach einigen weiteren Etappen und gescheiterten Versuchen, außerhalb eines Erziehungsheimes zu arbeiten, kommt er im April 1969 in die geschlossene Abteilung des Karlshofes in Wabern und wartet dort auf einen Rattenschwanz kleinerer Prozesse.
Erweist sich die vergangene Entwicklung schon als fast zwangsläufig, so noch deutlicher die kurze, weitere. Ende April 1969 bricht er zusammen mit vier anderen Jungen aus der Geschlossenen aus. Dabei überwältigen sie den Aufsicht führenden Erzieher, indem sie ihm beim Tischtennisspielen eine Decke überstülpen, ihn fesseln und in einen Karzer (welch Ironie!) sperren. Aus der Gemeinschaftskasse und dem Geldbeutel des Erziehers holen sie Geld, und mit dem Auto des Erziehers wollen sie fliehen. Doch als sie das Auto nicht starten können, fliehen sie zu Fuß. Noch in derselben Nacht werden sie eingefangen. Kaum sind sie im Heim, werden sie von mehreren Erziehern blutig zusammengeschlagen. Der eingesperrte Erzieher hat sich zwar sehr schnell von den nur losen Fesseln befreien können, konnte aber erst nach einer halben Stunde aus dem Karzer befreit werden.

Im Dezember 1969 findet dann gegen die drei Haupttäter, darunter auch Dieter, ein Gerichtsverfahren wegen ›versuchten Mordes‹ und ›gemeinschaftlichen Raubes‹ statt. Wegen versuchten Mordes deshalb, weil die Jugendlichen auch mal überlegt haben, dem Erzieher eins über den Kopf zu verpassen! Dieter wird zu Jugendstrafe von unbestimmter Dauer zwischen einem und drei Jahren verurteilt. Das Urteil, auch für die anderen, ist relativ milde. Eine Aktion der Frankfurter ›Kampfgruppe Ehemaliger Fürsorgezöglinge‹ gibt dem Prozeß den notwendigen politischen Stellenwert und bringt zusammen mit linken Rechtsanwälten aus Frankfurt Fürsorgebürokratie, Richter und Polizei in permanente Legitimationsschwierigkeiten, als der Prozeß umfunktioniert wird in ein Tribunal über den Fürsorgeterror in den Heimen.
Doch die beispielhafte Entwicklung von Dieter ist damit klar. Er, der Aufsässige, der Starke und doch gleichzeitig Hilflose und Schwache, ist nahe an die Laufbahn zum Kriminellen gekommen. In den Jugendknast kommt er auf Grund eines Urteils eines Richters, der doch noch im wesentlichen ihm die Schuld an der Entwicklung seines Lebens gibt. Vor den Richter kam er wegen der Überwältigung des Heimerziehers, der Wärter der geschlossenen Abteilung in Wabern war, diese Tat war die Folge des Fluchtplanes. Der Fluchtplan war die Folge des Eingesperrtseins der Jugendlichen in der geschlossenen Abteilung. Die Einsperrung war die Folge der autoritären Erziehungspraxis in den Fürsorgeheimen. Die autoritäre Erziehungspraxis der Heime ist die Antwort auf die ›Verwahrlosung‹ der Jugendlichen. Die ›Verwahrlosung‹ der Jugendlichen ist die Folge der Überlastung der proletarischen Familien, aus denen sie kommen. Die Überlastung der Familien ist die Folge der Ausbeutung der Eltern an ihren Arbeitsplätzen. Die Ausbeutung der Eltern ist die Folge der Herrschaft des Kapitals über die Arbeit. Das heißt: im kapitalistischen Staat wird der von vielen erarbeitete gesellschaftliche Reichtum von wenigen privat angeeignet, wenige entscheiden über die Verwendung des von vielen erarbeiteten Reichtums. Ihre Entscheidungen dienen dem Zweck vermehrter privater Aneignung, nicht dem Ziel der Befriedigung gesellschaftlicher Bedürfnisse, nicht dem Ziel, die Ausbeutung der Eltern zu mildern, die Überlastung der proletarischen Familie zu lockern, die Verwahrlosung des Jugendlichen zu verhüten, die autoritäre Erziehungspraxis in den Heimen aufzulösen, die Geschlossene Abteilung abzuschaffen, den Fluchtplan überflüssig zu machen, die Tat zu verhindern, die unsinnige Fortsetzung des Eingesperrtseins im Jugend-Knast überflüssig zu machen.

Der Widerstand und die Fluchtversuche zeigen, daß die Jugendlichen in den Heimen die Zwangsanpassung ablehnen, sie in keiner Weise einsehen, sie nur wegen des Drucks und Terrors dulden. Flucht verschafft ihnen gelegentlich wenigstens für kurze Zeit Erleichterung. Wie allgemein diese Reaktion der Jugendlichen ist, zeigt sich darin, daß ca. 50 Prozent der Jugendlichen eines Heimes im Jahr fliehen. Ein großer Teil davon mehrmals, wenigere sehr oft.[45]
Dabei sind die Fluchtmöglichkeiten sehr gering! Nachts sind z. T. Hunde auf dem Heimgelände, die Türen sind überall verschlossen, ein Wärter ist des Nachts immer wach. Ausgang erhalten nur die, die nicht fluchtverdächtig sind. Die meisten Fluchtversuche erfolgen daher auch: nach dem Morgenappell, in einer Zigaretten-Pause, vor dem Mittagessen.
Allerdings hilft dieser individuelle Widerstand den Jugendlichen nicht. Im Gegenteil, er führt sie immer mehr in die Fänge der Fürsorge: in schlimmere Heime, in Heime ohne jeden Ausgang, in Heime, wo man nur noch mit Mord und Totschlag Fluchtchancen erreicht, bis hin in den Knast. Individueller Widerstand führt damit zu aktiver Selbstzerstörung, der Weg heißt: ›Kriminalität‹. Es sind mehr als 25 Prozent der Flüchtenden, die auf der Flucht Straftaten begehen, oft begehen müssen, um überhaupt fliehen zu können. Dabei sind nur bekanntgewordene Straftaten mitgezählt. Heimjugendliche können sich eigentlich nur unter besonders günstigen Umständen vorstellen, daß Flucht ohne Delikt möglich ist.[46]
Die Überanpassung der anderen Jugendlichen dagegen bedeutet passive Selbstzerstörung. Während erstere nur die Nichtanpassung weiterentwickeln, was sie in den Knast bringt, verdrängen letztere jede Nichtanpassung und passen sich völlig an die Normen des Heimes an, geben jede selbständige Aktion auf, reagieren daher auch nur noch wie dressierte Tiere. Sie können nachher auch nur noch in Heimen leben oder in Lebensumständen, die ihnen ein Heim imitieren, wo jemand befiehlt und sie folgen können. Viele ehemalige Heimzöglinge gehen nach ›erfolgreichem‹ Heimaufenthalt zur Polizei oder Bundeswehr. Sie sind innerlich gebrochen, während die anderen äußerlich brechen.
Kollektiver Widerstand wiederum kann im Heim nicht spontan entstehen, weil die Widersprüche unter den Jugendlichen zu groß sind, weil das Heim die Jugendlichen systematisch vereinzelt, Solidarität und Kameradschaft unmöglich macht, Spitzel und Spalter einsetzt. Und wenn doch einmal kollektiver Widerstand entsteht, wie z. B. in den letzten 25 Jahren einige Male in Mädchenheimen, dann in der Form von ›Bambule‹, wo die Jugendlichen alles kurz und klein schlagen, ihren Haß und ihre

Wut an Sachen austoben. Doch nach der ›Entladung‹ bleibt dann doch alles beim alten. Nur die Trümmer werden weggeräumt. – Und Arbeitsstreiks werden sofort als ›Meuterei‹ gedeutet, unterdrückt oder geschickt über Streikbrecher aufgeweicht.
Von allein können sich die Jugendlichen also nicht befreien. Sie sind auf einen Bündnispartner von draußen angewiesen. Die Bevölkerung in den umliegenden Städten und Dörfern ist kein Bündnispartner. Sie beurteilt die Jugendlichen nur nach den negativen Folgen ihres Tuns für sie. Sie haben einzig Angst um ihren kleinen Besitz, die Unschuld ihrer Töchter und ihre Ruhe. Bündnispartner für die Jugendlichen kann nur ihre eigene Klasse sein, d. h. in der Hauptsache das Proletariat. Erst wenn dieses sich um seine Kinder wieder organisiert kümmert, besteht die Möglichkeit auch einer Befreiung der Erziehungsheim-Zöglinge.

3. Kollektiver Widerstand

Die ›Heimkampagne‹

Vorläufer

Im Frühjahr 1969 beginnt eine Gruppe linker Studenten mit Jugendlichen in zwei Frankfurter Lehrlingswohnheimen Kontakt aufzunehmen.
Die Studenten suchen den Kontakt, weil sie begreifen, daß die politischen Auseinandersetzungen an der Universität in eine Sackgasse geraten sind. Selbst radikalste Auseinandersetzungen mit der staatlichen und universitären Bürokratie haben nicht weitergeführt. Daher suchen sie nun Kontakt zum Jungproletariat.
Hinter dieser neuen Aktivität stehen aber immer noch antiautoritäre Ideologien. Denn nach dem Scheitern der ersten Versuche, mit dem Proletariat Kontakt aufzunehmen, beim Kampf gegen die Notstands-Gesetze, haben sich die meisten linken Studenten vom Proletariat in die Universitäten zurückgezogen. Alle möglichen und unmöglichen wirren Ideen sind bei der Suche nach einem neuen ›revolutionären Subjekt‹ entstanden. Das Proletariat selber wurde als verkleinbürgerlicht hingestellt und der direkte Weg, sich über die Widersprüche zwischen Lohnarbeit und Kapital mit dem Proletariat zu verbinden, war abgeschrieben. Die linken Studenten im Frühjahr 1969 sehen zwar wieder im Proletariat das eigentliche, revolutionäre Subjekt, doch machen sie nur den ersten Schritt: sie wollen das Proletariat gewinnen, aber nicht über die ökonomischen Widersprüche. Sie wollen zunächst vom Freizeit- und Konsumsektor her jüngere Arbeiter politisieren, um danach auf die ökonomischen Probleme überzugehen. Ihre Köpfe sind noch voll der Ideen von Marcuse.
Einige dieser linken Studenten kennen aus früheren Demonstrationen und Agitationen in einzelnen Betrieben eine Reihe von Lehrlingen und Jungarbeitern. Zusammen mit diesen werden nun in einigen Stadtteilen Frankfurts Stadtteilgruppen organisiert. In diesen Stadtteilgruppen unternehmen sie erste Versuche einer marxistisch-leninistischen Schulung, sie benutzen das Schulungsprogramm der neuen KPD/ML. Außerdem werden eine Zeitschrift für Jungarbeiter und Lehrlinge hergestellt, kleinere Aktionen diskutiert und vorbereitet. Dazu gehören z. B. neben der Sprengung einer ›Freisprechungsfeier‹ der Industrie- und Handelskammer für Lehrlinge und einer Politi-

sierung des 30. April (›Kampftag der Arbeiterjugend‹) auch einzelne Aktionen in zwei Lehrlingsheimen in Frankfurt: im Bischof-Dierichs-Heim und im offenen Erziehungsheim Kleemannstraße.
Die Jugendlichen, froh darüber, daß sich nun endlich jemand um sie kümmert, machen relativ schnell mit, wenn es auch nicht sehr viele sind. Sie verfassen Flugblätter, in denen sie die Zustände in ihren Heimen anprangern.

Lehrlingsheim — Vorbeugelager

Vor einiger Zeit verteilten 4 Lehrlinge im Kleemann-Hotel (Kleemannstr. 1—3) Flugblätter, die das beschissene Essen, die autoritären Erzieher, den Hausordnungsterror und das miserable Taschengeld angriffen. Daraufhin wurden drei Lehrlinge aus dem Heim entfernt (zwei wurden in ihre Familienzwangsgemeinschaften zurückgebracht, aus denen man sie rausgeholt hatte, um sie auf den »rechten« Weg zu bringen). Als sich der letzte nicht zu einem bundesdeutschen Duckmäuser umerziehen ließ, fand man einen Grund, ihn zu feuern: Rausschmiß aus dem Betrieb wegen »Mangel an Ehrfurcht und Achtung gegenüber seinem Lehrherren«. Zur Bewährung wurde er in ein katholisches Lehrlings-Bethaus gesteckt. Am 30. März (Ostermarsch-Aktion) wurden zwei Lehrlinge aus diesem Heim in »Vorbeugehaft« genommen, der eine »damit er nicht an radikalen Aktionen teilnimmt«, der andere bei einer Aktion gegen eine Kneipe, in der Jugendliche wegen ihres Aussehens nicht bedient wurden. Da der erwähnte Lehrling diese beiden festgenommenen Heimbewohner angeblich aufgewiegelt hat, wurde er am nächsten Morgen vom Heimleiter angeschnauzt: »Nimm deinen lahmen SDS-Arsch aus dem Bett! Ab zum Fürsorger! Geh nach Wabern!« Das gemeinsame Auftreten seiner Genossen konnte verhindern, daß dieser Lehrling ins Erziehungsheim geschickt wurde.
Auf diese Weise will das Jugendamt aktive Lehrlinge unter Druck setzen und isolieren, da es Angst haben muß, daß sich die Heimbewohner nicht länger einzeln von den Erziehern fertig machen lassen, sondern gemeinsam aktiv werden und den Bürokratenterror brechen. Wir lassen uns nicht länger wie Unmündige behandeln und zu Duckmäusern erziehen, die schön brav und anständig ihrer Arbeit nachgehen, damit die Geldsäcke in Ruhe an uns verdienen können.

FANGEN WIR AN GEMEINSAM DEN HAUSORDNUNGSTERROR ZU BRECHEN!

Projektgruppe Lehrlingsheime

Montags 19 h Club Voltaire

Im Bischof-Dierichs-Heim organisieren dann Studenten, Schüler und Lehrlinge eine Fete mit Pornofilmen und Diskussionen über die Zustände im Heim.
Die Fürsorgebürokratie schaltet sofort: sie weiß, wenn die Aktionen sich ausweiten, werden Skandale offengelegt, und es geht einigen Bürokraten an den Kragen. Die Reaktion der Fürsorge erfolgt auf zweierlei Weise. Gegenüber den Jugendlichen reagiert sie schnell und hart: einzelne Jugendliche werden in Erziehungsheime ›verlegt‹, auf die anderen hat das eine disziplinierende Wirkung; sie ducken. Gegenüber den linken Studenten gibt man sich freundlich und gesteht Mängel zu, wie z. B. der Jugendamtsleiter Faller in einem Brief an die Projektgruppe Erziehungsheime des Club Voltaire. Obwohl Faller vergeblich auf Antwort wartet, führt diese doppelte Taktik der Fürsorge einigermaßen zu Erfolg. Die ›Rebellen‹ in den Heimen fliegen raus, Ruhe und Ordnung treten wieder ein. Die anderen Jugendlichen sind zu eingeschüchtert, um sich zu solidarisieren.
Die politischen Aktionen haben nicht so mobilisiert, wie die Studenten und Lehrlinge es sich dachten: die Selbstorganisation scheitert. Skandale und mutiges, beispielgebendes Motzen reichen nicht, um die Jugendlichen aufzuwecken und zur Selbstorganisation zu bringen. Eine Analyse der Heime, der Situation der Jugendlichen und eine Strategie liegen vor den Aktionen nicht vor, es kann daher auch nur erreicht werden, einzelne herauszubrechen und in den Stadtteilgruppen zu organisieren.
Zwischendurch wird allerdings ein Reformvorschlag diskutiert: die APO-Rebellen in den Heimen, fünf Jugendliche, sollen in Frankfurt eine Wohnung beziehen dürfen, statt im Heim zu wohnen. Doch mit der Beruhigung in den Heimen schwindet jegliches Interesse an Reformen bei der Bürokratie von Faller und Konsorten.

Die Staffelbergaktion

Die Aktivität in den beiden Frankfurter Heimen schläft ein. Weder von innen noch von außen erfolgen neue Widerstandskämpfe.
Doch die Stadtteilgruppen beschäftigen sich weiter mit den Problemen der Fürsorgebürokratie. Das kommt im wesentlichen dadurch, daß jetzt die fünf entwichenen Fürsorgezöglinge innerhalb der Basisgruppen das Thema ›Erziehungsheime‹ aufbringen.
Einer der fünf hat Ende Mai ein kleines Intermezzo im Erziehungsheim Rengshausen hinter sich gebracht. Er ist morgens vom Bett weg dorthin transportiert worden, hat aber sofort den Genossen geschrieben. Nach zwei Wochen hat er fliehen kön-

nen. Ein anderer hat schon mehrere Erziehungsheime hinter sich, ist quasi Heimexperte (es handelt sich um Peter).
Die auch weiterhin bestehenden ständigen Auseinandersetzungen dieser fünf mit der Fürsorge läßt dann Anfang Juni in der Basisgruppe Sachsenhausen, in der die fünf mitarbeiten, die Idee entstehen, Material gegen die Fürsorgebürokratie, inclusive Heimerziehung, zu sammeln, um bei der Agitation von Arbeiterkindern besser argumentieren zu können. Doch aus dieser Materialsammlung wird die Idee einer Heimkampagne.
Diesmal wird gründlicher vorgegangen. Es wird von den Heimexperten ein Bericht über Erziehungsheime und Fürsorgeerziehung erstellt, als Beispiel dienen die genauen Kenntnisse über Staffelberg. Der Hauptteil dieses Berichtes wird einen Monat später in einer Dokumentation über Staffelberg veröffentlicht. Der eigentliche Bericht wird dann an alle Stadtteilgruppen verteilt und Mitte Juni im Basisgruppenrat diskutiert. Es soll dies die erste große Aktion der Stadtteilgruppen werden, die von den Lehrlingen selber initiiert ist. Doch es gibt heftige Meinungsverschiedenheiten. Eine Reihe der Genossen zweifelt an dem politischen Sinn der Aktion. Ihr Zweifel wird z. T. durch die vage politische Begründung der Heimaktion im Bericht selber hervorgerufen, der im Grunde bloß moralisch-entrüstet argumentiert, aber keine eigentlich strategisch-taktische Linie liefert.
Der Basisgruppenrat aber beschließt dann trotzdem, Ende Juni auf dem Staffelberg die Aktion zu machen. Vorher werden an der Frankfurter Universität Flugblätter verteilt; der AStA wird informiert, Kontakt zu Marburger Genossen aufgenommen. Es trifft sich gut, daß einige Studenten der Frankfurter Sozialfachschule bald den Staffelberg besichtigen werden. Daraufhin fährt am Mittwoch, 25. Juni 1969, Peter mit, um sich zu vergewissern, wie die Lage im Heim jetzt aussieht; er ist ja seit ca. einem Vierteljahr von dort entlassen. Sein Bericht am Mittwochabend vor dem Basisgruppenrat ergibt, daß die Lage günstig ist: die Jugendlichen sind in Aufruhrstimmung. Die Heimleitung stimmt für Samstag einer ›Vollversammlung‹ zu. Beiläufig erfährt Peter, daß ein Mann vom Landeswohlfahrtsverband schon da war, Herr Deutsch, daß also die Aktion längst bekannt ist und daß am Donnerstag der 1. Direktor des Landeswohlfahrtsverbands ebenfalls zum Staffelberg kommt. Polizei ist angefordert, soll aber rausgehalten werden, wenn die Genossen diszipliniert sind.
Aufgrund dieses Berichtes erscheint es möglich, die Heimleitung vor den Jugendlichen zu verunsichern, die Jugendlichen zu mobilisieren und die Aktion einen Erfolg werden zu lassen.
Das Konzept für die Vollversammlung ist einfach:
— ein Genosse versucht die Diskussionsleitung zu übernehmen,

– die Forderungen eines Flugblattes werden verlesen,
– das Flugblatt wird diskutiert, wobei insbesondere die Jugendlichen selber zu Wort kommen und Vorfälle erzählen sollen,
– letztes Ziel ist: einen Konflikt zwischen Heimleitung und Jugendlichen entstehen zu lassen, um anschließend die Jugendlichen in einer Gruppe sich selber organisieren zu lassen, um die Forderungen zu erkämpfen,
– langfristig soll eine Selbstverwaltung des Heimes durch die Jugendlichen angestrebt werden.

An der dann stattfindenden Aktion beteiligen sich: die Heimbewohner, die Stadtteilgruppen, Dr. Deutsch vom LWV, Bewohner von Biedenkopf und 80 Polizisten.
Folgendes Flugblatt wird verteilt:

Flugblatt 1
Wir haben diese Aktion vorbereitet, weil wir den Erziehungsterror in den Heimen Staffelberg, Wabern, Freistadt, Treysa, Börgermoor, Rengshausen am eigenen Leib erfahren haben und von ihm bedroht sind. Unsere Wärter, die sich Erzieher nennen, quatschen uns täglich vor, es sei unsere Schuld, daß wir ins Heim gekommen sind. Aber wir haben begriffen, daß wir dort hinkommen mußten, weil wir nicht einmal die Chance hatten, eine sogenannte ordentliche Ausbildung zu haben, die uns bestenfalls zu Handlangern derjenigen gemacht hätte, die Gesetze so machen, daß sie in ihrem Sinne bestimmen können, was kriminell ist. Das Verhalten, mit dem man es draußen zu etwas bringen kann, nämlich Arschkriecherei und Duckmäuserei, soll uns hier mit brutalem Zwang eingebleut werden. Die ordentlichen Biedenköpfer sähen uns natürlich am liebsten hinter Mauern, weil sie Angst haben um ihr bißchen Dreck, das sie besitzen, und weil sie jemanden brauchen, der beschissener dran ist als sie. Aus unserer Lage helfen uns auch nicht die Änderungsvorschläge irgendwelcher »fortschrittlicher« Verwaltungshengste, die bestenfalls dazu führen, einige von uns über die Formen unserer Unterdrückung mitbestimmen zu lassen. Wirkliche Veränderungen unserer Lage werden uns nicht von oben zugestanden. Wir müssen sie uns erkämpfen! Darum ist die Aktion Staffelberg der Beginn einer Offensive, die sich gegen den gesamten Erziehungsterror richtet.

Unsere Forderungen:
Noch ist es uns unmöglich, Erziehungsheime abzuschaffen. Deshalb bleibt uns im Augenblick nichts anderes übrig, als Änderungen zu erkämpfen.
Wir fordern: Aufstellung eines geheim gewählten unabhängigen Heimrates, der alle Entscheidungen im Heim fällt, als Übergangslösung: an allen Entscheidungen beteiligt ist, die-

ser Rat macht Änderungsvorschläge, die öffentlich diskutiert werden müssen.
Wir fordern: Öffentlichkeit der Erzieherkonferenz (Termin nach Feierabend).
Wir fordern: Sofortigen Abbruch des Karzers; die übrige Geschlossene Abteilung muß umorganisiert werden.
Wir fordern: Tarifgerechte Löhne und freie Verfügung darüber (kein Geldentzug!).
Wir fordern: Offenlegung sämtlicher Verwaltungsvorgänge, Finanzkontrolle usw.
Wir fordern: Daß der Staat uneingeschränkt die Kosten für die Heimunterbringung trägt.
Wir fordern: Rausschmiß aller Erzieher, die prügeln bzw. geprügelt haben.
Wir fordern: Abschaffung der Postzensur.
Wir fordern: Daß das ganze Heim Tag und Nacht geöffnet und unkontrolliert Mädchenbesuch möglich ist.
Wir fordern: Freie Berufswahl.
Wir fordern: Abschaffung der Anstaltskleidung und Flatterklamotten; die Haarlänge geht die Erzieher einen Dreck an.

Kampfgruppe ehemaliger »Fürsorgezöglinge«

Den anwesenden Presseleuten werden z. T. Exemplare des Berichtes der Sachsenhauser Basisgruppe übergeben.
Die Vollversammlung verläuft besser, als viele Genossen gedacht haben. Ein ehemaliger Staffelberger liest den Heimbericht und die Forderungen des Flugblattes vor. Zu einzelnen Forderungen wird geklatscht. Anschließend werden die einzelnen Forderungen diskutiert. Nach einigem Zögern beteiligen sich eine Reihe von Jugendlichen und bringen offen Beispiele aus dem Heimleben, die die Berechtigung der Forderungen unterstützen.
Dann wirft ein Genosse die Frage auf, warum denn Bullen auf dem Heimgelände sind. Der Diskussionsleiter, ein Genosse, fragt den Heimleiter.

Protokoll-Ausschnitt 1
Heimleiter: *Warum hier Bullen sind? Sie werden es nicht glauben, aber es ist wahr. Uns ist von sicherer Quelle, mir ist gemeldet worden, daß, vor einigen Tagen, daß hier heute morgen Rockerbanden aus Frankfurt, Frankfurt-Höchst, eintreffen sollten, um das Heim zu zerstören. (Allgemeines Gelächter.) Wir haben am Mittwoch mit einigen von euch sehr nett diskutiert (Allgemeines Gelächter.) [. . .]*
Disk.-Leiter: *Die Polizei wird von dem geholt, der das Hausrecht hat. Frage: wer hat hier das Hausrecht?*

Deutsch, LWV: *Meine Damen und Herren, ich weiß nicht, ob Sie mich, nachdem Sie genug gesagt haben, mich als Gesprächspartner akzeptieren. (Zwischenrufe: Wir akzeptieren jeden, du Arsch.) Wir haben einen Drohbrief erhalten. (Zwischenruf: Braucht man 80 Polizisten, um dieses Männchen zu schützen?) Nach der Erklärung der Mitglieder der APO, die am Mittwoch hier waren, haben sie es nicht in der Hand, Auswüchse zu verhindern. Außerdem besteht die Gefahr der Verstopfung. (Allgemeines Gelächter.) Die Polizei hat Order, sich zurückzuhalten, wenn nicht strafbare Handlungen begangen werden. (Zwischenruf: Hat die Polizei eingegriffen, wenn hier oben geprügelt wurde?) Ich darf gleich am Anfang sagen, daß das, was Sie vortragen, ein ernstes Anliegen von uns ist, (Zwischenruf: Neuerdings!) die Heimerziehung so zu gestalten, daß sie eine Hilfe für die jungen Menschen ist, die ihr anvertraut werden. Ich bedauere, daß das ernste Anliegen, das wir auch als ernstes Anliegen akzeptieren, von vornherein von absurden Forderungen belastet ist. Wenn Sie die Forderung stellen, daß das Heim Tag und Nacht geöffnet sein soll und Mädchen rein und raus können, dann ist das für uns kein Punkt der Diskussion. (Rufe allerseits: Weil der Alte nicht mehr vögeln kann; der kriegt doch auch noch was ab!)*

Genosse: *Ich hätte eine Frage: Vögeln Sie zu Hause nicht mit Ihrer Frau? (Gelächter.)*

Deutsch: *Meine Damen und Herren, ich möchte diese Frage nicht als eine ernst gestellte ansehen. (Gelächter.) Es geht Ihnen und uns doch wohl um ernstere Anliegen.*

Jugendlicher: *Mädchen dürfen hier nicht ins Haus herein, und deshalb vögeln die jungen Kerle im Wald.*

Genosse: *Es ist hier eben gesagt worden, daß strafbare Handlungen zu befürchten seien. Ich möchte doch von Herrn Deutsch wissen, ob Herr Deutsch die Polizei geholt hat, wenn Leute hier geprügelt worden sind, ob Herr Deutsch die Polizei holt, wenn Jugendliche hier nur DM 2,50 Taschengeld in der Woche bekommen, ob das dem Auftrag entspricht, den Sie nach dem Jugendwohlfahrtsgesetz und nach dem Grundgesetz haben, daß Sie hier nicht irgendwelche Leute vor irgend jemanden zu schützen haben, sondern daß sie erzogen werden sollen, und zwar nicht in der Weise, daß sie hier abgespeist werden mit DM 2,50 und daß es zu kriminellen Handlungen kommt. Sie können auch nicht in der Weise die Rage runterspielen, wenn gefragt wird, ob Sie keinerlei sexuellen Verkehr haben, daß Sie das Bedürfnis danach bei den Jugendlichen einfach nicht wahrhaben wollen oder einfach nicht annehmen. Sie wissen sehr wohl, daß das in den Heimen ein Problem ist, und auch glaube ich, Sie sollten hier jetzt sinnvollerweise Antwort darauf geben, warum die Polizei hier ist und warum hier keine Diskussion ohne diese Polizei stattfinden kann und wie Sie sich zu den Forderungen der Zöglinge verhalten. (Beifall.)*

Deutsch: *Zu dem Punkt des Geschlechtsverkehrs als Antwort von mir: Ich halte es für unmöglich, daß so etwas im Heim offiziell gestattet wird. (Zurufe: Das sind doch die normalsten Bedürfnisse; ein Mädchen: Ist das Vögeln etwa auch eine kriminelle Handlung?) Wenn Sie hiermit auf unsere Gesellschaftsordnung und die sittlichen Werte ganz allgemein anspielen, glaube ich nicht, daß eine Diskussion über diese Dinge fruchtbar sein wird. (Zurufe: Wir ziehen ja auch die Praxis vor!)*

Disk.-Leiter: *Sie sind nochmal gefragt worden in bezug auf die Polizei, ob die Diskussion jetzt hier wirklich unter Polizeischutz stattfinden soll.*

Deutsch: *Die Polizei soll auf dem Heimgelände stationiert bleiben. Die Diskussion wird nicht unter Polizeischutz durchgeführt, sondern die Polizei befindet sich hier zum Schutz der Anlagen (Protest), ich sehe aber auch keine Veranlassung, warum Sie sich insoweit gestört fühlen sollen. (Zuruf: Das provoziert doch, wenn da oben Bullen drin sind!)*

Die Diskussion wandelt sich immer mehr von einer Besprechung gemeinsamer Forderungen zu einem Verhör der verantwortlichen Leute im Heim und LWV. Sie werden aufgefordert, zu einzelnen Forderungen Stellung zu beziehen:

Protokoll-Ausschnitt 2

Heimleiter: *(zur Forderung nach einem Heimrat) Den gibt es doch bereits.*

Disk.-Leiter: *Ich glaube hier liegt ein Mißverständnis vor. Der Heimrat, der geheim gewählt wird und der unabhängig ist und an allen Entscheidungen beteiligt werden soll, ist etwas ganz anderes als der bisher bestehende Jugendrat. Ich glaube, das versteht jeder.*

Heimangestellter: *Gegen die Form der Wahl, wie sie hier von Ihnen vorgeschlagen wird, sind meines Erachtens nach keine Bedenken zu erheben. Die Zuständigkeit des Jugendrates ist eine Sache, über die zu diskutieren ist. Sollte Ihre Forderung so verstanden werden, daß der Jugendrat an den Entscheidungen im Heim mitwirkt – (Zwischenrufe: gleichberechtigt, gleichberechtigt mitwirkt.) Ja, also, meine Damen und Herren – (macht eine Geste, um die Absurdität dieser Forderung zu kennzeichnen, darauf Gelächter.)*

Heimleiter: *Meine Damen und Herren, Sie können von mir nicht erwarten, daß ich Ihnen auf so grundsätzliche Entscheidungen jetzt hier mit Ja oder Nein antworte [. . . .]*

Protokoll-Ausschnitt 3

Genosse: *Ich schlage vor, die Karzerscheiben symbolisch einzuschmeißen.*

Genosse: *Der Heimleiter kann doch selber die Scheibe einschmeißen! (Beifall.)*

Genosse: *Ihr habt doch hier in dem Heim so unheimlich fähige Leute und so unheimlich gute Berufe. Da würde ich vorschlagen, daß irgendein Heimleiter einen Glaser holt und der ganz schön säuberlich die Scheiben rausholt, und die Leute haben den Beweis, daß der Karzer nicht mehr gebraucht werden soll.*

Genosse: *Und die Gitter rausreißt. Und einen Schlosser holt und die Tür muß dann auch raus. (Lachen, Beifall.)*

Heimleiter: *(mit scharfer Stimme) Sie werden verstehen, daß diesem Vorschlag nicht stattgegeben werden kann.*

Disk.-Leiter: *Vielleicht können Sie noch kurz erklären, warum Sie das nicht verstehen.*

Heimleiter: *Ich kann hier selber weder Sachbeschädigungen vornehmen, noch kann ich zulassen, daß Sachbeschädigungen auch unter welcher Motivation immer von Ihnen im Heim hier vorgenommen werden. (Lachen, Tumult.)*

Disk.-Leiter: *Es ist vorgeschlagen worden, ich bitte Sie da genau zuzuhören, es ist vorgeschlagen worden, unter Umgehung der Sachbeschädigung fein säuberlich die Scheibe herauszunehmen und die Gitter herauszutrennen, damit einfach das offene Loch da ist, damit man sieht: da ist kein Karzer mehr. Das ist keine Sachbeschädigung. (Beifall, Lachen.)*

Heimleiter: *(scharf) Dieser Vorschlag wird abgelehnt. (Rufe: Von wem denn?) Von mir! (Nebenraus) Ich kann das doch nicht machen.*

Genosse: *Wir können das hier gleich vollziehen. Das wird aber wahrscheinlich ein paar Festnahmen zur Folge haben, denn dann kommen die Bullen hier raus. Es ist besser, daß wir ganz einfach ein Ultimatum stellen, daß er Zeit hat, sich in Ruhe darüber klarzuwerden und die Fenster und die Gitter abbaut und daß wir dann wieder zurückkommen ohne Ankündigung nach Ablauf dieser Frist und daß er eben dann keine Polizei im Rücken hat, und dann werden wirs machen, darauf kann er sich verlassen.*

Heimleiter: *(zur Seite) Am Montagabend ist das erledigt. Montag abend kommen die raus, aber nicht jetzt. Montag abend wird das erledigt.*

Disk.-Leiter: *Es ist jetzt zugesagt worden, daß die Sache Montag abend erledigt wird. Ich meine, daß das ganz konkret ist, daß das unseren Forderungen entspricht, das kann überprüft werden, wir werden das spätestens am Dienstagmorgen wissen und, wenn es nicht vollzogen ist, halt wiederkommen.*

Heimleiter: *Der Karzer wird normalisiert. Eine Scheibe muß ja rein und dann wird das Ganze normalisiert. (Zur Seite an einen Erzieher) Panzerglas muß rein, ja, ja.*

Disk.-Leiter: *Der Karzer soll normalisiert werden zu einem normalen Raum und 'ne andere Scheibe rein und das wird benutzt wie jedes andere Zimmer. Ist das alles verstanden und klar?!*

Heimleiter: *(zur Seite) Bis Montag abend ist das alles erledigt. Wenn ich das sage, wird das gemacht.*

Bei den anderen Forderungen gesteht insbesondere Deutsch ihre Berechtigung grundsätzlich ein, gibt aber zu erkennen, daß die Hauptforderungen kaum in absehbarer Zeit erfüllt werden können. Als Hauptgrund wird Geld- und Personalmangel angeführt.

Wenn die betroffenen Jugendlichen auch skeptisch sind, was die Realisierung ihrer Forderungen angeht, so ist doch die Aktion selbst ein großer Erfolg; jedenfalls gemessen an dem, was erreicht werden sollte. Es wird allgemein klar, daß die Realität unerträglich ist, daß noch nicht einmal liberale Normen erfüllt werden. Den Jugendlichen werden mit der Aktion mehrere Aspekte vermittelt. Zum ersten Mal hören sie, daß ihre Wünsche und Forderungen berechtigt und ganz normal sind, merken sie, daß selbst der LWV-Vertreter und der Heimleiter Grundsätzliches im Heim falsch und ungerecht finden. Vor allem erfahren sie, daß mit Mut und solidarischem, massenhaftem Auftreten die Erzieher kleinlaut werden und Zugeständnisse machen. Die Autorität von Heimleiter und Erziehern ist in Zweifel gezogen. Nach der Aktion und durch sie sind der Widerspruch zwischen den Handlangern der Unterdrücker und den Unterdrückten offen- und die Widerstandskräfte freigelegt.

Doch damit nicht genug. Viele Jugendliche haben durch das selbstbewußte Auftreten der Genossen und die erfahrene Ohnmacht der Erziehungsinstitution den Mut gefaßt, sich voll zur APO zu bekennen und mit ihr zu gehen. 30 Jugendliche fahren abends mit den Genossen nach Frankfurt: Massenflucht.

Auf der am selben Abend in Frankfurt stattfindenden SDS-Mitgliederversammlung wird gleich über die Aktion berichtet. Die Flucht der Jugendlichen wird beklatscht, man ruft zur Solidarität mit den Entwichenen auf: Quartiere und Geld werden besorgt. Schließlich sind alle untergebracht und leben seitdem bei und mit studentischen Genossen.

In der Presse, insbesondere der des oberhessischen Raumes, wird in großen Schlagzeilen und eingehenden Berichten, nicht ohne ein gewisses Wohlwollen, die Aktion geschildert.

Am Montag, 30. Juni, bildet sich im Heim Staffelberg eine Basisgruppe, zuerst sind es etwa zehn, später werden es zeitweise 30 Jugendliche. Es wird aus einigen ›Roten Büchern‹ des Vorsitzenden Mao Tse-tung, die Genossen samstags verteilt haben, vorgelesen. Vier Erzieher kündigen.
Im Laufe der Woche trifft sich die Gruppe noch mehrmals, diskutiert über die Forderungen und über die Sprüche im Roten Buch. Für den nächsten Sonntag wird eine Aktion gegen den ›Zuspruch‹ (Obererzieher Kretschmers salbungsvolle Moralpredigt) geplant. Die Mitglieder der Basisgruppe, jetzt etwa 30 Jugendliche, bilden ein richtiges Knäuel vor dem Eingang zur Halle. Diskussionen über Wofür und Warum. Auf der Wiese vor der Halle zitiert einer Mao-Sprüche. Linke Parolen werden gerufen. Die Erzieher verhalten sich resigniert, passiv.
Am Dienstag, 8. Juli, findet eine 2. Vollversammlung statt. Es soll Bilanz gezogen werden: was ist auf die Forderungen hin erfolgt?

Im Aufruf zur Vollversammlung sind die wichtigsten Diskussionspunkte zusammengefaßt:

Wir haben am Samstag gefordert und fordern immer noch:

(1) Gerechte Bezahlung unserer Arbeit, volle Auszahlung des tariflichen Lohns.
Das würden für Lehrlinge im 1. Lehrjahr ungefähr 130,– bedeuten.

(2) Kostenlosen Heimaufenthalt.
Die kapitalistische Gesellschaft hat uns ins Erziehungsheim gebracht, der kapitalistische Staat soll auch den Zwangsaufenthalt bezahlen.

(3) Jeder soll seinen Beruf frei wählen und nicht so, wie die Erzieher es wollen.
Zeitgemäße Ausbildung der Erzieher.
Zeitgemäße Ausstattung der Werkstätten.

(4) Heimleiter und Erzieher entscheiden bisher, was für uns gut ist, was für uns schlecht ist.
Wir aber müssen lernen, selbst zu entscheiden, was richtig und was falsch ist.
Deshalb fordern wir:
Selbstverwaltung der Jugendlichen im Heim.
Als Übergangslösung:
Geheime Wahl eines Heimrates, der alle Entscheidungen im Heim trifft. Erzieher und Jugendliche – halbe halbe.
Das würde bedeuten:
Einsicht in unsere Akten und offene Diskussion mit den ausgebildeten (!) Erziehern, denn wir wollen bestimmen, was mit uns passiert.

(5) Abschaffung der Prügelstrafen.
Rausschmiß der Erzieher, die prügeln.
Schlagt gemeinsam zurück, wenn ihr geschlagen werdet.
(6) Wir wollen nicht haben, daß die Erzieher unsere Briefe aufmachen und lesen oder vielleicht noch Geld rausholen.
(7) Täglich freien Ausgang nach Arbeitsende.
(8) Freien, unkontrollierten Mädchenbesuch.
Damit wir nicht im Wald vögeln oder im Heim wichsen müssen.
(9) Wir schauen Fernsehen solange wir wollen. Was wir sehen bestimmen wir selbst.
(10) Unsere Haare gehen nur uns was an, genauso wie die Kleider. Keiner kann uns verbieten, unsere Klamotten untereinander auszutauschen.
(11) Keinen übertriebenen Hausputz.
Samstag und Sonntag wollen wir ausschlafen.

Auf der Vollversammlung werden wir feststellen, ob und wie die Forderungen erfüllt sind.
Wir werden dort diskutieren, wie wir diese Forderungen durchsetzen.
Außerdem fordern wir:
Aufhebung des Hausverbots für unsere Genossen. – Wir sehen die Genossen als unsere Besucher an, und halten deshalb das Hausverbot für unzulässig. Wird das Hausverbot bis zur Vollversammlung nicht aufgehoben, behalten wir uns weitere Schritte vor.

Erscheint massenhaft!
Es geht um eure Interessen!

Basisgruppe Staffelberg

Doch es mangelt für diese Forderungen noch an Durchsetzungsfähigkeit – die Basisgruppe hat kein Konzept. Denn auf kleine Zugeständnisse des Erziehungsleiters (lange Haare werden erlaubt; die Teilnahme am ›Zuspruch‹ ist freigestellt) und auf Verzögerungstaktiken hin (Streit um Jugendrat oder Heimrat) werden die Jugendlichen gespalten. Die Unpolitischen sehen sich in ihrem Desinteresse bestätigt, einige werden sogar aggressiv gegen die unruhestiftenden ›APO-Schweine‹.
Die Entwicklung der Basisgruppe macht deutlich, daß es falsch ist, die Mobilisierung von 30 Jugendlichen im Heim und die Flucht der anderen nach Frankfurt einfach als einen Erfolg zu sehen. Ein Erfolg kann daraus nur werden, wenn die Mobilisierung politisch, organisatorisch genutzt wird.
Die Basisgruppe ist aber, weil es ihr an Erfahrung und Schulung fehlt, völlig unorganisiert und undiszipliniert, hat keine Füh-

rung, keine Strategie. Nach anfänglichen Aktionserfolgen muß sie daher wegen ihrer Handwerkelei höchstens reaktiv (Nachtrabpolitik) bleiben und zwangsläufig bei ersten Belastungen zerfallen. Politisch festigen kann sie sich von selbst nicht.
Hinter dem ›Konzept‹ der Basisgruppe steckte die studentische Ideologie von Selbstorganisation und Selbstschulung. Jene ist ja auch ein Abklatsch der studentischen Basisgruppen an der Universität, nur unter sehr viel ungünstigeren Umständen. Aber die Gruppe versackte in bloßen Aktionismus: es wurden zwar relativ viele Jugendliche mobilisiert; aber wegen der fehlenden Analyse der Widersprüche des Erziehungsheimes, des konzeptionslosen Auftretens der Studenten, ihres untereinander nicht abgesprochenen Verhaltens und der Spontaneitätsideologien blieb die Politisierung aus. Die Jugendlichen hauen einfach ab, fliehen aus der Unterdrückung, glauben ihr in Frankfurt nicht mehr zu unterliegen. Die Genossen bestärken sie auch noch in diesem Glauben, versprechen ihnen Frauen zum Vögeln, nehmen sie erfreut mit nach Frankfurt, fordern sie z. T. direkt dazu auf, mitzufahren.
Die Basisgruppe ist daher von Anfang an eine halbe Sache. Alle Aktiven spielen ebenfalls ständig mit dem Gedanken abzuhauen. Die Aktionen führen daher zu chaotischen Erfolgen, die niemand steuern oder kontrollieren kann.
Daher werden aus dem Heim selber heraus keine Forderungen erkämpft und durchgesetzt, die aktionistische Politik scheitert eindeutig.
Als zwei Jugendliche, die zwei Wochen in Frankfurt gewesen sind, auf Grund eines politischen Beschlusses wieder zurück ins Heim wollen, um als Kader von innen her politisch zu arbeiten, werden sie von den Erziehern empfangen mit: »Was wollt ihr denn hier in unserem Heim? Die APO hat euch wohl abgeschoben?« Als sie sagen, sie wollten für immer im Heim bleiben, meinen die Erzieher: »Kommt gar nicht in Frage! Ihr bleibt nur eine Nacht! Morgen verschwindet ihr wieder!« Die Basisgruppe zerfällt daher völlig. Durch ein inzwischen erlassenes Hausverbot für die Genossen aus Frankfurt werden die Jugendlichen immer mehr isoliert.
Im Laufe des Juli fliehen immer mehr Jugendliche aus dem Staffelberg, insgesamt etwa 70, also fast die Hälfte der normalen Belegung. Viele kommen jedoch nicht nach Frankfurt, sondern fahren zu ihren Familienangehörigen, Freunden oder sonstigen Leuten, wo sie unterschlüpfen können. Nur die ehemaligen Mitglieder der Basisgruppe fliehen, als der Druck zu groß wird, nach Frankfurt.

Währenddessen stehen die ›Heimbefreiten‹ in Frankfurt vor nicht geringeren Problemen. Zwar sympathisiert die Frankfurter Presse nach einer Pressekonferenz mit ihnen.
Doch die Schwierigkeiten vergrößern sich. Immer mehr Staffelberger kommen. Die Genossen, die ›Heimbefreite‹ für kürzere Zeit aufgenommen haben, befürchten nun, daß sie auf ewig einquartiert seien. Einige kündigen daher das Quartier. Außerdem können einige Wohnungen nicht benutzt werden, weil sie der Polizei zu bekannt sind. Denn die kann ja jederzeit zuschlagen. Außerdem fehlt es an Geld.
Hinzu kommt, daß die Heimbefreiten unter der ungewissen Lage leiden. Sie sind auf der Flucht, können sich nicht frei in der Stadt bewegen, wissen in den Wohnungen nichts mit sich anzufangen. Zwar lesen einige Zeitungen, das Rote Buch, sie diskutieren, doch es fehlt die regelmäßige Beschäftigung. Allerdings hilft über diese Schwierigkeiten das Bewußtsein einer festen, solidarischen und kämpferischen Gruppe und die breite Unterstützung durch die linken Intellektuellen hinweg.
Auch aus den oben skizzierten Gründen heraus wird daher eine Dokumentation gedruckt, die die Zustände, Forderungen und Aktionen erklärt. Sie dient zur Festigung der Gruppe, zur Agitation in den Heimen, zur Information der Öffentlichkeit und durch Verkauf auch zur Finanzierung.
Durch eine möglichst große Öffentlichkeit versucht die Kampfgruppe eine Absicherung der Aktion gegen Staatsinterventionen zu erreichen. Außerdem sollen die Presseberichte durch Informationshonorare etwas Geld für die Genossen einbringen. So erscheinen in *Konkret* und in der *Frankfurter Rundschau* längere Artikel.
Am Freitag, 11. Juli, greift trotz allem die Polizei zu. Die Institutionen haben begriffen, daß die erste Aktion keine vereinzelte gewesen ist, sondern daß eine Kampagne anzulaufen beginnt. Dem will man von Anfang an einen Riegel vorschieben.
Zum Glück stößt die Polizeiaktion ins Leere. Doch von da an herrschen extreme Sicherheitsbestimmungen. Keiner soll sich an Knotenpunkten (Hauptwache, Bahnhof) aufhalten; der tägliche Treff wird verlegt; abends sollen die Wohnungen nicht mehr verlassen werden, um nicht Nachbarn aufzufallen; turnusmäßig werden die Wohnungen gewechselt. Die Schwierigkeiten nehmen zu. Doch niemand läßt sich entmutigen. Vor allem wird der Kontakt zum Heim nicht abgebrochen.
Im Gegenteil, es wird beschlossen, auf den Druck mit Gegendruck zu antworten. Die schwache Stelle des Gegners sind die Heime. Also müssen auch die anderen Heime angegriffen werden. Je mehr Heime Angst vor der Kampfgruppe bekommen,

um so mehr sehen sich die Institutionen gezwungen, die Forderungen zu erfüllen.

Kritik und Selbstkritik

Doch Mitte Juli setzt trotzdem eine allgemein kritische Phase ein. Die Aktion insgesamt wird von den Hauptbeteiligten diskutiert und kritisiert. Die massenhafte Reaktion der Jugendlichen, zur APO abzuhauen, hat keiner in dem Maße erwartet. Insofern scheint die Aktion ein großer Erfolg zu sein. Insbesondere auch wegen der recht positiven politischen Auffassungen der ›Heimbefreiten‹; sie lesen Mao, diskutieren über politische Probleme, stellen laufend Fragen, akzeptieren die politischen Inhalte der Stadtteilgruppen, arbeiten aktiv an ihrem Widerstandskampf mit.

In den ›Fraktionssitzungen‹, in denen wöchentlich die Führungskader der Frankfurter Stadtteilgruppen über die poltische Arbeit diszipliniert diskutieren, wird von einer allerdings sehr kleinen Gruppe die ganze Aktion überhaupt abgelehnt. Ihre Argumente: die Jugendlichen gehörten zum Lumpenproletariat, das seit den Erfahrungen der Pariser Kommune als Reservoir der Handlanger der Konterrevolution, so auch des Faschismus, gelte; es sei also völlig falsch, die Interessen dieser potentiell antiproletarischen Gruppe zu vertreten und sie zu organisieren. Das sei letzten Endes Organisierung der Konterrevolution. Diesen Standpunkt vertritt außerhalb der ›Fraktion‹ auch noch der SDS-Bundesvorstand und verweigert mit dieser Begründung finanzielle Unterstützung. Hauptthese dieser Gruppe ist: der Widerspruch, unter dem die Heimgenossen leiden, die Isolation, die Abspaltung vom Proletariat, sei innerhalb dieser Gesellschaft, also vor der Revolution, vor der Überwindung des Hauptwiderspruchs zwischen Lohnarbeit und Kapital, nicht aufhebbar.

In der ›Fraktion‹ kann sich diese Meinung allerdings nicht durchsetzen. Die erste von Lehrlingen selber vorgeschlagene, vorbereitete und aktiv mitgetragene Aktion soll nicht mitten im Erfolg abgebrochen werden. Im Gegenteil sieht man gerade in den ›Heimbefreiten‹ potentiell revolutionäre Kader, die auf Grund eigener bewußtgewordener Erfahrung ihrer Unterdrükkung zu Unterdrückern der Unterdrücker werden können. Hinzu komme, wie sich gezeigt habe, die gegenüber anderen Gruppen des Proletariats leichtere Mobilisierbarkeit.

In dieser mehrheitlichen Gruppe bilden sich jedoch zwei Linien heraus. Die eine hält die Arbeit mit den Jugendlichen zwar prinzipiell für richtig, weil das ein Beitrag gegen die Spalterpolitik der Staatsbürokratie, des Kapitals, und nicht einzusehen sei,

warum die Jugendlichen ihre Isolation, ihre unverschuldete Abspaltung, nicht überwinden könnten. Gerade wenn man wisse, daß das ein Reservoir der Konterrevolution sei, müsse man das nicht einfach blind hinnehmen, sondern versuchen, die herauszubrechen, die sich reintegrieren lassen. Jedoch sieht diese Linie es als keineswegs geringes Problem an, die Isolation zu überwinden. Sie fordert daher, die Disziplin in der Kampfgruppe zu erhöhen, die Schulung zu verstärken und bald Ausbildung oder ordentliche Arbeit aufzunehmen.
Die andere Linie, vertreten von einer Gruppe um Andreas Baader, sieht hinter der Abspaltung der Jugendlichen eine eigene, positive Rebellion gegen diese Gesellschaft, also etwas prinzipiell Klassenkämpferisches; sie hebt dieses Verhalten (insbesondere das antiautoritäre) der Jugendlichen gegenüber dem anderer ›angepaßter‹ Jugendlicher lobend hervor. »Starten wir den Großangriff auf die Heime — machen wir die Heime leer und befreien wir das Heer der Hunderttausende von Heimgenossen«, so lautet der radikalste Standpunkt dieser Gruppe. Sie glaubt zumindest einen guten Anteil dieser Hunderttausende von Jugendlichen für die linken Stadtteilgruppen in deutschen Großstädten gewinnen zu können.
Auf diesen ›Fraktionssitzungen‹ wird daher generell die Aktion weiter unterstützt. Allerdings müssen große Schwierigkeiten gemeistert werden:
1. Die Kampfgruppe soll straffer und disziplinierter werden und durch Schulung politisch gestärkt werden.
2. Der Aufenthalt in Frankfurt muß legalisiert werden, damit der Druck durch die Polizei wegfällt. Es sind daher Verhandlungen im Auftrag der Heimbefreiten und Nochnichtbefreiten mit der Fürsorgebürokratie aufzunehmen mit dem Ziel, den Aufenthalt der jungen Genossen in Frankfurt für immer zu erreichen und freie politische Betätigung im Heim zu gewährleisten.
3. Das Herumhängen der jungen Genossen soll aufhören. Es müssen Jobs für sie gesucht werden, damit sie so lange arbeiten und ihren Lebensunterhalt verdienen, bis sie legal ihre Lehre fortsetzen bzw. eine neue beginnen können.
4. An den Heimen wird vorläufig nur noch vorsichtig agitiert. Es muß vermieden werden, daß weitere Heimgenossen abhauen und die Zustände in Frankfurt sich dadurch verschlimmern. Ziel muß dort sein, eine Basisgruppe aufzuziehen, die von innen her den Kampf führt.

Von der ›Heimkampagne‹ zu den ›Lehrlingskollektiven‹

Bei den Diskussionen in der ›Fraktion‹ taucht der Vorschlag auf, die heimbefreiten Genossen legal in Frankfurt in größeren Wohnungen unterzubringen. Man entsinnt sich des Vorschlages des Frankfurter Stadtjugendamtes (StJA) vom Mai, Zöglingen zu erlauben, zusammen in einer Wohnung statt im Lehrlingswohnheim zu wohnen. Es gilt jetzt nur, die Widersprüche zwischen den Liberalen und Reaktionären in der Sozialbürokratie richtig zu nutzen, um die Kollektive zu verwirklichen.

Beginn der Bündnisse

Es werden darauf Kontakte zum Leiter des Stadtjugendamts, Faller, zum Referenten im LWV für Erziehungsfragen, Deutsch, zum Landesjugendamt, Gietz, aufgenommen. Faller und Gietz hatten von sich aus schon Mitte Juli Kontakte gesucht – Gietz, um Material gegen den Landeswohlfahrtsverband zu sammeln (er will die Heimaufsicht wieder beim Landesjugendamt haben), und Faller ›riecht‹ die Möglichkeit, politisch für ihn ummünzbare Reformen machen zu können. Gegenüber diesen Vertretern werden dann in mehreren Telefongesprächen und Treffen die drei Hauptforderungen der Kampfgruppe gestellt:

1. Abschaffung der Heime auf lange Sicht, bis dahin Reformen entsprechend den aufgestellten Forderungen im Staffelberg,
2. freie Berufswahl und tarifgerechte Bezahlung,
3. Einrichtung von Kollektiven in Frankfurt, insbesondere für die in Frankfurt lebenden Heimbefreiten, als Alternative zur Heimerziehung.

Um die Position in den Auseinandersetzungen mit den Institutionen zu verbessern, wird auch Kontakt mit liberalen Professoren der Frankfurter Universität aufgenommen. Sie erarbeiten positive Stellungnahmen zu den Kollektiven, kritisieren grundsätzlich die Heimerziehung.
Von Prof. Klaus Mollenhauer, dem Direktor des Pädagogischen Seminars an der Universität Frankfurt, stammt die »Stellungnahme zur Frage der Unterbringung von Jugendlichen aus der FE und FEH (Staffelberg)«.

Den mit Fragen der Heimerziehung befaßten Wissenschaften wie auch den verantwortlichen Praktikern in diesem pädagogischen Bereich ist seit langem bekannt, daß die Heimunterbringung und die vornehmlich betriebenen Praktiken der Heim-

erziehung in der Regel alles andere als befriedigend sind. Heimerziehung in diesem Sinne muß deshalb immer noch als eine Notlösung angesehen werden, die so lange nur schlechten pädagogischen Gewissens gehandhabt werden kann, als es an praktischen pädagogischen Alternativen fehlt. Jeder Versuch der Erprobung neuer Erziehungsformen in Fällen von FE und FEH muß deshalb begrüßt werden. Unsere Kenntnis der Schwierigkeiten, vor denen Heime mit großer Insassenzahl stehen, unsere Kenntnis über die pädagogische Bedeutung der Differenzierung innerhalb der Heime und der Arten der Gruppenzusammenstellung, schließlich auch unsere Kenntnis von den institutionellen Zwängen, denen die Heimerziehung in der Regel unterliegt und die ihre pädagogischen Möglichkeiten entscheidend einengen, rechtfertigt es, Formen der Betreuung zu praktizieren, die sich am Modell von Kleingruppen-Beziehungen orientieren und statt der künstlich hergestellten und isolierten Schein-Realitäten der Anstaltserziehung eine Erziehung in realistischen Alltagssituationen betreiben.
Mir scheint es deshalb vernünftig zu sein, für die ehemals im Erziehungsheim »Staffelberg« untergebrachten Jugendlichen Lebens- und Lernmöglichkeiten unter solchen Bedingungen zu schaffen. Ein solcher Versuch wäre der Sache nach höchst notwendig, da es gegenwärtig in Deutschland nur eine verschwindend geringe Zahl von ernsthaft diskutablen Alternativen zu den bisherigen Formen der Heimerziehung gibt. Die notwendige Bedingung für solche Versuche wäre allerdings, daß diese zu Wohngemeinschaften zusammengeschlossenen Gruppen von Jugendlichen nicht zu groß werden, d. h. die Zahl von 8 Jugendlichen nach Möglichkeit nicht übersteigen. Eine zweite unabdingbare Voraussetzung wäre darin zu sehen, daß an solchen Wohngemeinschaften eine pädagogisch qualifizierte Fachkraft teilnimmt, die imstande wäre, den Versuch pädagogisch zu verantworten.
Schließlich wäre das Pädagogische Seminar der Johann-Wolfgang-Goethe-Universität in Zusammenarbeit mit der Höheren Fachschule für Sozialarbeit in der Lage, einen beständigen Kontakt mit diesen Wohngemeinschaften zu unterhalten und seine beratenden und unterstützenden Dienste zur Verfügung zu stellen. Für uns wäre dabei nicht irgendein abstraktes wissenschaftliches Interesse leitend, sondern die auf wissenschaftliche Einsicht gegründete Überzeugung, daß die Misere der Heimerziehung nur auf dem Wege der Erprobung solcher Alternativen überwunden werden kann.

Am 30. Juli 1969 findet in Wiesbaden dann eine Verhandlung mit Vertretern des Landeswohlfahrtsverbandes, des Landesjugendamts, des Sozialministeriums, der Liga der Freien Wohl-

fahrtsverbände und des Frankfurter Stadtjugendamts statt. Außerdem gibt es Gespräche mit SPD-Abgeordneten (Sozialausschuß) kurz vor der letzten Landtags-Debatte vor den Ferien. Dabei wird die andere Seite über die Forderungen der Kampfgruppe informiert.
Die Institutionsvertreter akzeptieren als erstes grundsätzlich die Kampfgruppe als berechtigten Vertreter der ›Streikenden‹ und ›Heimbefreiten‹ und vereinbaren in der höheren Fachschule für Sozialarbeit in der Frankfurter Nordweststadt für den 31. Juli 1969 eine ausführliche Aussprache. Zu gleicher Zeit tagt dort nämlich der Landesjugendwohlfahrtsausschuß.
Dabei gestehen die Verhandlungspartner nach aufreibender, aber sachlicher Diskussion, eingehend auf die Verhältnisse in den einzelnen Heimen, die Berechtigung fast aller Forderungen zu. Sie versprechen Reformen, solange prinzipielle Änderungen nicht durchgeführt sind. Gietz bezeichnet dabei die Erziehungsheime als Heime mit ›Strafcharakter‹ statt mit ›Erziehungscharakter‹ und sieht keine Möglichkeit, das innerhalb der Institution ›Erziehungs-Heim‹ grundsätzlich zu ändern, er will deshalb einen ›Heimentwicklungsplan‹ aufstellen, der nur kleine, offene Heime in Städten vorsieht. Auch für Deutsch stehen die Heime im Hintergrund, im Vordergrund der Überlegungen stünden kleine relativ selbständige Gruppenprozesse. Er schlägt sogar als Sofortmaßnahme vor, Jugendliche in z. T. leerstehenden und schnell renovierbaren Jugendheimen in Großstädten unterzubringen. Faller befürwortet die Legalisierung der ›Heimbefreiten‹ in Kollektiven (›Wohngruppen‹), das Stadtjugendamt würde als zuständige Behörde das Projekt wohlwollend unterstützen. Als Träger könne zunächst der AStA der Frankfurter Universität fungieren, bis ein zu gründender gemeinnütziger Verein die Aufgabe übernommen habe.
Vom LWV wird zugesagt, bei der Beschaffung von Lehrstellen zu helfen. Die Finanzierung der Kollektive sei entsprechend den Regelungen für die Heime möglich.
Nach dem überraschend leichten Verhandlungserfolg atmen alle auf. Die gröbsten Schwierigkeiten scheinen im ersten Anlauf gemeistert. Die Taktik gegenüber den Liberalen scheint aufzugehen. Denn Liberale sehnen sich nach Reformen, sind jedoch nicht, bereit für sie zu kämpfen. Daher sind sie an einer Zusammenarbeit interessiert, wollen die Kampfgruppe vor ihren Karren spannen. Jene dagegen scheint zunächst einmal sie vor ihren gespannt zu haben. So liberalisieren sich sogar während der Verhandlungen relativ rechte Leute wie Deutsch, sie beginnen sich über miese Zustände in den Heimen zu entrüsten, entwikkeln generelle Kritik an ihnen.
Doch noch sind die Verhandlungsergebnisse inoffizielle Abmachungen. Entscheidend sind die von der Landesvertreterver-

sammlung des LWV zu treffenden Entscheidungen, und dort sitzen im wesentlichen rechte Leute, Land- und Stadträte der CDU und SPD.

Die weitere Entwicklung in den Heimen

Im Laufe des Juli werden entsprechend der Vorgänge im Staffelberg die Widersprüche der anderen Anpassungslager offengelegt. Die Reaktion auf das Verteilen der ersten Flugblätter ist groß. Jugendliche schreiben allgemein positiv, suchen Kontakt mit der ›APO‹.
In *Rengshausen* ruft der geschickte Direktor des Heimes noch am selben Tag, an dem die ersten Flugblätter verteilt werden, eine Heimvollversammlung zusammen, verliest z. T. das Flugblatt und diskutiert die Forderungen. Ergebnis: ab sofort keine Postzensur, Verlängerung des sonntäglichen Ausgangs um 1 1/2 Stunden und Bildung eines Heimrates, der allerdings keinerlei Befugnis hat.
Nach dem Scheitern der Selbstorganisation im Staffelberg versucht die ›Rengshausen-Projektgruppe‹ das Heim von innen durch geschulte Kader zu verändern. Als daher die Genossen Mitte Juli mehrmals das Heim besuchen, versuchen sie eine Schulungsgruppe aufzubauen. Nach einigen Diskussionen mit dem Direktor erlaubt dieser die ›Arbeitskreise‹, die von den Genossen geleitet werden. Die Jugendlichen wollen aber ohne Aufsicht durch anwesende Erzieher arbeiten, sie fassen daher einen entsprechenden Beschluß, und der Direktor schluckt auch das.
In der Schulung sollen die gesellschaftlichen Verhältnisse der Ungleichheit am Schicksal der Jugendlichen selber enthüllt und Widersprüche zwischen Jugendlichen und Heimleitung bzw. Fürsorgebürokratie aufgedeckt werden. Das letztere ist jedoch nicht so einfach. Es gibt nur minimale Beschwerden über Prügeln oder autoritäres Vorgehen der Erzieher. Die Erzieher werden allgemein nicht als Unterdrücker empfunden. Der Grundkonflikt im Heim baut sich vielmehr auf der extremen Isolation auf. Nachdem der Zwang zum sonntäglichen Kirchgang aufgehoben ist, beinhalten alle Forderungen der Jugendlichen die Abschaffung oder Auflösung des Heimes.
Die Strategie, das Heim durch geschulte Kader von innen zu verändern, stößt infolgedessen auf Widerstand im Bewußtsein der Jugendlichen. Sie erkennen, daß alle ihre Forderungen nur in Verbindung mit der Auflösung des Heimes realistisch sind. Ein Vorschlag von ihnen ist, ein Frankfurter Altersheim nach Rengshausen zu verlegen und selbst nach Frankfurt zu ziehen. Wegen dieses klaren Bewußtseins über die Isolation zieht das

Argument, auf keinen Fall zu fliehen, nicht; auch sehen sie in einer Basisgruppe keinen Sinn. Ihr Interesse liegt eben gerade in der Abschaffung und nicht in der oberflächlichen Veränderung des Heimes. So ist es für sie nicht überzeugend, als die Genossen aus Frankfurt aus organisatorischen Gründen sich nicht mit ihren inhaltlichen Forderungen solidarisieren. Die Genossen befinden sich in der Situation der ›Abwiegler‹, wenn sie Kampf um Veränderungen im Heim vorschlagen.

Anders als auf dem Staffelberg entsteht in Rengshausen gar nicht erst die Illusion, durch eine Basisgruppe von innen heraus Wesentliches verändern zu können. Die Jugendlichen begreifen klarer als die Genossen ihre Isolation als das Wesentliche. Sie empfinden die Argumente der Studenten daher als opportunistisch. Sie erkennen, daß nichts anderes dahinter steckt, als die Schwierigkeiten in Frankfurt, weitere Jugendliche aufzunehmen.

Ende Juli beginnen die ersten Jugendlichen mit Aktionen, um ihrer Hauptforderung Nachdruck zu verschaffen: in der Stanzerei wird ein Bummelstreik betrieben, statt drei Büchsen Sicherungen wird pro Tag nur noch ein Viertel Dose pro Mann geschafft. In der Küche machen sie ›Dienst nach Pflicht‹. Die Landwirtschaftsgruppe streikt gegen zu frühes Aufstehen.

Diese Verschärfung des Kampfes führt zur Verschärfung des Druckes der Fürsorgebürokratie. Der Träger des Heimes, die Innere Mission, einerseits und die Erzieher andererseits setzen den Direktor unter Druck und verlangen ein hartes Vorgehen gegen die APO.

Am 9. August 1969 kommt es dann auch auf einer Vollversammlung, die über die Auflösung oder Verlegung des Heimes diskutieren soll, zu scharfen Auseinandersetzungen zwischen den Genossen und der Heimleitung. Dabei hat die Heimleitung zwei Trümpfe in der Hand:

1. Sie hat etwa 70 Jugendlichen, die am Tag vorher aus einem 14tägigen Zeltlager zurückkehrten und über die Vorgänge im Heim völlig uninformiert waren, Schauermärchen über die APO eingetrichtert.

2. Die Bevölkerung des vom Heim abhängigen Dorfes wurde mobilisiert, um jede Auflösung oder Verlegung des Heimes zu verhindern.

Die Vollversammlung, an der deswegen nur 60 Jugendliche teilnehmen, wird daher von einem sich drohend gebärdenden Kreis von wohl 200 Dorfbewohnern und Erziehern umringt.

Obwohl die Genossen durch geschickte Agitation die Jugendlichen gewinnen und die Heimleitung isolieren können, scheitert die Vollversammlung. Der Direktor bricht sie trotz der Proteste der Jugendlichen ab. Die drohenden Dorfbewohner geben dem willkürlichen Beschluß den nötigen Nachdruck. Die Genossen müssen abziehen. Am folgenden Montag fliehen dann 15 Jugendliche, statt wie verabredet auf diese Verschärfung des Kampfes mit einem Generalstreik zu antworten. Sie sind einfach überfordert. Am darauf folgenden Sonntag fliehen weitere. Was die Genossen verhindern wollten, tritt nun massenhaft ein: Flucht nach Frankfurt.

In Frankfurt wird zwar Manöverkritik geübt, sie ist jedoch unzureichend. Sie übersieht völlig, daß es hier um eine eindeutige Machtauseinandersetzung geht, die verlorengegangen ist, weil die andere Seite mächtiger ist und die Kampfgruppe darauf unvorbereitet gewesen ist. Die Kritik im Plenum geht jedoch weiter davon aus, daß die Jugendlichen in Rengshausen genauso wie im Staffelberg hätten mobilisiert und organisiert werden können. Sie übersieht die andersartige Situation. In Rengshausen sind die Jugendlichen nicht an einigen liberalen Trostpflästerchen interessiert (etwa entsprechend den Staffelberg-Forderungen), sondern wollen einzig und allein weg von dort. Da aber die Institutionen Innere Mission und Landeswohlfahrtsverband gegen die Auflösung des Heimes sind, gestützt durch Dorfbewohner und Erzieher, ist in Rengshausen mit den üblichen, antiautoritären Mittelchen nichts zu gewinnen.

Dort stößt die Heimkampagne zum zweiten Male und offensichtlicher als im Staffelberg an ihre Grenzen. Ihre im wesentlichen auf Aktionismus, Putschismus, Idealismus und linksliberale Agitation gegründete Strategie versagt dort, wo der Hauptwiderspruch der Erziehungsheime sich ganz deutlich und unverschleiert zeigt: die Isolation. Denn dort kann nichts mehr reformiert werden, dort sind Reformen sinnlos. Wirklich die Erziehungsheime in ihrem Wesen zu bekämpfen, ist daher eine solche Kampagne nicht in der Lage.

Mitte Juli 1969 beginnt die Kampfgruppe auch am ›geschlossenen‹ Mädchenheim ›*Steinmühle*‹ in Obererlenbach damit, Kontakt mit Mädchen und der Heimleitung aufzunehmen. Es gelingt, für den 30. Juli und 1. August eine Vollversammlung zu vereinbaren. Die Heimleitung sieht sich dazu wegen des radikalen Drängens der Mädchen gezwungen. Dabei tragen dann die Mädchen ein ganzes Bündel an Kritik vor, zu der die Heimleitung Punkt für Punkt Stellung nehmen muß. Diese findet auch einen großen Teil der Kritik für wichtig, z. T. für richtig, will ihr nachgehen. Sie führt sogar eine Genossin durchs Wohnheim, zeigt die ›Besinnungsstube‹, ein gänzlich umgebautes, helles Zimmer, das drei Monate vorher noch als Karzer mit Gittern gedient hatte.

Wie an den anderen Heimen wird das Ziel verfolgt: die Mädchen so aufzumuntern, daß sie von alleine im Heim anfangen zu kämpfen. Das Scheitern der Basisgruppe Staffelberg hat nicht zu der Erkenntnis geführt, daß die Hoffnung auf Selbstorganisation und spontanen, selbständigen Kampf falsch ist. Analog zu Staffelberg und Rengshausen werden gemeinsam mit den Mädchen Forderungen aufgestellt und ein Flugblatt formuliert.

Eine Gruppe hält sich bald nicht mehr an die Hausordnung, hat die Betten umgestellt, raucht, weigert sich, pünktlich aufzustehen, und zu arbeiten. Die ›Gruppe Steinmühle‹ versucht, den Mädchen zu erklären, wie wichtig es ist, geschlossen und mit klaren Forderungen aufzutreten. Doch die Mädchen beklagen sich, daß »so wenige bei dem Streik mitmachen«. Daran wird in Ansätzen zweierlei deutlich: 1. daß selbst die relativ bewußten Mädchen im Heim große Schwierigkeiten haben, ihre Situation zu formulieren, und 2. daß es speziell in der Steinmühle wegen der vielen »bekloppten« Mädchen recht schwierig ist, Bewußtseinsprozesse einzuleiten.

Im Laufe der ständigen Besuche weicht die Heimleitung immer mehr zurück, solidarisiert sich z. T. mit den Forderungen, weil sie die Verhältnisse im Heim selber für beschissen hält. Das Ergebnis: Raucherlaubnis; unkontrollierter Ausgang für alle am Sonntagnachmittag; Aufhebung des Essens- und Kleiderzwangs; Informationsfreiheit (Zeitungen, Besuch, Fernsehprogrammauswahl); keinerlei Strafen mehr (auch kein Taschengeldentzug), auch nicht bei Arbeitsverweigerung.

Mitte August wird ein Heimrat gewählt, aus jeder Gruppe ein Mädchen. Die ›Steinmühle-Projektgruppe‹, so wird vereinbart, soll ungefähr einmal in der Woche in die Steinmühle kommen, um mit dem Heimrat oder einzelnen Mädchen zu beraten, Informationsmaterial zu verteilen oder Schulungstexte zu lesen. Doch es findet nur ein einziger Treff statt. Die Verhältnisse in Frankfurt sind chaotischer geworden, so daß die Genossen nicht mehr die Energie aufbringen, zu den Mädchen zu fahren. Im Laufe des September verlautbart der LWV, daß die Steinmühle geschlossen und die Mädchen in sinnvollere Heime verlegt oder entlassen worden seien. Die nach ihrer Flucht in Frankfurt lebenden Mädchen erhalten auch tatsächlich ihre Entlassung und die Arbeitspapiere.

Der Verlauf der Aktionen am Heim Steinmühle zeigt, wie schnell man in sozialreformerische Politik gerät, wenn sich die Heimleitung und die Sozialbehörde taktisch klug und nach außen hin liberal (»Ihre Aktion ist grundsätzlich berechtigt«) verhält. Es können dann kaum noch Widersprüche aufgewiesen werden, die den Heimbewohnern ihre Situation bewußt machen. So sind die zu Anfang ungeheuer rebellischen Mädchen im Verlaufe des einen Monats relativ befriedet worden, beschäftigen sich in den Gruppen mit den Problemen ihres Alltages. Die Organisation eines Befreiungskampfes ist nicht her-

stellbar. Dieser Situation entspricht auch das dann eintretende totale Desinteresse der Genossen an der weiteren Entwicklung.
In *Wabern* vertreten die Genossen von Anfang an eine Politik ähnlich wie der in der Steinmühle. Sie versuchen erfolgreich, sich im Heim kleine Gruppen bilden zu lassen, die über ihre Tagesprobleme und zu Anfang über die Forderungen an Heimleitung und LWV diskutieren. Zwei Erzieher unterstützen die Genossen stark. Sie erreichen, daß Stück für Stück einzelne Forderungen von der Heimleitung nicht nur notgedrungen akzeptiert sondern auch ernstlich durchgeführt werden. Die Situation spitzt sich nie so zu, daß es zu einer Machtprobe APO—Heimleitung und zu einer hektischen Reaktion der Jugendlichen (Massenflucht) kommt. Diese Entwicklung liegt nicht nur an dem anderen Auftreten der Genossen, sondern auch an dem vorhandenen Spielraum für Reformen. Wabern liegt nicht so extrem isoliert wie Rengshausen, und eine Reihe von Disziplinierungen kann als Mobilisierungsfaktor ausgenutzt werden.
So wird es über einige Wochen zur Regel, daß die Genossen zu den Gruppen kommen, mit ihnen neu aufgetretene Probleme diskutieren, über die Entwicklung in Frankfurt informieren und ab und zu auch Mao Tse-tung (›Gegen den Liberalismus‹) lesen.
Im Laufe der nächsten Monate fahren die Genossen der Wabern-Gruppe immer weiter zum Heim und unterstützen die Arbeit der Basisgruppen. Allein diesem laufenden Kontakt ist der lange Bestand der Gruppen im Heim zu verdanken. Der Charakter dieser Arbeit ist jedoch eindeutig: sozialreformerisch und gruppenpädagogisch.
Im Oktober/November kommt daher auch die Einsicht in den rein caritativen Charakter dieser politischen Aktivität, der den Jugendlichen zwar erfreulicherweise Verbesserungen bringt, insbesondere ihre Selbständigkeit und ihr Selbstbewußtsein stärkt, aber nicht zu mehr führt. Um diese Zeit herum werden dann auch die Besuche eingestellt.
Auf dem *Staffelberg* hat die Massenflucht das Heim zur Hälfte geleert. Insbesondere die politisch irgendwie mobilisierbaren und die nicht kurz vor der Entlassung stehenden Jugendlichen haben das Heim verlassen. Die Ferien tun das übrige, wieder Ruhe ins Heim einkehren zu lassen.
Gelegentlich fahren noch einige wenige Genossen hoch ins Heim, um sich über die Situation zu informieren.
In den nächsten zwei Monaten liegt jedoch jede politische Aktivität im Staffelberg brach.

Bis auf das Heim Rengshausen sind die Genossen zwar vorsichtig (wie seit Juli vereinbart) an die Heime herangegangen und haben energisch versucht, gefährliche Zuspitzungen und Mas-

senflucht zu vermeiden. Trotzdem entwickelt sich dadurch die Heimkampagne keineswegs so, wie beabsichtigt. Die erwünschten Basisgruppen entstehen zwar schnell, genauso schnell zerfallen sie aber wieder, insbesondere in kritischen Situationen und wenn die Genossen aus Frankfurt wegbleiben.
Außerdem zeigt sich immer deutlicher die sozialreformerische Richtung. Es gelingt nicht, klassenspezifisch zu argumentieren und den Heimterror als eine besondere Unterdrückungsform des Kapitalismus darzustellen. Den Jugendlichen wird nur sehr unvollkommen klar, daß die Unterdrückung nicht aufhört, wenn sie aus dem Heim herauskommen (oder fliehen). Das kann schließlich nur eine längere, organisierte Schulung erreichen, die von Kadern geleitet wird, die von draußen kommen.
Statt dessen werden die Diskussionen im Heim immer konkreter geführt, es geht nur um ein paar im Grunde nebensächliche, wenn auch berechtigte Forderungen auf Verbesserung. Oder es wird abstrakt der Kapitalismus angeprangert.
Es dauert recht lange, bis den Frankfurter Genossen die schlechte Qualität ihrer Arbeit klar wird; bei einigen setzt die Einsicht eher ein, bei anderen überhaupt nicht.

Die Organisation des Kampfes in Frankfurt

Seit den Diskussionen in der »Fraktion« über das gesamte Projekt legen alle Genossen großen Wert darauf, Disziplin, Schulung und Organisation durchzusetzen. Allen ist klar, daß die Ziele nur erreicht werden, wenn die Gruppe in Frankfurt geschlossen, kämpferisch und geschult auftritt.

Das Plenum

Die losen Treffs werden in ein tägliches Plenum umgewandelt. Mittags um 12 Uhr treffen sich alle Genossen (Studenten und Heimbefreite) in einem Raum eines Studentenwohnheimes. Dort kann jeder mitreden, muß jeder (insbesondere Studenten) konkrete Aufgaben in einer der Projektgruppen übernehmen, will er mitmachen. ›Gäste‹ und Zuhörer sind dadurch im allgemeinen ausgeschlossen.
Ein täglich wechselnder Diskussionsleiter sammelt Tagesordnungs-Punkte, leitet dann die Diskussion und sorgt für Ruhe und Disziplin. Immer wieder versuchen auch junge Genossen, die Diskussion zu leiten.
Das Plenum hat folgende Funktionen:

– Allgemeine Informationen werden ausgetauscht: wer neu angekommen ist; wie Verhandlungen gelaufen sind; was eine Projektgruppe Neues von einem Heim berichten kann.
– Strategische und taktische Fragen werden diskutiert und entschieden: so die allgemeine Taktik an den Heimen, in Verhandlungen, in der Schulung usw., ebenso besondere Einzelprobleme.
– Organisatorische Probleme werden behandelt: neue Wohnungen, Aufteilen in Projektgruppen, Einteilen für eine Aktion, Ausgabe von DM 5 als tägliche Unterstützung für den Lebensunterhalt und Angebot von Jobs.

Insbesondere durch das Plenum erfahren die Jugendlichen, was sie noch nie erfahren haben: daß ihre Probleme, ihre Forderungen und Wünsche offen mit ihnen diskutiert werden, daß sie ihre Meinung sagen können, ja sollen. Nichts wird irgendwo hinter verschlossenen Türen besprochen und entschieden. Sie werden behandelt wie erwachsene Menschen, ernst genommen.

Die Projektgruppen

Für jedes Heim gibt es eine Projektgruppe, außerdem noch für Verhandlungen, Presse, Schulungsanleitung und Jobs. In jeder Projektgruppe sind (bis auf die Schulungsanleitung) mehr Jugendliche als Intellektuelle, wenn auch die Intellektuellen mehr Pflichten haben. Die Gruppen arbeiten ihre eigene Taktik aus, berichten allerdings auf dem Plenum, sobald es wichtig wird, und stimmen ihre Taktik mit der Meinung auf dem Plenum ab. Durch die gleichberechtigte Beteiligung der Jugendlichen an den Gruppen werden sie sehr stark mobilisiert und erringen sehr schnell großes Selbstbewußtsein. Ob es bei Verhandlungen oder bei einer Heimaktion ist, sie werden für voll genommen; die einzelnen Genossen verlassen sich auf sie, fragen sie nach ihrer Meinung.

Schulung

Zwei Genossen beginnen Ende Juli 1969 mit Schulungssitzungen, ein- bis zweimal die Woche. Sie erfolgt zunächst recht zwanglos; wenn es heiß ist, geht man in die Kiesgrube schwimmen und diskutiert dort über eine Frage, einen Text. Da die Schulung freiwillig ist und später abends stattfindet, nehmen nicht alle Jugendlichen teil. Am Anfang ist es jedoch etwa die Hälfte. Das Interesse ist bei den Jugendlichen sehr groß, sie wollen wissen, was es mit Mao, Kommunismus, der Revolution usw. auf sich hat. Sie wollen lernen, wie man am besten gegen die selbst erlittene Unterdrückung kämpfen kann. Sie wollen das Wissen erlangen, das die Studenten befähigt hat, sie aus den Heimen herauszuholen und diese Kampagne zu starten. Der erste Anlauf der Schulung, wie auch vier Wochen später ein zweiter, scheitert jedoch bald. Zwar ist die Diskussion des ersten Textes (Mao: ›Gegen den Liberalismus‹) sehr gut verlaufen, die Jugendlichen wenden diesen Text sofort auf ihre eigene Praxis an. Doch schon der nächste Text scheitert an der Vermittlung und an mangelnder Disziplin. Die um diese Zeit schon auftretenden aktuellen Auseinandersetzungen und Probleme beanspruchen die Jugendlichen bis November so stark, daß an eine Schulung trotz abstrakt großen Interesses nicht mehr zu denken ist. Es fehlt die nötige Kraft, um sich disziplinieren zu können.

Erste kollektive Wohn- und Lebensformen

Von den rund 50 Jugendlichen, die im Juli/August/September in Frankfurt illegal leben, sind ungefähr die Hälfte einzeln oder zu zweit bei einzelnen Intellektuellen untergebracht, während die andere Hälfte sich auf vier größere Wohnungen verteilt. In diesen Wohnungen bilden sich bald so etwas wie ›vorläufige‹ Kollektive heraus. Die Jugendlichen legen ihre täglichen DM 5 zusammen und organisieren gemeinsam Essen, Zigaretten, Getränke. In den Zimmern, die in den Wohnungen ihnen überlassen sind, richten sie sich — wenn auch bescheiden — ein. Dort, in diesen Gruppen, finden dann im Laufe der Zeit auch immer stärker gemeinsame Unterhaltung, politische Diskussionen statt. Es entsteht dort von alleine und spontan das Bedürfnis nach Schulung und Information. Die Studenten der jeweiligen Wohnungen versuchen daher auch, diese Bedürfnisse zu befriedigen, jedoch unvollkommen und unorganisiert. Im August beginnen auch einzelne Jugendliche durch Gelegenheitsjobs ihren Lebensunterhalt (und den ihres ›Kollektivs‹) zu verdienen.
Aus diesen vorläufigen Kollektiven kommen im August nicht nur die Vorschläge für eine neue Schulung, sondern auch die Reorganisation des Lehrlingstreffens.

Das Lehrlingstreffen

Das erste Lehrlingstreffen wird eingerichtet, als die Jugendlichen merken, daß sie die Intellektuellen und deren Auseinandersetzungen im Plenum kaum verstehen. Das LT soll daher zu Anfang insbesondere dazu dienen, das auf dem Plenum Diskutierte noch einmal in der Sprache der Jugendlichen zu besprechen. Außerdem wollen sich die Jugendlichen untereinan-

der näher kennenlernen. Da sie verstreut wohnen, kann das nur bei einem gemeinsamen Treffen geschehen. So entsteht das Lehrlingstreffen. Studenten nehmen am LT nicht teil, weil dort ja die Probleme der Lehrlinge besprochen werden.
Diese reine ›Ersatzfunktion‹ führt jedoch nach ein paar Sitzungen dazu, daß das Lehrlingstreffen immer bedeutungsloser wird. Warum sollen die Jugendlichen zweimal zu einem Treff am Tag kommen, wenn dort doch nur dasselbe besprochen wird.
Doch Mitte August, als inbesondere wegen der miserablen Auseinandersetzung über das Scheitern in Rengshausen immer mehr Jugendliche über den Verlauf des Plenums enttäuscht sind, lebt das LT neu auf. Es sind zunächst ein paar Jugendliche aus einem vorläufigen Kollektiv und einige wenige andere, die mutig und offen das Gelabere der Studenten angreifen und daran kritisieren, daß kaum ein Jugendlicher eine Chance hat mitzureden und mitzudenken.
Das Fehlen eines klaren Konzepts für die Arbeit an den Heimen und in Frankfurt, die Angst der Intellektuellen davor, eine klare Führungsgruppe zu bilden, die Sucht der Intellektuellen, sich zu produzieren und Lehrlinge um sich zu scharen, das Verhindern ruhiger, sachlicher und solidarischer, wenn auch entschiedener Kritik und Selbstkritik, statt dessen emotionales, gegenseitiges Anpöbeln und ›Fertigmachen‹, kurz das organisatorische und theoretische Versagen der Intellektuellen ruft nun die Jugendlichen auf den Plan. Mitte August beginnt regelrecht ein ›Aufstand‹ der Lehrlinge, sie wenden an, was sie von den Intellektuellen gelernt haben. Das Protokoll des Lehrlingstreffens vom 18. 8. 1969 läßt den Beginn und die Methode erkennen:
»[. . .] *Wir machten nochmals die Feststellung, daß das Plenum am Anfang doch die Interessen der Lehrlinge vertreten sollte und nicht dazu dienen soll, daß dort die Streitigkeiten zwischen Studentengruppen ausgetragen werden. Das Plenum ist dazu da, daß sich die Lehrlinge aussprechen können und nicht dazu, daß sich die Studenten gegenseitig bekriegen.*
Dann wurde ein Antrag gestellt, ein Papier gegen das Verhalten der Studenten auszuarbeiten, wo auch verbindliche Beschlüsse dieses Lehrlingstreffens veröffentlicht werden sollen.
Darauf erfolgte der erste Beschluß: daß, wenn es wieder zu Streitigkeiten zwischen Studentengenossen beim Plenum kommt und diese vor uns Lehrlingen ausgetragen werden, wir eben solange rausgehen und draußen so lange alleine diskutieren, bis sich die Studenten beruhigt haben.
Weiter wurde beschlossen, daß ab sofort jede Lehrlingsspaltung durch die Studenten nicht mehr hingenommen wird. Wir werden dagegen Widerstand leisten. Wir sind schließlich Proletarier.

Danach beschlossen wir, daß wir nicht länger mit ›Lehrlingsgenosse‹ oder gar mit ›Heimzögling‹ bzw. ›Heimgenosse‹ angesprochen werden wollen, wir reden euch ja auch nicht mit ›Krawallmacher‹ an. Jeder soll also mit ›Genosse‹ angesprochen werden!«
Das Protokoll verdeutlicht, daß die Jugendlichen selber mehr Disziplin, Selbstdisziplin, fordern, weil sonst die Arbeit erschwert und unerträglich wird. Sie bilden eine Front gegen die studentische Gefolgschaftstaktik.
Das Plenum nimmt die Aktion der Jugendlichen mit starkem Beifall auf. Viele Studenten sind ehrlich erfreut über die Selbständigkeit und den Willen zur Veränderung.
Die Wahl eines Lehrlingskomitees als oberste Vertretung der Jugendlichen zeigt das höhere Organisationsbewußtsein der Jugendlichen gegenüber den Studenten. Sie erkennen, daß es ohne eine klare Führung nicht geht.
Von nun an geben die Lehrlinge den Ton im Plenum an. Das Lehrlingskomitee besetzt tagsüber einen Raum im ASTA; zwei wechseln sich ständig ab und koordinieren von nun an Gespräche, Telefonanrufe, Termine. Sie arbeiten Beschlüsse und Tagesordnungen aus. Am 19. August verteilen sie die ›Beschlüsse der Heimbefreiten‹.

Beschlüsse der Heimbefreiten!

Nach Meinung der Lehrlinge hat sich in den letzten 3 Wochen erwiesen, daß diese Institution (Plenum) nicht fähig ist, ihre eignen Beschlüsse politisch zu rechtfertigen. Es kommt zu keiner Diskussion, es werden nur Tagesordnungspunkte systematisch durchgezogen. Den Studenten dient das Plenum zur Austragung ihrer politischen Machtkämpfe.
Sie versuchten ihre Positionen, die sie über unseren Köpfen eingenommen haben, zu festigen, ohne dabei die Bedürfnisse aller Genossen zu beachten. Dadurch sind auch die vielen Fehlentscheidungen, die das Plenum fällt, zu erklären. Es ist auch an der Zeit, daß sich dieses ändert. Wir, die Lehrlinge, werden jetzt versuchen, durch gezielte Arbeit und durch Diskussionen sowie eine uns gemäße Schulung die Studenten aus ihrer Vormachtstellung zu beseitigen.

Zusammenarbeit ja! Bevormundung nein!

Es muß eine Möglichkeit geschaffen werden, Tagesaufgaben anderweitig zu verteilen. Über das ›Wie‹ müßte dann noch diskutiert werden.
Unser Vorschlag:
Wir werden ein Komitee von 6 Lehrlingen bilden, die das Lehrlingstreffen vorbereiten, die Tagesordnung für das Plenum fest-

legen und die Diskussion im Plenum leiten. Jedes Mitglied des Komitees ist jederzeit abwählbar.
Dies sind unsere Vorschläge für eine weitere Zusammenarbeit:
1. *Bildung eines Lehrlingskomitees (in Zusammenarbeit mit Studenten . . .) zur Bewältigung von Tagesaufgaben.*
2. *Bei Streitigkeiten zwischen Studentengenossen, die vor dem Plenum ausgetragen werden, verlassen wir den Saal und diskutieren für uns, bis sich die Genossen beruhigt haben.*
3. *Wir wollen nicht mehr mit Heimgenossen bzw. Heimzöglingen betitelt werden, sondern nur noch mit Genossen. Dasselbe gilt für Aussprüche wie Brandstifter, Baader und Co. oder Stamer und Anhängsel. Alle werden nur noch mit Genossen angesprochen.*
4. *Jeden Versuch der Studenten, uns Lehrlinge zu spalten, werden wir sofort unterbinden,* wir sind nicht umsonst Proletarier!
5. *Wir verlangen ab sofort pünktlichen Anfang vom Plenum.*
6. *Wir wollen, daß jedes Protokoll über unser Lehrlingstreffen im Plenum vorgelesen wird.*
7. *Wir verlangen, daß die Beschlüsse, die wir in unserem Lehrlingstreffen fassen, durchgeführt werden. Wir verlangen von euch, daß, wenn ihr über uns diskutiert, ebenfalls ein Protkoll im Plenum vorlegt.*
8. *Wir verlangen nach einer Kritik zu den Beschuldigungen, die von der Rengshausengruppe gegen das Plenum geführt wurden. Diese sollte nach Möglichkeit schriftlich geschehen.*
9. *Kritik sollte überhaupt an jedem Paper, an jeder Dokumentation und an jedem Flugblatt schriftlich geleistet werden, dadurch kann unserer Meinung nach das völlig unpolitische Rumgemotze einiger Genossen vermieden werden.*
10. *Die Studenten haben sich kurz in ihren Beiträgen zu fassen, weil es für uns eine große Anstrengung ist, uns auf die langen Reden der Genossen Studenten zu konzentrieren. Durch lange Reden verwirrt man uns nur. Außerdem wiederholen sich manche Genossen nur noch.*

In der Kürze liegt die Würze!

11. *Wir verlangen die Disziplinierung aller Genossen beim Plenum und bei allen anderen Versammlungen,*
seien es Lehrlinge, Schüler, Unbeteiligte oder Studenten. Das heißt keine Mauscheleien und keine Privatgespräche während der Diskussion, dafür ist genug Zeit zwischen den Terminen.
12. *Wir verlangen von euch, daß ihr nicht unser Lehrlingstreffen stört. Dieses Treffen ist eine reine Lehrlingsversammlung, auf der Studenten nicht gewünscht sind.*

Wir wünschen, daß über dieses Paper politisch diskutiert wird!

»Alles, was neu ins Leben tritt, wächst unter Schwierigkeiten heran, hat einen Weg voller Windungen und Wendungen zurückzulegen. Es wäre eine reine Illusion, zu glauben, daß die Sache des Sozialismus ohne Schwierigkeiten und Zickzackwege, ohne gewaltige Anstrengung vorankäme, daß man immer günstigen Wind und leichte Erfolge haben würde.« Mao Tse-tung

Doch nach einer Woche zeigt sich, daß die Jugendlichen sich zuviel zugetraut haben. Die Initiative der Jugendlichen kommt einen Monat zu spät, leidet daher schon stark unter Ausfallserscheinungen einzelner Jugendlicher, besonders einiger aktiver. Sie sind schon z. T. der Subkultur, ihren Drogen und Selbstbefreiungsideologien verfallen. Insbesondere das Lehrlingskomitee ist betroffen; zwei der fünf fallen aus.
Die großartige Initiative der Jugendlichen fällt für zwei Monate wieder zusammen, wird bedeutungslos.
Die wesentlichen Gründe für das Scheitern des Lehrlingstreffens sind:
1. Es ist im Kern antiautoritärer Protest gegen die Studenten, so wie sie es von den Studenten im Kampf gegen Heimleitung und Erzieher gelernt haben. Daher rührt auch die Idee der Konkurrenz zu den Studenten. Nicht das Plenum, sondern das Lehrlingstreffen soll nun entscheiden, nicht die Studenten, die Lehrlinge (Lehrlingskomitee) sollen das Projekt führen. Diese Protesthaltung führt nicht zu einem Bündnis zwischen aktiven Lehrlingen und progressiven Intellektuellen, sondern zur Isolation und zum erneuten Scheitern. – Die Studenten verhalten sich nach ein paar Tagen auf dem Plenum genauso wie vorher. Die Jugendlichen – nach erfolgreichem Protest – meinen durch das Lehrlingstreffen das Plenum in den Griff bekommen zu haben und damit die falschen Verhaltensweisen der Studenten. Doch aufgrund ihrer Unerfahrenheit, fehlender Schulung, geringer Beständigkeit müssen sie bald wieder den Studenten das Feld überlassen. Damit gehen dann für zwei Monate die Einsichten der Lehrlinge verloren, z. B. daß eine Führung nötig ist; eindeutige Disziplin herrschen muß, daß sich die Studenten bei jeder Gelegenheit den Lehrlingen gegenüber zurückhalten müssen, um ihnen eine Chance des Mitwirkens zu geben; daß einmal gefaßte Beschlüsse durchzuführen und die Erfolge zu kontrollieren sind; daß Kritik sachlich und möglichst schriftlich erfolgt.
2. Die Jugendlichen verbünden sich eben wegen des antiautoritären Charakters ihres Protestes nicht mit den Studenten, die guten Willens und durch die Kritik der Lehrlinge einsichtig geworden sind. Statt dessen fallen sie wie zuvor zurück in eine Anhänglichkeit und Abhängigkeit von der Baader-Gruppe, die sich nur zum Schein auf die Seite der Lehrlinge stellt. Denn da-

durch kann sie besser die anderen Studenten ausbooten. Aufgrund dieser Taktik der Baader-Gruppe, ihr unliebsame Studenten rauszuekeln, verläßt von August bis Oktober über die Hälfte der mitarbeitenden Intellektuellen das Projekt. Die Baader-Gruppe benutzt dabei nicht etwa ideologische Auseinandersetzung, Kritik und Selbstkritik an der politischen Linie, um so einem Genossen politische Fehler nachzuweisen. Im Gegenteil vermeidet sie es immer, politisch zu argumentieren, praktisch und ideologisch, ja sie verhindert in großem Maße politische Argumentation auch der anderen. Ihre Methode ist das laute, gehässige, persönliche Anschreien. Ihre Argumente sind: »Die Lehrlinge sind der Ansicht.« Jene nickten z. T. heftig, sie sind vorher von der Baader-Gruppe zurechtgetrimmt worden; später sind sie so eingespielt, daß vorherige Absprache unnötig ist. – Die Jugendlichen fallen auf die Baader-Gruppe deshalb herein, weil jene sich ›nicht-studentisch‹ gibt. Die Kritik der Lehrlinge ist ja nur gegen Studenten gerichtet und nicht gegen all diejenigen, die sinnvolle Arbeit verhindern. Die Lehrlinge sehen die Baader-Gruppe deshalb als die ihrige an. Außerdem ›bestiche‹ die Baader-Gruppe die Lehrlinge mit Abenteuerspielchen (wildes, aufregendes Autofahren z. B., oder Aktiönchen gegen alles und jedes, was einem gerade über den Weg läuft, in einem Café gegen einen Kellner, gegen diesen oder jenen ›liberalen Arsch‹.) Bei den Baaders ist immer was ›los‹. Deshalb zieht es alle Jugendlichen dorthin.

3. Den Hauptfehler machen jedoch die anderen Genossen, die dieses Treiben sehen, beobachten und im Grunde hilflos zuschauen. Sie erkennen nicht, daß die Jugendlichen überschüssige Aktivität haben, insbesondere in diesem Alter. Daher organisieren sie weder eine geregelte ›Triebabfuhr‹ durch sexuelle Befriedigung und eine spontane Freizeitbeschäftigung, noch sorgen sie praktisch dafür, daß die Jugendlichen arbeiten gehen können. Sie stellen abstrakt Forderungen an die Jugendlichen, verlangen Disziplin usw., anstatt sie zu ermöglichen. Schnell kursiert daher auch der Spitzname ›Politroboter‹. Bei den Baaders macht die ›Politik‹ Spaß, bei den anderen Genossen wird sie zur ›Pflicht‹. – Sie unterstützen auch keineswegs die Jugendlichen, die vernünftig und diszipliniert arbeiten, noch nicht von der Baader-Begeisterung betroffen sind und eigentlich die Arbeit des Lehrlingskomitees und des Lehrlingstreffens tragen. Ein ideologischer Kampf wird nur gelegentlich und unvollkommen, weil völlig unvorbereitet, geführt. Den Jugendlichen wird niemals die Kritik an Baader klar, obwohl viele Jugendliche ihm mit Reserve gegenüberstehen.

Ohne die Unterstützung der Studenten und anderen Intellektuellen (ca. 50 machen längere Zeit aktiv mit, ca. 100 bieten Wohnung, Essen etc.) sind Heimkampagne und Kollektive undenkbar. Trotzdem ist diese Solidarität zwiespältig.

Zum einen leisten die Intellektuellen selbstverständlich und ohne viel zu fragen konkrete Hilfe. Sie empfinden so etwas wie ein schlechtes Gewissen gegenüber den Unterdrückten. Denn ihnen als Angehörigen einer anderen Klasse geht es besser. Zum anderen jedoch drückt das Nichtfragen eine oberflächliche Solidarität aus. Sie informieren sich nicht ernsthaft, wollen sich nicht wirklich auf diese Sache einlassen, fürchten im Grunde, hineingezogen zu werden. Umgekehrt informieren die am Projekt aktiv mitarbeitenden Intellektuellen fremde Intellektuelle viel zu spärlich.

Dem positiven Charakter der sozialen Hilfe der Intellektuellen steht daher auch eine negative Seite gegenüber, die aus der Nichtkenntnis der wesentlichen Probleme der Jugendlichen herrührt. Es ist dies die Lebensweise der Intellektuellen. Die Jugendlichen erleben, insbesondere bei den Intellektuellen, die sich am Projekt beteiligen, daß kaum einer von ihnen arbeitet oder ernsthaft studiert und daß trotzdem immer Geld da ist. Selbst die, die arbeiten, verrichten eine andere Art von Arbeit, als die Jugendlichen sie gewohnt sind: sauber, zu selbst gewählter Zeit, usw. Die Lebensweise der Intellektuellen bringt noch mehr mit sich: Subkultur, Drogen, Verschleiern der objektiven Probleme der Jugendlichen.

So passen sich die Jugendlichen mit der Zeit an ihre neue Umwelt so an: sie imitieren, versuchen es zumindest, die intellektuelle Lebensweise, ohne daß ihnen ernsthaft klargemacht wird, daß sie das nie erreichen werden und somit die Lösung ihrer Anpassungsprobleme verhindert wird.

Im Gegenteil, alle Intellektuellen, nicht nur die Baader-Gruppe, stärken die Jugendlichen in ihrem reinen Protestverhalten, lehnen ›Anpassung‹ radikal ab, loben all die Verhaltensweisen als rebellisch und revolutionär, die vorher von Erziehern und Eltern bekämpft worden sind. Stehlen wird nur aus taktischen Gründen, Haschgenuß nur aus Gründen der Gefährdung (polizeiliche Verfolgung) abgelehnt.

Weigert sich einer, einen Job anzunehmen, haben sie Verständnis (Ausbeutung, Entfremdung usw.), verschläft einer die Arbeit, zucken sie mit den Schultern.

Statt den Jugendlichen zu einer richtigen, d. h. klassenbewußten Anpassung zu verhelfen, vergrößern sie die Anpassungsschwierigkeiten. Einige Studenten wollen sich geradezu vor den Lehrlingen als ›Nichtangepaßte‹ beweisen, indem sie beson-

ders offen und frech bestimmte gesellschaftliche Normen verletzen.
Die Möglichkeit, eine sinnvolle Anpassung, die also auch gleichzeitig Nichtanpassung bedeutet, zu erreichen, ist gegeben. Sie wird aber nicht ernstlich genutzt, weil das Problem überhaupt nicht gesehen wird oder gesehen werden will. Seit August sind die Jugendlichen technisch in der Lage, durch Gelegenheitsjobs ihren Lebensunterhalt selber zu verdienen. Der Job-Genosse hat nämlich durch einen Trick von den jeweils zuständigen Steuerbehörden Lohnsteuerersatzkarten für fast alle Jugendlichen schicken lassen. Wohnungen sind auch vorhanden. Was hindert also die Jugendlichen daran, arbeiten zu gehen? Es sind ›nur‹ noch die alten Anpassungsschwierigkeiten und das Verhalten der Intellektuellen.
Die alten Probleme jedoch sind jetzt lösbar. Denn jetzt haben fast alle so etwas wie ein Zuhause, wo sie sich einigermaßen wohl fühlen, sie leben unter Menschen, die ihnen helfen, Probleme zu lösen. Das Geld, das sie verdienen, gehört ihnen, sie können darüber verfügen, niemand nimmt es ihnen ab.
Das Verhalten der Intellektuellen jedoch ist die Hauptbehinderung. Ihr Beispiel, Geld zu haben ohne zu arbeiten, schwächt jede Arbeitsmotivation. Aber warum gehen die Intellektuellen nicht mit den Jugendlichen arbeiten? Sie wenden Tricks aller möglichen Art an, von irgendwelchen ›Scheiß-Liberalen‹ Geld fürs Projekt und für ihren Lebensunterhalt zu beschaffen. Damit rauben sie den Jugendlichen letztlich jeden Grund arbeiten zu gehen. Fünf Mark gibt es ja jeden Tag mit Hilfe dieser Tricks. Das ist zwar wenig, reicht aber zum Notwendigsten.
Typisch ist das Verhalten aller Genossen, wenn als letzter (!) Tagesordnungspunkt des Plenums Jobs drankommen. Viele Jugendliche haben sich schon vorher verdrückt, der Schlußtumult setzt schon ein, das Interesse der Intellektuellen am Plenum ist vorbei. Sie brauchen ja keine Jobs, sie besorgen sich das Geld schon irgendwie und können sich sogar dicke Autos leisten. Rangeln sich die Intellektuellen bei allen anderen Tagesordnungspunkten ab, so verkrümeln sie sich bei der Frage der Jobs. Wenn für die Intellektuellen, für die neuen Bezugspersonen der Jugendlichen, Jobs so unwichtig und lästig sind, warum sollen die Jugendlichen ihre Unlust vor Jobs bekämpfen? Wenn die Intellektuellen jede nur mögliche Ausrede produzieren, warum einer nicht arbeiten geht: »Die warten, bis sie mit ihrer Lehre wieder anfangen können«, »Arbeiten bedeutet: Ausgebeutetwerden, ist Scheiße«, »Wir haben bald kein Geld mehr in der Kasse — wir müssen jetzt endlich die Bettelbriefe an die liberalen Scheißer schreiben!«, »Die und die nehmen morgen an der Aktion teil, die können daher keinen Job annehmen«, »Wir ha-

ben die Nacht durchdiskutiert, er konnte daher nicht früh genug aufstehen« – wer von den Jugendlichen ist dann ›so blöd‹ und geht arbeiten, geht regelmäßig arbeiten?
Wenige gehen mal einen, mal zwei Tage arbeiten. Nur einer arbeitet bewunderswerterweise wochenlang und gibt all sein Geld in die gemeinsame Kasse seines Kollektivs! Doch niemand unter den Intellektuellen stellt dieses Verhalten als leuchtendes Beispiel von Einsicht in die Notwendigkeiten hin! Niemals wird in den Monaten Juli bis Oktober ernsthaft auf dem Plenum diskutiert, warum es unbedingt nötig ist, daß alle arbeiten gehen, daß sich die Jugendlichen wieder unter Ihresgleichen, unter Arbeiterkindern bewegen, daß es Illusion ist, diesen Problemen und Zwängen entfliehen zu wollen, sich nicht anpassen zu wollen.
Für alle Probleme ist das Plenum da, nicht aber für das Hauptproblem der Jugendlichen: ihre Abspaltung vom Jungproletariat, und für eine Strategie ihrer Überwindung. Im Gegenteil, die Jugendlichen werden immer stärker von ihrer Klasse isoliert und an die Intellektuellen angepaßt. Keiner der Intellektuellen wagt es, den Jungens zu sagen, daß sie arbeiten müssen. Auf die Spitze wird die Unvernunft getrieben, wenn einige sagen: »Die sind solange so schlimm unterdrückt worden, die haben jetzt Urlaub verdient. Wir werden sie doch nicht zur Arbeit treiben! Wir sind doch keine Erzieher!«
Erst Monate zu spät, im November, als die Kollektivwohnungen bezogen sind, nehmen die Intellektuellen das Arbeitsproblem ernst.

Der Kompromiss

Nach den ersten Verhandlungen mit Institutionen Ende Juli finden im August und September weiter Gespräche und Verhandlungen statt.
Mitte August kommt es dann zu einem wichtigen Kompromiß zwischen der Kampfgruppe und den Institutionen. Die Forderungen des Landeswohlfahrtsverbands sind: Abbruch der Heimkampagne, Zurückführung der Jugendlichen unter die Betreuung der Fürsorge. Wird das erfüllt, will der LWV Strafanzeigen wegen Entführung und diverser Verstöße gegen das Jugendwohlfahrtsgesetz nicht stellen (§ 86 JWG, §§ 122 StGB). Die Kampfgruppe fordert langfristige Abschaffung der Heime und Einrichten von Kollektiven als Alternative, kurzfristig wesentliche Verbesserungen in den Heimen und für die in Frankfurt Streikenden politische Kollektive.
Als Kompromiß ergibt sich dann:
1. Die Heimkampagne wird unterbrochen, lose Informations-

kontakte bleiben bestehen, es sollen keine Jugendlichen zur Flucht ermuntert werden.
2. Es werden keine Strafanzeigen gestellt, und die Polizei fahndet nicht aktiv.
3. Es werden so schnell wie möglich Wohnungen gesucht, in denen diejenigen legal nach Bestimmungen des JWG leben dürfen, die sich vor dem ersten Verhandlungstermin, also dem 1. August 1969, in Frankfurt aufgehalten haben.
Der Inhalt des letzten Punktes bleibt strittig. Die Kampfgruppe verlangt weiterhin, daß alle sich in Frankfurt aufhaltenden und von der Kampfgruppe betreuten Jugendlichen in die Kollektive dürfen. Doch die LWV-Vertreter wollen nicht mehr zugestehen.
Beim LWV, als hauptsächlich betroffener Institution, steht hinter dem Kompromiß die Angst, daß durch weitere, nicht endende Heimaktionen in immer mehr Heimen Skandale ans Licht der Öffentlichkeit kommen, die den LWV noch mehr als schon bisher in die Schußlinie der öffentlichen Kritik bringen könnten. Irgendwann würde sich dann auch das Sozialministerium dem annehmen, was einzelnen LWV-Leuten den Kopf kosten könne. Alle Institutionenvertreter wollen insbesondere wegen der bevorstehenden Bundestagswahl Ruhe und Ordnung und ein fortschrittliches Image bewahren. Dafür sind sie bereit, der APO ihre ›Beute‹ zu lassen. Die liberalen Leute in den Institutionen, wie Gietz vom Landesjugendamt und m. E. Faller vom Jugendamt Frankfurt, wollen mittels APO und den Kollektiven Reformen in LWV und Sozialministerium durchsetzen. Gegenüber den Reaktionären argumentieren sie so: »Wenn wir der APO nicht ein paar Köder lassen, kriegen wir die überhaupt nicht mehr los. Laßt die sich doch an den Fürsorgejungens die Zähne ausbeißen!« Nach außen hin polieren sie sich ein liberales Image auf, geben sich als Reformer und steigen auch tatsächlich im Kurs bei den Jungsozialisten. (Faller wird Anfang 1970 überraschend stellvertretender Vorsitzender der SPD Frankfurt, wesentlich mit Stimmen der Jungsozialisten!)
Auf seiten der Kampfgruppe sind die Interessen an einem leidlichen Kompromiß ebenfalls recht groß. Die Situation in Frankfurt wird immer kritischer, Wohnungen sind überbelegt, die Jugendlichen wissen nichts Rechtes mit sich anzufangen, sie hängen im Leeren, einige kriminalisieren sich, andere entfliehen in die Subkultur. Alle, auch die Intellektuellen, werden nervöser und sehnen eine Entscheidung und eine Lösung herbei. Die Heimkampagne, das sehen alle ein, ist ›schwieriger‹ geworden, die Verhältnisse dort müssen besser analysiert werden, insbesondere müssen die Fehler der bisherigen Kampagne kritisiert werden, bevor weiter sinnvoll gegen die Heime gekämpft werden kann. Die Billigung der ersten Forderung, die Heime erst mal in Ruhe zu lassen, macht daher niemandem großes Kopf-

zerbrechen. Doch einhellig wird der Termin ›1. 8.‹ abgelehnt. Denn das würde ein Zerreißen der jetzigen Gruppe bedeuten.
Eine exakte Analyse der Vor- und Nachteile des Kompromisses wird jedoch nicht erstellt. Die Gefahr, dadurch die politische Praxis zu verlieren oder sich von der Sozialbürokratie abhängig zu machen, wird vage gesehen, aber als völlig illusionär angesehen.
Aufgrund des Kompromisses, der natürlich in keiner Weise legal oder sonstwie abgesichert, sondern nur als Arrangement anzusehen ist, wird der ASTA der Uni Frankfurt offiziell aktiv.
Für den ASTA ist zweierlei wichtig. Einmal will er das den Jugendlichen für die Lebenshaltungskosten vorgestreckte Geld wiederbekommen, zum zweiten will er eine schriftliche Zusicherung, daß der LWV die Wohnungsmieten bezahlt, wenn der ASTA Wohnungen für die Jugendlichen mietet.
Der LWV antwortet zwar grundsätzlich zustimmend, verpflichtet sich auch, stellt aber eine Reihe besonderer Bedingungen: das Jugendamt Frankfurt soll Aufsicht führen, Geschlechtergemeinschaft ist untersagt, die nach dem 1. August 1969 aus Heimen Entwichenen sollen zurückkehren.
Von Mitte August an ist die Wohnungssuche und -besichtigung Haupttagesthema. Alle möglichen Makler werden eingeschaltet, die Presse informiert und Wohnungseigentümer zur Hilfe aufgerufen. Doch der Erfolg ist schwach. Nur ganz wenige Angebote stehen zur Auswahl. Hören die Hausbesitzer ›Fürsorgezögling«, ist die Tür zu. Doch selbst nach der Besichtigung der Objekte erfolgt immer noch keine Entscheidung, geschweige denn, daß auch nur eine einzige Wohnung gemietet werden kann.
Da aus den letzten Telefongesprächen mit LWV und LJA eine klare Verzögerung durch den LWV zu erkennen ist (so werden Termine, um Wohnungen zu besichtigen, verschoben, angekündigte Beschlüsse und Entscheidungen vertagt usw.) werden alle nervös. Man befürchtet, daß der LWV doch einfach die Polizei schicken könne und alle kassieren läßt. Denn jetzt kennen sie bald alle Orte, wo sich die Jugendlichen aufhalten. Welchen Grund gibt es, der sie eigentlich hindern sollte? Das Recht steht zunächst einmal auf ihrer Seite. Die Öffentlichkeit ist leicht beschwichtbar. Die Studenten in Frankfurt sind zum großen Teil in Ferien. Vor wem sollten sie sonst noch Angst haben? Flucht- und Evakuierungspläne tauchen auf. Eine Gruppe wird vom Plenum beauftragt, außerhalb Frankfurts Unterkünfte zu erkundschaften. Es wird mit Marburg, Gießen, Darmstadt, Wiesbaden Kontakt aufgenommen. Es fehlt nicht mehr viel und ›Plan‹ wird durchgeführt. Keiner der Jugendlichen will riskieren, in ein geschlossenes Heim zu kommen, keiner der Intellektuellen für Monate U-Haft kennenzulernen. Die Spannung, wie

der LWV sich wirklich verhalten werde, wächst von Tag zu Tag. Aus diesem Dilemma findet die Kampfgruppe nicht heraus. Denn es wird nur die Hinhaltetaktik und die Schwäche des LWV erkannt. Die eigene Schwäche, daß man immer mehr seine ganze Aktivität vom Verhalten des LWV diktieren läßt, wird vertuscht, weggewischt. Der einzig richtige Weg aus dem Dilemma, selber die Jugendlichen in ordentlichen Wohn- und Arbeitsverhältnissen unterzubringen, wird noch nicht einmal nebenbei diskutiert. So entwickelt sich aus der aktiven Seite des Widerspruchs zwischen Kampfgruppe und Behörden, aus der Kampfgruppe, die passive, bloß noch reaktive; und die vorher passiven Behörden bestimmen nun im Grunde, was gemacht wird. Hier bahnt sich der Wandel der ›Heimkampagne‹ von einem zumindest intentional sozial-revolutionären Kampf in ein auf soziale Geschenke angewiesenes und nur dadurch ermögliches Reformprojekt an.
Was sich in Rengshausen zunächst nur im Verhältnis zu den Kämpfen gegen Erziehungsheime gezeigt hat – die Unfähigkeit, unorganisiert und ohne Verbindung zu den breiten Massen der Bevölkerung mehr als Trostpflästerchen zu erreichen –, zeigt sich nun auch in Frankfurt beim Durchsetzen des legalen Aufenthaltes in der Stadt. Mitte Juli ist der legale Aufenthalt noch die Voraussetzung für politische Weiterarbeit der Jugendlichen, im September ist der legale Aufenthalt das einzige, noch erreichbare Ziel.
Anfang September gibt dann der LWV zu erkennen, daß er noch eine Menge weiterer Schwierigkeiten machen wird. Entgegen vorherigen mündlichen Zusagen, den ASTA vorübergehend als Träger zu akzeptieren, versteift er sich nun auf Formalien und lehnt ihn ab. Dabei wissen die Herren ganz genau, in welch kritischer Situation die Jugendlichen sich mittlerweile befinden. Sie sind in Gefahr, sich in größerer Anzahl zu kriminalisieren, in die Subkultur abzugleiten oder solche psychischen Schäden und Ängste zu erleiden, daß sie später ›ausfallen‹. Hier wird der unmenschliche Charakter der Fürsorge wiederum klar. Sie will nicht helfen, sondern soziale Kontrolle ausüben. Unerwünschte soziale Entwicklungen müssen irgendwie in den Griff der Fürsorge zu kriegen sein, egal ob dabei Menschen draufgehen.
Als die Kampfgruppe erfährt, daß am 8. 9. im hessischen Sozialministerium die Liga der freien Wohlfahrtsverbände konferiert, versucht sie durch eine klare Drohung mit militanten Aktionen Druck auf sie auszuüben. Die Konferenz ist die neben dem LWV angeblich entscheidende Instanz für einen positiven Beschluß zu den Kollektiven.
In einer Presseerklärung gibt das Sozialministerium bekannt, worauf sich die Liga, das LJA und der LWV geeinigt haben:

»Die Absicht des Landeswohlfahrtsverbandes Hessen und des Stadtjugendamtes Frankfurt, eine baldige Regelung der Betreuung der aus den Heimen entwichenen Jugendlichen anzustreben, ist zu begrüßen. In diesem Zusammenhang wird eine Trägerschaft des ASTA abgelehnt.«

Die Drohung ist also ohne eigentlichen Erfolg geblieben. In einem Brief des LWV zwei Tage darauf dreht jener den Spieß sogar um und droht mit der Justiz.

Allerdings hat der LWV kapiert, daß es für ihn taktisch unklug und rechtlich unnötig ist, auf dem Termin ›1. 8.‹ zu bestehen, weil er dadurch nur eine Festigung der Kampfgruppe bewirkt. Doch dieses Zugeständnis, wohl gedacht, zu beschwichtigen, kann die Kampfgruppe jetzt nicht mehr davon abhalten, Aktionen durchzuführen.

Vor Betrieben, Schulen und in der Stadt werden Flugblätter verteilt, die Presse wird informiert, und in einer Schule wird sogar im Sozialkundeunterricht mit Lehrlingsvertretern über die Kampagne diskutiert. Für den 12. September wird zu einer Protestkundgebung aufgerufen.

Die Flugblätter, die vor Betrieben verteilt werden haben eine besonders sorgfältige Argumentation.

Wir sind Lehrlinge aus Erziehungsheimen.

Unsere Eltern sind Arbeiterinnen und Arbeiter, wir gehören zur Arbeiterklasse.

Wir sind einige Tage von zu Haus abgehauen, mal eine Weile nicht zur Arbeit gegangen, wenige von uns haben auch Automaten und Autos geknackt. Wenn dann noch nur ein Elternteil da ist oder beide arbeiten müssen, so reicht das aus, das Jugendamt stuft uns als ›verwahrlost‹ ein und weist uns in ein Heim ein.

Es ist nichts Ungewöhnliches, daß junge Arbeiter und Lehrlinge davonlaufen, weil sie von Unterdrückung und Ausbeutung die Schnauze voll haben. Wir sind keine Verbrecher und wollen auch keine werden.

Die Heime unterstehen dem Landeswohlfahrtsverband (LWV). Kapitalisten geben Produktionsaufträge an die Heime. Um die Aufträge zu erfüllen, werden wir kurz angelernt und haben dann wie ein Geselle zu arbeiten, dafür bekommen wir keinen Lohn. Wir erhalten 2 bis 3 DM Taschengeld die Woche, den Rest streicht der LWV ein.

Außerdem bekommt der LWV noch Steuergelder und Geld von unseren Eltern. Damit finanziert der LWV einen Apparat, der eingesetzt wird, uns als unterste Schicht der Arbeiterklasse zu erhalten.

Das alles sind Gründe genug, um abzuhauen. Diesmal haben wir es organisiert getan. Wir sind jetzt 45, die illegal in Frank-

furt leben. Wir wollen hier leben und arbeiten wie ihr auch. Deshalb fordern wir Wohnkollektive.
Der LWV hat aus Angst, wir würden die Heime leer machen, die Einrichtung von Wohnkollektiven versprochen. Das schrieben auch die Zeitungen.
Der LWV stellt zur Bedingung, daß wir vorerst die Erziehungsheimaktionen einstellen. Wir haben uns darauf eingelassen.
Der LWV will Arbeitspapiere erst rausrücken und die Fahndung aufheben, wenn die Wohnkollektive eingerichtet sind.
Der LWV hat gezeigt, daß er die Wohnkollektive nicht *will. Er verhindert sie mit folgenden Mitteln:*
Spalterpolitik:
Die Wohnkollektive sollen für einige von uns eingerichtet werden, die anderen sollen in die Heime zurück.
Hinhaltepolitik:
Der LWV läßt Wohnungen beschaffen, schickt Abgesandte zur Besichtigung und verschiebt die Zusage von Woche zu Woche, indem er immer wieder von noch abzuwartenden »entscheidenden Sitzungen« redet. Dies Spiel treibt er seit 8 Wochen.
Zuckerbrot- und Peitsche-Politik:
Abwechselnd werden Gerüchte ausgestreut über Verschärfung der Fahndung, Ruhen der Fahndung und Aufhebung der Fahndung.
Mit all dem will der LWV nur erreichen, daß wir aus Angst uns ruhig verhalten, zermürbt und ausgehungert werden, daß einzelne von uns aus Geldmangel kriminell werden, damit er uns verleumden kann.
Dann, nach den Wahlen, will er uns in die Heime zurückverfrachten.
Spaltung, Hinhalten und Zuckerbrot und Peitsche, das sind die Methoden der Ausbeuter und ihrer Lakaien gegenüber der Arbeiterklasse schon immer gewesen!
Die Ausbeuter wenden diese Spalterpolitik überall an:
Sie trennen Angestellte von Arbeitern,
untereinander Vorarbeiter, Facharbeiter, Hilfsarbeiter und Lehrlinge, Lehrlinge ›in Freiheit‹ und Lehrlinge in Erziehungsheimen.
Sie spalten die Arbeiterklasse in Schichten. Sie spielen die Schichten gegeneinander aus. Sie wollen damit verhindern, daß die Arbeiterklasse vereint die Ausbeuterklasse bekämpft, um die Ausbeutung abzuschaffen. Die Ausbeuter fürchten nichts mehr, als die Einheit der Arbeiter.
Der LWV hat bewiesen, daß er ein Instrument der Ausbeuterklasse ist. Der LWV ist mit den herrschenden Parteien eng verfilzt, deshalb fürchtet er die Solidarität verschiedener Teile der Arbeiterklasse besonders im Wahlkampfklima.
Wir rufen Euch zu einer Solidaritätskundgebung auf:

Freitag, den 12. 9. 1969 um 19.30, Opernplatz
Es lebe die Einheit der Lehrlinge! Es lebe die Einheit der Arbeiterklasse!
Kampfgruppe ehemaliger Erziehungsheiminsassen.

Das Flugblatt ordnet die aktuellen Forderungen dieser proletarischen Jugendlichen ein in den allgemeinen politischen Zusammenhang zwischen der Solidarität der Arbeiterklasse und der Politik der Ausbeuter. Und dieses Flugblatt nennt seit Beginn der Kampagne zum ersten Male das Hauptproblem der Jugendlichen: ihre Isolation von der Arbeiterklasse. – Der Widerhall der Opernplatz-Aktion in Presse und Funk ist groß.
Es ist verständlich, daß so kurz vor den Bundestagswahlen die ›Reformer‹ in der SPD Hessen solche Kritik an der Sozialpolitik nicht hinnehmen wollen. Allein daher ist wohl zu erklären, daß sich nun der Frankfurter ›Verein für Arbeits- und Erziehungshilfe‹, bereit erklärt, Träger der Kollektive zu werden. Dahinter steckt natürlich das Interesse von Faller, der der geschäftsführende Vorsitzende des Vereines ist, sich als Reformer präsentieren zu können. Aber in Wirklichkeit sind in dem Verein reaktionäre Politiker stark tonangebend. Gegründet worden ist er von dem heutigen CDU-Vorsitzenden in Frankfurt, Stadtrat Gerhard, im Jahre 1933. Dieser Mann ist auch der Vorsitzende heute. Stark mischt ebenfalls der stellvertretende Jugendamtsleiter, CDU-Mann Schneider, mit. Nach außen hin liberale Reform, im Inneren gesicherte reaktionäre Entwicklung, so ist der Verein zu charakterisieren.
Es ist auch bemerkenswert, daß der geschäftsführende Vorsitzende, Jugendamtsleiter Faller, monatelang Verhandlungen führen kann, in denen ein gemeinnütziger Verein der Jugendhilfe diskutiert wird, und ihm dabei nie einfällt, daß es vielleicht so einen Verein in Frankfurt schon geben könnte. Das hätte ja vielleicht die Zeit der Illegalität der Jugendlichen wesentlich verkürzen können! Nein, ihm ›fällt‹ das kurz vor den Bundestagswahlen ein.
Die Kampfgruppe ist nun wieder in einem Dilemma. Soll sie den Verein akzeptieren oder nicht? Eine fertige Satzung für einen gemeinnützigen Verein ›Dem Volke dienen‹ liegt in der Schublade. Doch bis der Verein arbeiten kann, müssen noch Monate vergehen, Eintragung und Anerkennung brauchen Zeit. Aber alles drängt auf eine sofortige Lösung der unerträglichen Situation.
So wird der Verein akzeptiert. Am 23. September beschließt der Vorstand des Vereins endgültig, Träger der Kollektive zu werden. Am 27. September überträgt der LWV ihm die Aufgabe.

Damit, daß der Verein nun offizieller Träger der Kollektive ist, gibt es aber immer noch keine Kollektive! Denn nun fängt Faller erst an, Wohnungen zu suchen. Bis daher endlich die ersten in eine Kollektivwohnung einziehen können, ist es 15. Oktober! Das vierte und letzte Kollektiv zieht am 1. November ein.
Doch was ist inzwischen aus den Jugendlichen der Kampfgruppe geworden? Seit Anfang August warten sie nun schon auf die Kollektive. Das Stimmungsbarometer steigt den einen Tag himmelhochjauchzend, weil wieder eine vage Zusage erfolgt ist, und fällt am darauffolgenden Tag wieder zu Tode betrübt, weil die Zusage wieder gebrochen oder eingeschränkt wird.
Die Jugendlichen erfahren bitter, was Liberale sind: Leute (in Institutionen), die gerne etwas ändern möchten, dies halbherzig äußern und nie kämpferisch durchsetzen, stets schwanken sie zwischen Kritik an bestehender Unterdrückung und der Angst, offen gegen die Unterdrücker aufzutreten. Immer sind sie bereit, den Unterdrückten in den Rücken zu fallen, wenn es opportun ist. Aktivität entfalten sie sowieso nur, wenn sie von unten unter Druck gesetzt werden, wenn man sie an ihre Versprechungen erinnert. Außerdem spüren die Jugendlichen am eigenen Leib, was es heißt, liberalen Leuten in den Institutionen ausgeliefert und ansonsten isoliert zu sein, ohne Rückendeckung durch die Massen. Man gerät immer wieder in das Verhalten eines Bettlers, eines Sozialhilfeempfängers. Man ist auf den guten Willen der Sozialbürokratie angewiesen.
Diese drei Monate Angst von August bis November gehen daher nicht spurlos an den Jugendlichen vorüber. Die schlechte Politik der führenden Intellektuellen fordert ihre Opfer: ungefähr ein Drittel der 49 Jugendlichen, die auf dem Plenum vom 22. August anwesend gewesen sind, befindet sich nicht mehr bei der Kampfgruppe. Sie halten den Streß nicht aus, verlassen Frankfurt freiwillig oder unfreiwillig. Bei denjenigen, die in der Frankfurter Kampfgruppe bleiben, sieht es auch kritisch aus. Das Aufgeben der politischen Aktivitäten an den Heimen verstärkt ihre schon bestehende Isolation; jetzt sind sie auch noch abgetrennt von ihren ehemaligen Schicksalsgenossen, denen sie geschworen haben, auch sie rauszuholen. Durch den Verlust der politischen Arbeit an den Heimen verlieren sie auch ein Stück neu gewonnener Identität, ein Stück Selbstbewußtsein, verlieren sie Ziel und Antrieb für Disziplin und politische Aktivität. Die Kampfgruppe zerfällt in diesen Monaten immer mehr. Persönliche, kleinliche Auseinandersetzungen häufen sich; daran lassen viele ihre überschüssige Aktivität ab und befreien sich auch von Aggressionen. Die Solidarität unter den Jugendlichen bekommt Brüche. Einige wenige fliehen dem Druck durch Dro-

geneinnahme (Hasch und LSD). Zum Glück steigert sich das nicht, sondern schwillt mal an und dann wieder ab. Doch die Einstellung zu Drogen wird wieder liberal.

Einige Intellektuelle verstärken diese Ausfallserscheinungen. Wenn die Jugendlichen einen ›Moralischen‹ haben, fordern sie sie auf, in den Kindheitserlebnissen usw. herumzukramen. ›Psychische Probleme‹ wird schnell zu einem herumgeisternden Schlagwort und zu einer Entschuldigung für Realitätsflucht und Undiszipliniertheit. Jetzt beginnen die Überreste der studentischen Freiraum-, Selbstbefreiungs- und Kommuneideologien bei den Jugendlichen Fuß zu fassen. Sie erreichen ihr Aktivitätsoptimum nun durch Tagträumen, Wunschdenken. Einige wollen z. B. später bzw. sofort nach dem Einzug mit Musik ihren Lebensunterhalt verdienen, sprich: durch ähnlich kleinbürgerliche Arbeit leben wie die Intellektuellen, die sie kennen. Nur kann keiner von ihnen ein Instrument spielen!

Auch tauchen jetzt wieder für überwunden gehaltene Marotten der Jugendlichen auf. Sinnlose Zerstörungswut, Prostitution, Reisepläne und sonstige unbefriedigte Abenteuerwünsche. Keiner der Jugendlichen arbeitet inzwischen mehr. Kein Genosse kümmert sich um Jobs. Da Anfang September vorübergehend für die SPD Flugblätter gegen Entgelt verteilt werden, können sich die Jugendlichen einigermaßen ernähren. Es ist bezeichnend: statt ordentlich zu arbeiten, werden antikommunistische Flugblätter verteilt! Ende September beginnt dann der Verein die früher üblichen fünf Mark auszuzahlen.

Die Ursachen für die Krise sind (wie schon vorher in anderen Zusammenhängen klar geworden ist):

1. Das Übergehen des Hauptproblems der Jugendlichen: sich an bestimmte Notwendigkeiten anzupassen und sich damit grundsätzlich wieder ins Jungproletariat einzugliedern, also insbesondere das Problem der Lohnarbeit. Das bedeutet: die Kampf-Gruppe leistet genauso wenig wie die früheren Familienverhältnisse klassenbewußte Anpassung.

2. Der Kompromiß zwischen Institutionen und Kampfgruppe wird von der Kampfgruppe politisch nicht bewältigt. Im Laufe der Wochen ›zahlt‹ die Kampfgruppe immer mehr ›drauf‹ und kriegt zwei Monate lang die Gegenleistung nicht. Die zu Anfang sinnvolle und gute Verhandlungspolitik wandelt sich zu im Grunde recht hilflosen Protesten enttäuschter Sozial-Rentner.

3. Die Aufgabe der aktiven Heimkampagne bewirkt für die Jugendlichen stärker als erwartet Rückschläge in der Persönlichkeitsentwicklung. Die im Kampf mit ihren konkreten Unterdrückern gewonnene Selbstbehauptung, die Stärkung des Selbstvertrauens, das politische Begreifen ihres persönlichen Schicksals usw. verwelken wie nicht mehr begossene Blumen.

Zumindest eine starke aktive Überleitung der politischen Identität auf eine andere Praxis bleibt aus. Zwar wird ab August von einer Gruppe von Intellektuellen ›Betriebsarbeit‹ als politische Aufgabe (und als Grund, arbeiten zu gehen) für sich und die Jugendlichen propagiert. Doch erfolgt das abstrakt. Weder gehen die Propagandisten zu diesem Zeitpunkt arbeiten und werden damit zu ›neuen politischen Vorbildern‹, noch machen sie ernsthafte Anstrengungen, die Jugendlichen mit jungen Proletariern zusammenzubringen, die wiederum diese Identität vermitteln könnten.
Die Kollektive sind somit bis Ende Oktober verwirklicht, doch wieviel Opfer hat das gekostet . . .

4. Die Alternative: Politische Kollektive

Einzug und Einrichtung

Der Verein Arbeits- und Erziehungshilfe e. V. des Jugendamts Frankfurt übernimmt am 27. September 1969 32 Jugendliche, dies sind jene Jugendlichen, die dem Landeswohlfahrtsverband am 29. August in einer Liste als Mitglieder der Kampfgruppe benannt worden sind.
Da in der Zwischenzeit immer noch Jugendliche nach Frankfurt zur Kampfgruppe gekommen sind, muß noch ein weiteres Kollektiv aufgebaut und ein weiterer Träger gefunden werden. Der Verein darf nur vier Kollektive mit den angegebenen 32 Jugendlichen tragen. Nach langen Diskussionen und Verhandlungen mit dem Evangelischen Volksdienst in Frankfurt erklärt dieser sich bereit, für weitere 12 Jugendliche ebenfalls ein Kollektiv einzurichten. Der LWV stimmt nach langem Zögern ebenfalls zu.
Das Hauptziel der Kampfgruppe ist damit zunächst zumindest erreicht, die Jugendlichen können legal in Frankfurt leben. Sie erhalten Ausweise vom Verein, brauchen sich somit nicht mehr vor jedem Polizisten zu verstecken und können sich in Kollektive aufteilen. Sie geben sich eine eigene Satzung, die ein organisatorisches Gerüst für die weitere politische Zusammenarbeit der Kollektive abgibt.

Satzung

Erklärung: *Wir, die wir aus Erziehungsheimen abgehauen sind, und jetzt in Frankfurt in Lehrlingskollektiven wohnen, geben uns folgende Satzung, die die Vertretung unserer Interessen nach innen und außen regelt.*

1. Das Plenum
Das Plenum ist die Versammlung aller Lehrlingskollektive und der in der Gruppe mitarbeitenden Genossen. Es tagt einmal wöchentlich. Es bespricht alle für die Kollektive notwendigen Fragen. Es kontrolliert die Arbeit des Kollektivrates (KR) und verändert seine Beschlüsse, wenn nötig. Abstimmungen werden mit einfacher Mehrheit gefaßt, bei Revidierung der Beschlüsse des KR mit 2/3-Mehrheit.

2. Die Kollektivsitzung
In den Kollektiven finden mindestens einmal wöchentlich Sit-

zungen statt, bei denen alle das einzelne Kollektiv und die gesamte Organisation betreffenden Fragen diskutiert werden. Sie bespricht insbesondere die Ergebnisse der vergangenen KR-Sitzungen und des Plenums und bereitet die folgenden Sitzungen vor. Von den Sitzungen wird ein Protokoll angefertigt. Sie wählt zwei ständige Vertreter in den KR, die jederzeit nach den Prinzipien von Kritik und Selbstkritik abwählbar sind. Beschlüsse werden mit 2/3-Mehrheit der bei der Sitzung anwesenden Kollektivmitglieder gefaßt.

3. Der Kollektivrat
Der KR ist die Vertretung der Lehrlinge nach innen und außen. Er tritt zweimal wöchentlich zusammen. In Drucksituationen kann er kurzfristig einberufen werden und Entscheidungen fällen. Er hat folgende Aufgaben:
a) das Plenum und alle anfallenden Diskussionen vorzubereiten,
b) für längerfristige Aufgaben bildet er Arbeitsgruppen. Ständige Gruppen sind:
1. Verhandlungsgruppe, sie übernimmt alle Kontakte mit den Institutionen;
2. Finanzen, das sind die Verwaltung und Erlangung gemeinsamer Geld- und Produktionsmittel;
3. Presse;
4. Materialsammlung, d. h. Sammeln der Protokolle der Plenen, der KR-Sitzungen, Kollektivsitzungen, Verhandlungen, Presseberichte und sonstige für die Arbeit wichtige Unterlagen;
5. weitere Gruppen werden nach Bedarf gebildet.
c) Vermittler zwischen den einzelnen Kollektiven und deren jeweiligen Problemen zu sein.
Ein KR-Mitglied ist jederzeit nach den Prinzipien von Kritik und Selbstkritik abwählbar von seinem Kollektiv oder dem Plenum, wenn das betreffende Kollektiv arbeitsunfähig ist.
Der KR ist beschlußfähig, wenn mind. 2/3 der Mitglieder anwesend sind, er beschließt mit einfacher Mehrheit.

Diese Satzung wurde einstimmig vom KR und Plenum am 16. 11. bzw. 17. 11. 1969 beschlossen, sie ist mit 2/3-Mehrheit des KR änderbar.

Unter den Jugendlichen werden nun Diskussionen über die Zusammensetzung der Kollektive geführt. Welche sollen zusammenziehen und welche nicht? Die aktiveren wollen bis auf wenige Ausnahmen zusammenwohnen, weil sie sich so zunächst einmal politisch stärken können, ohne sich in ständigen Auseinandersetzungen mit den passiveren kaputt zu machen. Trotz einiger Bedenken wird das auch so gemacht. Die Schwankenden

und Schwächeren schließen sich in zwei anderen Kollektiven zusammen. Für das vierte Kollektiv des Vereins bleiben zum Schluß die Jugendlichen übrig, die entweder völlig passiv an der Kampagne teilgenommen haben oder drogenanfällig geworden sind. Dies sind im Grunde Jugendliche, die von den anderen nicht ganz akzeptiert werden oder sich selber nicht mehr zur Einheit der Fürsorgezöglinge zählen.
Am 15. November ist es endlich soweit. Die erste von vier Wohnungen kann bezogen werden. Als erstes zieht ein Kollektiv daher nach Höchst in ein Arbeiterviertel, womit die objektive Isolation wenigstens im Wohnbereich schon aufgehoben ist. Die anderen Kollektive dagegen ziehen in den darauf folgenden Wochen in Wohnungen ein, die mehr in bürgerlichen und kleinbürgerlichen Gegenden liegen, so z. B. in zwei Abbruchwohnungen des Frankfurter Westends. Insgesamt wohnen sogar drei Kollektive in Abbruchhäusern.
Der Verein stellt für die Wohnungseinrichtungen ca. 6000 bis 8000 DM pro Kollektiv zur Verfügung. Da die Wohnungen aber recht große Zimmer haben, stehen in einem Raum gerade zwei Betten, ein Tisch, zwei Stühle; an den Fenstern hängen billige Vorhänge. Ein Schrank steht im Gang. Die Küche ist der einzige gebrauchsfertig eingerichtete Raum. Die Wohnungen sehen daher noch nach mehreren Wochen uneingerichtet und unwohnlich aus. Die Jugendlichen identifizieren sich nicht mit der Wohnung; sie betrachten die Gegenstände nicht als ihr Eigentum, haben keinen rechten Bezug zu ihnen, gehen daher auch nicht pfleglich mit ihnen um.
In einigen Wohnungen müssen die Jugendlichen diese erst einmal renovieren, daher geht bei ihnen die Einrichtung sehr schleppend voran. Auch läßt sich der Verein viel Zeit mit der Finanzierung, so daß einige Kollektivberater Geld monatelang vorstrecken müssen, um die Wohnungen wenigstens einigermaßen einzurichten.
Ungünstig wirkt sich auch aus, daß nur wenige sich aktiv um die Einrichtung kümmern. Die anderen kümmern sich wohl auch deshalb nicht, weil sie eigentlich immer von einem eigenen Reich, einem eigenen Zimmer träumten und jetzt doch mit zwei oder drei anderen zusammen ein Zimmer teilen müssen.
So haben die Jugendlichen nun zwar endlich eigene Wohnungen, doch fühlt sich kaum einer von ihnen in der Wohnung zu Hause. Sie fühlen sich mehr an die Gruppen im Heim erinnert, wo sie ja auch nicht ihren Privatbereich hatten, wo sie sich auch nicht zurückziehen konnten.
Die äußeren Lebensbedingungen bleiben somit für die Jugendlichen weiter ungünstig.

Die Arbeit

Persönliche Schwierigkeiten zeigen sich sehr stark bei der Wiedereingliederung in einen geregelten Arbeitsprozeß. Zwar sind die Jugendlichen seit Mitte Oktober aus ihren Heimen offiziell abgemeldet, ihre Papiere (Personalausweis, Steuerkarte, Rentenversicherungskarte, Lehrverträge etc.) und ihre privaten Kleider und sonstigen Sachen sind noch nicht in Frankfurt. Teilweise bekommen die Jugendlichen sie erst Monate später, Anfang 1970! Dies erschwert die Arbeitssuche erheblich.
Hinzu kommt, daß während der Kampagne Faller und auch der hessische SPD-Bundestagsabgeordnete Hans Matthöfer immer wieder versprochen haben, sie könnten Lehrstellen mit Leichtigkeit besorgen. Doch als es jetzt konkret daran geht, diese Versprechungen einzulösen, geschieht nichts. Die Jugendlichen werden drei Monate hingehalten.
Als dann die objektiven Bedingungen für die Jugendlichen geschaffen sind, um arbeiten zu gehen, macht sich jedoch jetzt stark die vier bis sechs Monate lange Zeit ohne Arbeit bemerkbar. Ein großer Teil der Jugendlichen hat sich mit dem Leben der Studenten identifiziert und will nun auf die höhere Schule gehen, aber nicht, um ernsthaft etwas zu lernen, sondern um sich vor der körperlichen Arbeit zu drücken und um Student zu werden. Andere sind sich gar nicht klar darüber, was sie lernen wollen und ob sie lernen sollen oder einfach als Ungelernte arbeiten gehen sollen. Ein kleiner Teil sieht überhaupt nicht mehr ein, warum er überhaupt arbeiten gehen soll. Sie meinen, solange die Fürsorge Geld gebe und etwas zum Essen und Trinken da sei, sei man blöd, wenn man arbeiten ginge. Man würde am Arbeitsplatz ja sowieso ausgebeutet.
An diesem Verhalten der Jugendlichen wird klar, daß die Studenten darin versagt haben, ihnen wirklich die Beziehungen von Lohnarbeit und Kapital auch praktisch zu vermitteln. Sicher, sie haben Schulung betrieben, die Notwendigkeiten abstrakt vorgetragen. Doch solange die Studenten sich nicht selber diesen Notwendigkeiten unterwerfen, nehmen die Jugendlichen das Gerede nicht gar sehr ernst. Denn irgendwie kann man es doch schaffen, ohne zu arbeiten Geld zu haben. Die Studenten sind ja ein permanentes Beispiel dafür.
Selbst in nächtelangen Diskussionen darüber, daß die Studenten aus einer anderen Klasse kommen und deshalb sich mehr leisten können, wird dann nur einigen klar, daß sie ihrer Klassenlage als proletarische Jugendliche nicht entfliehen können. Diese gehen dann auch zur Berufsberatung, lassen sich Stellen vermitteln. Aber bei den Berufsberatern tritt dann wieder eine ganze Reihe antiautoritär auf — mit ›linken‹ Parolen wie: »Was

ich arbeiten möchte? – Ich will gar nichts arbeiten. Ich werde ja doch nur ausgebeutet! – Aber ich muß arbeiten!« –, sie pöbeln die Berufsberater an und bekommen prompt die letzten Jobs und Lehrstellen empfohlen und zugewiesen. Die Berufsberater sind ja schließlich nicht daran interessiert, den Jugendlichen einen vernünftigen Beruf zu vermitteln, sondern sie wollen es sich nicht mit den Firmen verderben, denen sie Arbeitskräfte vermitteln.
Auch bei der Vermittlung für die Berufsfachschule treten einige so auf. Ein Jugendlicher erklärt dem zuständigen Schuldezernenten, der eine Schule vermitteln soll, er wolle dort ja gar nicht lernen, sondern eine Schülerrevolution aufziehen. Außerdem sei er schon in der Volksschule in der 7. Klasse geflogen, weil er seinem Lehrer einen Tritt in den Arsch gegeben habe. Der Junge kommt natürlich in keine Schule.
Wieder andere Jugendliche gehen zur Arbeit, kommen aber nach dem ersten Tag mit der Bemerkung zurück, der Chef wolle sie nicht haben, weil sie aus einem Erziehungsheim kämen. Später stellt sich dann heraus, daß dem Chef ins Gesicht gesagt worden ist, er sei ein fettes Kapitalistenschwein, das nur die Arbeiter ausbeutet, um sich seinen Mercedes und seine Villa zu leisten.
Trotz allem schafft es doch eine ganze Reihe von Jugendlichen. Sie gewöhnen sich sogar relativ schnell wieder an den Arbeitsrhythmus. Doch eine neue Schwierigkeit taucht auf. Wer abends müde von der Arbeit nach Hause kommt und sieht, wie die anderen den ganzen Tag nur rumliegen und noch nicht einmal die Wohnung sauber halten, ist verständlicherweise schnell sauer. Außerdem hänseln die Faulenzer den Arbeitenden noch, er sei ja ganz schön blöd, arbeiten zu gehen. Sie aber leben z. T. vom Geld derjenigen, die arbeiten gehen, und sind eigentlich froh darüber, daß einer zusätzlich Geld verdient. Denn vom Jugendamt bekommen sie nur das Nötigste, kein Taschengeld oder Kleidergeld. Die Faulenzer machen dann auch noch die Nacht zum Tag und den Tag zur Nacht, lärmen nachts und hören Musik.
So entstehen in den Kollektiven jeweils zwei Lager mit verschiedenen Interessen und verschiedenem Lebensrhythmus. Die einen wollen arbeiten gehen und ihren Lebensunterhalt selber verdienen, deshalb brauchen sie eine saubere Wohnung, nachts Ruhe, um sich von der Arbeit ausruhen zu können, sich regenerieren zu können. Sie wollen nicht von ihrem Geld auch noch die unterstützen, die den ganzen Tag nur faul rumliegen. Sie sind aber auch hundemüde, wenn sie abends nach Hause kommen, und haben daher keine große Lust, lange Auseinandersetzungen zu führen. Sie greifen ›zur Entspannung‹ recht leicht zum Alkohol und lassen ihre Aggressionen an den Faulenzern aus.

Da es meist auch gerade die körperlich Stärkeren sind, versuchen sie mit Schlägen die anderen zur Arbeit zu zwingen. »Da hilft nur noch Gewalt«, meinen sie. Es kommt sogar so weit, daß sie in das Subkulturkollektiv eindringen und das Mobiliar zerstören und wild auf jeden dreinschlagen, der dort ist. Die Folge ist, daß sich die Fronten verhärten, zum Schluß sogar einzelne Kollektive auseinanderfallen, sich gegenseitig Verstärkung holen. Die einen bei Rockern, die anderen bei Dealern. Als Folge werden zwei Wohnungen fast völlig zerstört, eine brennt sogar ab.
Das andere Lager sieht weiterhin die Notwendigkeit, arbeiten zu gehen, nicht ein. Diese Jugendlichen wollen ›frei‹ sein und erfüllen sich diesen ›Wunsch‹, indem sie in der Wohnung herumliegen, wissen nicht, was sie mit der ganzen Zeit anfangen sollen, laden sich Gäste zur Unterhaltung ein, treiben sich in Haschlokalen rum, greifen zu Drogen, um dort die wahre Freiheit zu finden. Um dann auch irgendwie zu Geld zu kommen, fangen einige sogar an, auch zu dealen, also Haschhändler zu werden. In Wirklichkeit sind sie keineswegs mit ihrer Lage zufrieden, aber sie wollen sich nicht helfen lassen und wissen selber nicht, wie aus dem Sumpf rauszukommen ist. Sie werden auch durch Hasch und Drogen passiv und lassen manches über sich ergehen.
In der Zeit von Oktober 1969 bis März 1970 gibt es allerdings einige Male für kurze Zeit die Situation, daß alle, die noch in den Kollektiven wohnen, arbeiten gehen. Es sind aber jedesmal kaum mehr als ein bis zwei Wochen.
Daran wird der größte Fehler der Heimkampagne deutlich: auch die Heimkampagne hat das Problem der Lohnarbeit nur sehr unvollkommen lösen können. Für einige Jugendliche hat sie dies Problem sogar verschärft. Die Ursache ist mit darin zu sehen, daß die antiautoritären Phrasen, die gegen die beschissene Arbeitssituation im Kapitalismus gerichtet sind, immer mehr zur Ausrede benutzt werden, überhaupt arbeiten zu gehen. Ein Teil der Intellektuellen fördert diese ›Anwendung‹ antikapitalistischen Vokabulars. Sie haben schon vom Beginn der Kampagne an versucht, zu verhindern, daß die Jugendlichen ihren Lebensunterhalt sich selber durch Gelegenheitsarbeit verdienen, weil das wegen der Illegalität Gefahren mit sich bringe und die Jugendlichen bei der Kampagne als Aktive gebraucht würden. Später heißt das Argument dann: sie litten unter Heimschäden und daher auch unter Arbeitsschwierigkeiten. Alle diese Argumente dienen einzig dem Zweck, das Herumgammeln zu entschuldigen.
Die Kollektivberater, also die Studenten, die mit den Jugendlichen zusammen im Kollektiv wohnen und ihnen solidarisch helfen wollen, stehen diesen Problemen fast machtlos gegenüber.

Einige versuchen die Probleme zu vertuschen, andere dreschen Phrasen. Obwohl einige Kollektivberater mit den Jugendlichen zusammen arbeiten gehen, hilft dieses Beispiel – weil Monate zu spät – kaum.

Der ›Verein für Arbeits- und Erziehungshilfe e. V.‹

Der Verein des Frankfurter Stadtjugendamtes hat von Anfang an eine widersprüchliche Einstellung zu den Jugendlichen und den Kollektiven. Zum einen stützt er sie, indem er ihnen Wohnungen verschafft, die dringendste Einrichtung bezahlt, während des Übergangs auch für ihren Lebensunterhalt sorgt und ihren legalen Aufenthalt ermöglicht. Doch dabei geht es dem Verein und dem Jugendamt nicht eigentlich um die Jugendlichen und nicht darum, ihnen zu ermöglichen, ihre Anpassungsprobleme richtig, d. h. klassenbewußt zu lösen. Vielmehr hat der Verein die Aufgabe, die Kampfgruppe zu befrieden, zu verhindern, daß sie weiter ein politisches Zentrum im Kampf gegen staatliche Unterdrückungsinstitutionen, wie z. B. die Fürsorge, darstellt. Der Sozialausschuß des Landeswohlfahrtsverbandes verpflichtet z. B. den Verein und der Verein seine beiden Sozialarbeiter, zu verhindern, daß weiter Jugendliche an Aktionen gegen die Heime beteiligt sind. Ein Beispiel:

»Verein Arbeits- und Erziehungshilfe e. V., Frankfurt, 30. 10. 1969, an die Sozialarbeiter der Wohngruppen:
Betr.: Sitzung des Sozialausschusses des Landeswohlfahrtsverbandes am 23. Oktober 1969
Zu der Sitzung [. . .] wurde ich als Gast hinzugezogen.
Dabei sind mir folgende für unsere Arbeit wichtige Beschlüsse mitgeteilt worden: [. . .]
[. . .] 2. Zustimmung des Landeswohlfahrtsverbandes zum Verbleib der Jugendlichen in den Wohngruppen.
Die Zustimmung [. . .] wird für jeden einzelnen von ihm betreuten Jugendlichen erfolgen. Grundlage dafür soll die Eignung des Jugendlichen für die Arbeit in den Wohngruppen sein. Diese Eignung wird u. a. dann abgesprochen, wenn Jugendliche sich an Aktionen gegen Heime des Landeswohlfahrtsverbandes oder anderer Träger beteiligen. Es erscheint notwendig, die Jugendlichen in geeigneter Weise von dieser Haltung des Landeswohlfahrtsverbandes zu unterrichten. Dabei bitte ich dafür besorgt zu sein, daß der Aufbau der Wohngruppen nicht durch evtl. Aktionen gefährdet wird.
3. Neueinweisungen.
[. . .] Jugendliche, die aus Heimen entwichen sind und sich

hier melden, können nicht aufgenommen werden. Ich bitte Sie deshalb dringend, diese Jugendlichen mit Nachdruck zur Rückkehr in das Heim bzw. zur Vorsprache bei dem zuständigen Jugendamt oder bei ihren Eltern zu bewegen. [...] Faller.«

Von den Kollektivberatern verlangt der Verein, daß sie eine Erklärung unterzeichnen, in der sie sich verpflichten, »über alle dienstlichen Vorgänge und schriftlichen Unterlagen, die mir beim Verein Arbeits- und Erziehungshilfe e. V. bekannt werden, jetzt und in Zukunft gegenüber Dritten unbedingtes Stillschweigen zu bewahren [...]«

Die Berater lehnen dies natürlich ab. Doch immer wieder versucht der Verein, sie zu disziplinieren. So z. B. in einem persönlichen Brief an einen Kollektivberater, der angeblich ein Heim als offizieller ›pädagogischer Leiter einer Wohngruppe‹ besucht haben soll: »[...] Aus gegebenem Anlaß möchte ich Sie bitten, künftig Ihre Funktion des Vereines [...] nicht mehr für derartige Vorhaben zu verwenden. Der Verein [...] stimmt in der Mehrheit seiner Mitglieder mit Ihnen überein, daß eine Reform der Heimerziehung dringend notwendig ist. Er sieht aber die Wohngruppen nicht als Basis für Aktionen in den Heimen an, sondern als ein Experiment, das durch sein Gelingen zu der angestrebten Reform sehr viel beitragen kann. [...] Faller.«

Auch die beiden Sozialarbeiter des Vereins haben eine zwiespältige Stellung zu den Jugendlichen und dem Projekt. Auf der einen Seite wollen sie ehrlich an einem Reformprojekt mitwirken und den Jugendlichen helfen. Zum anderen sind sie aber als Angestellte an die Weisungen des Vereins und auch an reaktionäre gesetzliche Vorschriften gebunden, treten den Jugendlichen daher als Vertreter der Sozialbürokratie gegenüber. Hinzu kommt, daß sie nicht wie die Kollektivberater mit den Jugendlichen zusammen leben und wohnen, sondern in ihrem Büro sitzen und nur ›offizielle Besuche‹ machen.

Dieser widersprüchliche Standpunkt des Vereins wirkt sich bald auf das Projekt aus. Nachdem im November die Eingliederung in eine geregelte Arbeit oder schulische Ausbildung bei vielen Jugendlichen mißlingt, sperrt der Verein für Dezember die laufende finanzielle Unterstützung für diese Jugendlichen. Sie erhalten weder Verpflegungsgeld noch Geld für körperliche Hygiene, von Taschengeld ganz zu schweigen. Der Verein versucht damit, die Jugendlichen unter Druck zu setzen. Dieses Vorgehen ist sogar noch brutaler als das in den Heimen. Dort bekommen selbst Jugendliche, die die Arbeit verweigern, noch etwas zu essen!

Die Folge (und wohl auch der Zweck) ist, daß die Jugendlichen sich untereinander nun des Geldes wegen streiten. Denn für alle ist jetzt weniger Geld da, wenn es auf alle aufgeteilt wird. Oder einige haben nichts mehr zu essen. In einem der Kollektive führen tatsächlich diese Spannungen dazu, daß etwa die Hälfte der Jugendlichen im Dezember aus dem Kollektiv abhaut. Die schon vorher vorhandenen Spannungen unter den Jugendlichen werden somit verschärft und nicht gelöst.

Als im Januar 1970 ein Plenum mit allen Jugendlichen veranstaltet wird, auf dem die Lage der Kollektive analysiert und Lösungsversuche diskutiert werden, sperrt sich Jugendamtsleiter Faller gegen die einzig richtige Lösung, die Gruppen zu verkleinern und zusätzliche kleinere Wohnungen anzumieten. Die Jugendlichen protestieren daraufhin und verfassen eine Erklärung:

»Zur Lage in den Kollektiven — 19. 1. 70.

Nach viermonatigem Bestehen der Kollektive hat sich gezeigt, daß sie immer noch zu groß sind, d. h. daß die Zahl von acht Jugendlichen in einem Kollektiv zu hoch ist, um ein ›geregeltes‹ Zusammenleben zu garantieren. Im Laufe der vier Monate haben sich verschiedene Kerngruppen von 3—4 Mann gebildet, die bereit sind, mit ein bis zwei später hinzukommenden Neuen ein Kollektiv zu bilden. Um dieses aber verwirklichen zu können, benötigen wir, statt der bisherigen Zahl von vier, sechs Kollektivwohnungen. Aus diesem Grunde fand letzten Montag ein Plenum mit allen Lehrlingen, Kollektivberatern, Sozialarbeitern, Faller, Mollenhauer und Moser statt, auf der wir die Forderung nach sechs Kollektiven aus den obengenannten Gründen stellten. Die Antwort war ein klares Nein. Da nur noch 20 heimbefreite Genossen in den Kollektiven z. Z. wohnen, stellte sich Faller einfach hin, teilte 20 durch fünf und bekam vier Wohnungen heraus. Er will nicht einsehen, warum die Kollektive mit noch kleineren Gruppen neu anfangen müssen. [. . .] Nachdem sich einige Genossen von uns über solche Begriffsstutzigkeit aufregten, bezeichnete Mollenhauer das als ›letzte Reste der Augustphase 1969‹. Damit wollten die Bürokraten wohl andeuten, daß die Zeiten vorbei sind, wo sie den Wünschen der Massen entsprechen. Das haben sie aber sowieso immer nur unter einem objektiven Druck von unten gemacht, der zur Zeit leider nicht mehr besteht. Daraus folgt, daß dieser Druck wieder entstehen muß, um einigen Scheißbürokraten hinter ihren Schreibtischen einige Entscheidungen zu erleichtern. Unsere Antwort darauf heißt: FORTSETZUNG DER HEIMKAMPAGNE!«

Faller sieht auch daraufhin nur zusätzliche Kosten des Projekts, um deren Finanzierung er sich nicht kümmern will.

Statt weitere Wohnungen zu mieten, schließt der Verein sogar ein Kollektiv im Februar völlig. Es ist das problematischste, in dem die Jugendlichen fast völlig ausgeflippt und ohne praktische Perspektive sind. Für den Verein ist damit für diese Jugendlichen das ›Experiment‹ gescheitert, er schmeißt die Jugendlichen aus der Wohnung buchstäblich auf die Straße und überläßt es ihnen, sich irgendwo ein Zimmer zu suchen oder zurück in ein Erziehungsheim zu gehen. Eine Presseerklärung vom 19. 2. 1970 gibt ausschließlich den Jugendlichen die Schuld:

»Die Wohngruppe Friedberger Anlage [. . .] mußte am vergangenen Dienstag geschlossen werden. In dieser Gruppe hatte sich keine gemeinschaftsbildende Aktivität entwickelt. Auch die angestrebte berufliche Eingliederung war nicht zu erreichen. Weitere Schwierigkeiten kamen in den letzten Tagen hinzu. Nachdem mit den Jugendlichen über die bevorstehende Auflösung gesprochen worden war, um andere Möglichkeiten für jeden Einzelnen zu finden, wurde von Mitgliedern der Wohngruppe ein Teil des Mobiliars zerstört.«

Ein Artikel in der *Frankfurter Rundschau*, der auf telefonischen Informationen von Faller persönlich beruht, stellt die Situation noch verzerrter dar:

»Erziehungsexperiment ging in die Brüche — Jugendliche zerstörten Großwohnung in der Friedberger Anlage / Erzieher mit Beil und Messer bedroht —
Die Stadtverwaltung hat bei ihren Bemühungen, neue Wege in der Betreuung schwererziehbarer Jugendlicher zu finden, eine Panne erlitten, die mit einem peinlichen Mißklang endete: In einer der vier [. . .] Wohngruppen [. . .] ist es [. . .] zu beträchtlichen Ausschreitungen gekommen. Als die sechs jungen Leute [. . .] Kenntnis erhielten, daß ihre Gruppe [. . .] aufgelöst werden sollte, [. . .] zerschlugen sie zum Teil im angetrunkenen Zustand die gesamte Einrichtung. [. . .] Der Hausverwalter schätzt den Schaden auf etwa 7000 DM. Seit vergangenen Dienstag ist die Wohnung nun vorübergehend geschlossen, die Bewohner wurden inzwischen einzeln untergebracht. [. . .] Dazu das Jugendamt: ›Wir haben uns die Frist von mindestens einem halben Jahr gesetzt, um etwas über das Ergebnis des Versuchs sagen zu können. Es ist klar, daß nicht gleich alles harmonisch verläuft. Wir und die Jugendlichen brauchen Zeit. So schnell ist die Erinnerung an Heimerziehung und an das, was davor lag, nicht vergessen. Beide Partner benötigen Vertrauen!«

Richtig ist, daß keiner der Jugendlichen einzeln untergebracht ist. Richtig ist, daß den Jugendlichen mit Rücktransport ins Erziehungsheim gedroht worden ist. Kein Erzieher wurde mit Messer und Beil in diesem Zusammenhang bedroht. Alle Jugendlichen sind empört über dieses Vorgehen und diese Verleumdung des Vereins. Sie verfassen eine Gegenerklärung:

»Wir haben uns entschlossen, eine Presseerklärung heraus

zu geben, weil die Artikel in der Frankfurter Presse die wahren Hintergründe, die zur Schließung des Kollektivs in der Friedberger Anlage geführt haben, verschweigen. Statt von den Jugendlichen die Gründe ihres Verhaltens zu erforschen, wird nur die Stellungnahme des Jugendamtes wiedergegeben. Klar wird das an dem Zitat in der FR: ›So schnell ist die Erinnerung an das, was in den Heimen und davor lag, nicht vergessen.‹

Uns geht es nicht ums Vergessen! Wir halten auch nichts von Harmonie! Die Kollektive wurden durch einen monatelangen Kampf gegen den LWV errungen. Das hat Opfer gekostet! Einen Teil der Foltererscheinungen der Heimerziehung haben wir durch die Kollektive abgeworfen. Bei den heimbefreiten Genossen in der Friedberger Anlage waren die Wunden des Fürsorgeterrors zu tief, um so schnell verheilen zu können! Die Kollektive sind für uns kein Grund, die anderen, die noch in den Heimen sind, zu vergessen. Wir vergessen auch unsere eigene Geschichte nicht!

Das Jugendamt erklärt die Vorgänge in diesem Kollektiv durch ›[. . .] das liegt jedoch daran, daß diese Gruppe eine unglückliche Zusammensetzung hatte‹. Das Jugendamt verschleiert damit seine Fehler.

In einer Vollversammlung vor einem Monat haben wir selber die Probleme erkannt und Veränderungsvorschläge gemacht. Doch das Jugendamt sperrte sich dagegen. Jetzt schiebt es uns die Folgen in die Schuhe.

Für das Jugendamt und das Pädagogische Seminar der Universität sind wir ›ein interessantes Experiment‹ und ›wissenschaftliches Beobachtungsfeld‹! Für uns sind die Kollektive eine politische Alternative und keine pädagogische. In den Heimen sollen die Jugendlichen angepaßt werden. In den Kollektiven nehmen wir dagegen bewußt unsere KLASSEN-SITUATION wahr und nehmen den Kampf gegen dieses Ausbeutersystem auf, deren Opfer wir sind. Kollektiv I, II, V.«

Doch die Jugendlichen sind nicht mehr in der Lage, sich wirkungsvoll gegen den Verein zu wehren. Ihre Organisation ist zerschlagen, die Solidarität untereinander wird immer geringer. So kann der Verein immer mehr schalten und walten, wie er will.

Im September 1970 versucht er sogar, einem der Sozialarbeiter plötzlich zu kündigen. Denn dieser hatte sich im Laufe seiner Arbeit immer stärker mit den Jugendlichen gegen die Politik der Vereinsspitze (Faller, Gerhard) solidarisiert. Seit August 1970 wohnt er sogar zusammen mit den Jugendlichen in ihrem Kollektiv, er übernimmt dort echt die Funktion eines Kollektivberaters, weil drei neue vom Verein gleichzeitig angestellte Kol-

lektivberater völlig versagt und die Jugendlichen allein gelassen haben.
Doch die Jugendlichen, die sich mit dem Sozialarbeiter einigermaßen verstehen, solidarisieren sich mit ihm. Durch gemeinsames kollektives Auftreten können sie verhindern, daß er fliegt:

»An Herrn Magistratsdirektor Herbert Faller!
Hiermit wehren wir uns entschieden gegen die bürokratische und hinterlistige Entlassung von H.B.! Wir lehnen alle den Herrn S. als geplanten neuen Kollektivberater ab. Erstens wurde diese Planung nicht mit uns besprochen. Zweitens werden sämtliche demokratische Spielregeln durchbrochen. Drittens lassen wir es auf keinen Fall dazu kommen, daß die Kollektive Heimcharakter annehmen, in dem man uns wie im Heim, ohne uns zu fragen, einen neuen Betreuer vor die Nase setzt! [...] Unser Kollektiv ist nicht ein Freifeld, auf dem man Jugendliche mit Zuckerbrot und Peitsche ernähren kann! Kollektiv II.«

Trotz der immer noch (auch jetzt: 1971) vorhandenen Solidarität der Jugendlichen untereinander gegen die Fürsorgebürokratie hat sich der Charakter der Kollektive doch eindeutig in den anderthalb Jahren ihres Bestehens gewandelt. Aus mit großen Opfern erkämpften, sich selbständig organisierenden, politischen Kollektiven, die die Fürsorgebürokratie notgedrungen dulden mußte, ist eine neue Form von Kleinstheimen entstanden, die fast völlig in der Hand der Fürsorge sind.

Die politische Linie der Kollektive

Diese Entwicklung der Kollektive ist nur erklärbar aus den politischen Gegensätzen unter den Genossen, die bald nach dem Einzug in die Kollektive offen ausbrechen.
Als erstes entsteht Anfang Oktober ein Konflikt zwischen dem Staffelberg-Kollektiv, das jetzt eines von vier Kollektiven der Marxisten-Leninisten in Frankfurt ist, einerseits und einem Genossen des Führungskollektivs andererseits. Dieser führende Genosse soll das Staffelberg-Kollektiv politisch anleiten, obwohl er das ganze Projekt grundsätzlich von Anfang an abgelehnt hat (s. S. 107). Da der Genosse seine marxistisch-leninistischen Grundsätze äußerst phrasenhaft und ungeschickt herunterrasselt, entsteht eine breite Ablehnung gegen ihn, die als Ablehnung gegen die Marxisten-Leninisten erscheint. Die Genossen des Staffelberg-Kollektivs, die bisher nicht in der ML organisiert sind, verstehen die Vorwürfe nicht. Die anderen Genossen,

die schon in der ML organisiert sind, sehen die Gefahr, die durch den führenden Genossen entsteht, und kritisieren ihn daher entschieden.

»Die folgende Kritik am Genossen A. soll begründen, warum wir ihn für ungeeignet halten, auf eine produktive Weise die Schulung des Erziehungsheimkollektivs anzuleiten.

1. Der Genosse betreibt eine falsche Kaderpolitik. Er will nur zwei bis drei Staffelberger aus der Gruppe herausziehen und die anderen fallenlassen, unter der Behauptung, daß man mit ihnen nicht mehr diskutieren könne. [. . .] Mit seiner ›Kaderpolitik‹ hat er bislang nur die Schwankenden gegen sich und die ML aufgebracht. Daß er Kaderpolitik nicht mit der Massenlinie verbunden hat, zeigt auch das Verhalten derjenigen, die von den Staffelbergern bislang zur Roten Garde gehören. Beide haben sich bisher als Einzelgänger aus der Gruppe isoliert und waren nicht imstande, sie politisch weiterzubringen. [. . .]

2. Passend zur falschen Kaderpolitik ist die falsche, geradezu liberale Einschätzung der Kollektive. Er sagt, daß dort die Lehrlinge machen könnten, was sie wollten, weil die Kollektive keine politischen Kollektive seien. Er sieht nicht, daß der Prozeß der Politisierung bis zum Eintritt in die Rote Garde auch organisiert werden muß und daß die Kollektive hier eine wesentliche Rolle spielen. Der Genosse hält in seiner verabsolutierten Ablehnung der Kommuneideologie so etwas wie eine Politisierung des Alltagslebens für unmöglich. Er übersieht dabei, daß schon das Zusammenleben politische Folgen hat. Einmal in den Fragen des Kollektivismus gegenüber privatistischen Verhaltensweisen (Einstellungen zum Besitz usw.) und zum anderen im sexuellen Verhalten (Herrschaft über Frauen ausüben, sie als Objekte ansehen). Sicher hat der Genosse recht, daß letztendlich nur durch ein einheitliches politisches Bewußtsein und eine gemeinsame Organisation eine wirkliche Kollektivierung stattfinden kann, aber gerade das vorpolitische Zusammenleben hat auch politisches Gewicht. Der Genosse hat keinen Begriff von Politisierung außerhalb der ML-Organisation. Weil er die realen Widersprüche in der Gruppe und die objektiven Bedingungen, unter denen sie arbeitet, übersieht, sieht er nicht, daß man organisatorische Elemente (Schulung) außerhalb der Roten Garde einführen muß, ebenso aber auch außerhalb der Kollektive. Schulung muß es für die geben, die schon Ansätze zu einem politischen Bewußtsein zeigen. Für die anderen gilt, daß ihre unpolitischen Verhaltensweisen in den Kollektiven ständig angegriffen werden.

3. Der Genosse neigt zum Dogmatismus und zum Sektierertum. Diese falsche Politik beruht auf seiner Tendenz, objektive Gegebenheiten und Widersprüche zu übersehen und die Fragen

der Politik darauf zu reduzieren, die schlechte Wirklichkeit unvermittelt mit den hohen Prinzipien des Marxismus-Leninismus zu konfrontieren. Man kann diese Methode dogmatisch, arrogant und subjektivistisch nennen. Dazu kommt man zwangsläufig, wenn man nur von seinem eigenen Bewußtsein ausgeht und nicht von dem Bewußtsein derer, die man verändern will.
Diese falsche politische Methodik zeigt sich daran, daß er dem Erziehungsheimkollektiv pauschal vorwirft, eine antiautoritäre Politik betrieben zu haben, und erklärt, daß die Gruppe die Tendenzen der Intellektualisierung und des Absinkens ins Lumpenproletariat verstärkt habe. Es soll nicht geleugnet werden, daß der Genosse etwas Richtiges sagen wollte und auch gesagt hat. Wenn er aber in keiner Weise darauf eingeht, daß wir den Anspruch erheben, gegen diese beiden Tendenzen einen ständigen Kampf geführt zu haben (Hasch und elitäres Verhalten der ›Schüler‹), wenn er übersieht, daß die objektiven, d. h. durch uns nur schwer veränderbaren Lebensbedingungen in Frankfurt solche Reaktionsweisen als Überlebensformen begünstigt haben, und wenn er ferner übersieht, daß es diese Kritik innerhalb des Kollektivs auch schon gab, und sie trotzdem ohne weitere konkrete Belege gegen das ganze Kollektiv richtet, dann kann man sein Verhalten nur noch als dogmatisch bezeichnen.
Wenn er die reale Widersprüchlichkeit dessen, was er bekämpft, nicht sieht, kann er es auch nicht verändern. Er kann es nur verhärten. Seine Tendenz, unser Kollektiv nicht zur ML herüberzuziehen, sondern es aus der ML herausdrängen zu wollen, gehört zu seiner sektiererischen Politik dazu.
4. In der Einschätzung des ganzen Projekts macht der Genosse den gleichen Fehler wie in der Einschätzung des Kollektivs. Er bezeichnet es als unpolitisch, reformerisch und sozialkaritativ und stellt sich damit auf den Standpunkt des SDS. Er übersieht wieder die Dialektik. In diesem Fall besteht sie zwischen dem Kampf um bessere Lebensbedingungen und der Möglichkeit der Bildung eines revolutionären Bewußtseins. Er macht den Fehler, den Grundsatz ›Dem Volke dienen‹ für unpolitisch und karitativ zu halten, obwohl doch die beispielgebende politische Sprengkraft darin bestehen kann, daß gezeigt wird: nur eine revolutionäre Organisation des Proletariats kann wirklich die Interessen des Volkes vertreten. Die Kritik daran, daß die politischen Möglichkeiten des Projekts von unserer Gruppe nicht organisiert und systematisch ausgenutzt worden sind, kann nicht verabsolutiert werden und sich gegen das ganze Projekt richten.
Der Genosse hat die Tendenz, durch sein undialektisches, mechanisches, d. h. in der Struktur kleinbürgerliches Denken den Fehler des Dogmatismus und Sektierertums zu machen. Er verstößt gegen das Prinzip der Massenlinie und ist dadurch kaum fähig, den Organisationsprozeß voranzutreiben. Bis jetzt hat er

ständig nur künstliche Widersprüche zur ML produziert, weil er nicht imstande ist, uns richtig zu kritisieren. Wir lehnen es deshalb ab, daß er unsere Schulung anleitet.
Es ist uns klar, daß diese Kritik an dem Genossen A. unsere dringend notwendige Selbstkritik des Staffelberg-Projekts nicht überflüssig machen kann. Denn wir haben in den Fragen der Organisation, der Arbeitsteilung und der Führung tatsächlich Fehler begangen. Diese Kritik hat der Genosse A. jedenfalls nicht gefördert.«

Aufgrund dieser Kritik wird das Staffelberg-Kollektiv nicht von dem kritisierten Genossen weiter angeleitet, sondern von zwei Genossen des Kollektivs selber.

Der zweite politische Konflikt bricht bald darauf, Ende Oktober, zwischen der Baader-Gruppe und den ML-Genossen aus. Die ML-Genossen wollen durchsetzen, daß *alle* so schnell wie möglich arbeiten gehen, auch die Studenten und Intellektuellen, auch Baader, Ensslin und Co. Die Baader-Gruppe wehrt sich zunächst sehr aggressiv dagegen und kommt mit der Begründung: man brauche auch eine Reihe von Genossen, die die Heimkampagne fortsetzten und daher nicht richtig arbeiten könnten. Nachdem die ML-Genossen aber überzeugend klargemacht haben, wie wichtig es für die Jugendlichen ist, daß auch die Intellektuellen beispielgebend arbeiten gehen, geben die Baader-Leute opportunistisch nach. Sobald die Kollektive sich ›gefestigt‹ haben, sollen alle arbeiten gehen.
Doch damit ist der Konflikt keineswegs bereinigt. An der Frage, ob die Heimkampagne jetzt wieder begonnen werden soll oder, ob sie so lange unterbrochen bleibt, bis die Jugendlichen regelmäßig arbeiten und eine Analyse der bisherigen Kampagne geleistet ist, scheiden sich weiter die Geister. Baader will am liebsten gleich wieder losschlagen, die Marxisten-Leninisten wollen jeden neuen Anfang möglichst weit in die Zukunft schieben. Denn sie haben langsam eingesehen, daß die Kampagne so lange nicht wieder aufgenommen werden kann, wie nicht eine proletarische Organisation steht und sie führen kann. Bei jeder praktischen Frage bricht diese unterschiedliche Auffassung durch. So auch bei der Schulung. Die vier Schulungskollektive werden nämlich jeweils von zwei Genossen angeleitet, je einem von der Baader-Gruppe und einem von den Marxisten-Leninisten. Während die Marxisten-Leninisten den Text ›Lohnarbeit und Kapital‹ von Karl Marx daraufhin schulen, daß die Jugendlichen sich nicht vor der Lohnarbeit drücken können, sie aushalten lernen müssen, schulen die Baader-Leute die Jugendlichen im Hinblick auf die ›neue‹ Heimkampagne. So muß es in den Schulungsgruppen laufend Konflikte und Auseinandersetzungen geben. Da diese Auseinandersetzungen von der Baader-

Gruppe polemisch und persönlich aggressiv, statt sachlich und politisch geführt werden, bringen sie die Kollektive bis nahe an die Spaltung. Anfang November soll nämlich ein Beschluß gefaßt werden, ob das ganze Staffelberg-Projekt sich offiziell der Kommunistischen Partei Deutschlands/Marxisten-Leninisten (KPD/ML) in Frankfurt anschließt. Die Baader-Gruppe ist radikal dagegen, weil sie befürchtet, ihren starken Einfluß dadurch zu verlieren, sie stimmt deshalb dagegen; zwei Kollektivberater stimmen ebenfalls dagegen, weil sie Angst vor der Spaltung haben. Für den Anschluß stimmen alle Marxisten-Leninisten, darunter ebenfalls zwei Kollektivberater. Mit einer Stimme Mehrheit wird der Anschluß abgelehnt.

Für die Jugendlichen bleiben all diese politischen Auseinandersetzungen völlig im dunkeln, sie erscheinen ihnen als bloß persönliche. Daran ist allerdings nicht nur die Baader-Gruppe schuld, die davon sehr profitiert, weil sie es gut versteht, sich auf der persönlichen Ebene mit den Jugendlichen zu verständigen, und gar nicht daran interessiert ist, daß die Auseinandersetzung den Jugendlichen politisch klar wird. Die Marxisten-Leninisten machen den Fehler, die Jugendlichen nun mit aller Energie und mit vielen Worten zum Arbeiten zu bringen, ohne sie auch praktisch dabei zu unterstützen. So organisieren sie zwar zusammen mit dem Verein eine Berufsberatung und diskutieren mit den Jugendlichen über sinnvolle Berufe und Betriebe. Sie gehen dabei aber nicht von der konkreten Situation der Jugendlichen aus. Sie übersehen, daß die Jugendlichen etwa ein halbes Jahr lang nicht mehr regelmäßig gearbeitet haben, daß die Wohnverhältnisse nicht so sind, daß ein Jugendlicher leicht von alleine morgens aufsteht, daß die Jugendlichen sehr große Angst vor der Arbeit, den Kollegen, dem Meister haben. Daher organisieren sie es kaum oder gar nicht, daß die Jugendlichen es doch schaffen. Um so eindringlicher aber stellen sie die Forderung an sie, arbeiten zu gehen. Innerhalb sehr kurzer Zeit werden sie zu Moralpredigern, und die Jugendlichen reagieren äußerst allergisch auf ihre Vorhaltungen. Zwischen den Jugendlichen und den Marxisten-Leninisten entsteht somit eine Kluft. Diese Kluft wird von der Baader-Gruppe vertieft. Denn Baader gibt zu dieser Zeit die Parole aus, gegen die zwei Kollektivberater der ML zu kämpfen, außerdem ver- und bestärkt er die Freiraumideologien der Jugendlichen. Auch die beiden anderen Kollektivberater vertiefen die Kluft, indem sie Baaders Politik stillschweigend dulden und die Arbeit der ML-Genossen nicht entschieden unterstützen.

Mitte November setzt sich die Baader-Gruppe ab, weil ihre Revision im Brandstifterprozeß verworfen wurde und sie nicht in

den Knast wollen. Für sehr viele Jugendliche ist das ein Schock, sie haben an Andreas sehr gehangen, sie haben z. T. unbegrenztes Vertrauen zu ihm gehabt. Es ist daher leicht erklärlich, daß gerade die besten Lehrlinge das ›Erbe‹ von Baader: Kampf gegen die KPD/ML, fortsetzen wollen. Der Kollektivrat betreibt nun klare Politik gegen die ML-Genossen.
Die ML-Genossen reagieren darauf völlig falsch, sie lassen sich isolieren, isolieren sich selber, indem sie jetzt ein eigenes Studienkollektiv bilden, wo sie einen Aufruf an alle Kollektive ausarbeiten. Anstatt sofort nach dem Verschwinden von Baader um die richtige politische Linie unter den Jugendlichen und anderen Kollektivberatern zu kämpfen, ziehen sie sich wochenlang zur Klausur zurück. Am 22. November 1969 gebiert das Studienkollektiv dann einen Aufruf:

»Kampf – Kritik – Umgestaltung«

»Die Arbeiterklasse ist in Schichten gespalten und in viele Gruppen zersplittert. Eine solche Splittergruppe sind die Jugendlichen in Erziehungsheimen. Die Kapitalistenklasse wird durch die Einheit der Arbeiterklasse gestürzt werden, fürchtet sie also wie den Tod. Sie hält sich eine Unzahl von Handlangern, wie z. B. den LWV und die Jugendämter, um die Spaltung zu betreiben und aufrechtzuerhalten. [. . .] Durch die Einrichtung der Kollektive und ihre ›großzügige‹ Finanzierung durch den LWV wurde zunächst nur eine weitere Splittergruppe geschaffen. Sie ist als privilegierte Gruppe von den Jugendlichen innerhalb und außerhalb der Heime isoliert. Die Unterstützung durch die Institutionen ist kurzfristig und unsicher, sie kann jederzeit zurückgezogen werden. Wer jetzt nicht anfängt, ernsthaft zu arbeiten oder sich auszubilden, wird ins Lumpenproletariat gestoßen, sowie der LWV den Geldhahn zudreht. Außerdem liefert er dem LWV einen Vorwand, die Kollektive vorzeitig platzen zu lassen. Was hindert die Jugendlichen jetzt noch daran wie jeder andere Jugendliche zu leben und zu arbeiten?
Wir haben den Kampf gegen ein weiteres Spalterwerkzeug der Kapitalistenklasse, nämlich die bürgerlichen Ideologien nicht konsequent durchgeführt. Sie haben zur Zeit im wesentlichen folgende zwei Erscheinungsformen:

1. Die Ideologie der Politisierung des Alltagslebens!
Viele Jugendliche nehmen sich gegenseitig Gebrauchsgegenstände weg oder zerstören sie sogar und machen sie für andere unbrauchbar. Das halten sie für die Aufhebung des Privateigentums.
Wer sie an die Notwendigkeit der Disziplin und der Rücksichtnahme auf die Bedürfnisse anderer erinnert, wird für ›angepaßt‹

oder ›autoritär‹ erklärt und angegriffen. Das halten sie für Kampf gegen Unterdrückung.
Ein Vergnügen verfolgen oder kleine Aufgaben übernehmen, nur wenn alle gleichzeitig mitmachen, das verwechseln sie mit Kollektivismus. Diese Desorganisation nennen sie Selbstorganisation.
Wer sich so verhält, fordert den Haß der Massen heraus. Die Massen gehen sparsam und sorgfältig mit ihren Gebrauchsgütern um, die sie sich durch Arbeit verdienen müssen. Sie müssen diszipliniert und ernsthaft arbeiten und sich Anordnungen fügen, weil sie sonst ihren Arbeitsplatz verlieren. Ein Proletarier kann seine Lage nur verbessern, wenn er sich organisiert mit dem Ziel, die Macht über die Produktionsmittel zu ergreifen. Die Kapitalisten versuchen, die Arbeiterklasse zu zersplittern, um ihr kleinbürgerliche Verhältnisse aufzuzwingen und besser mit kleinbürgerlichen Ideologien verseuchen zu können, um sie so zu schwächen. Die Ideologie der Politisierung des Alltagslebens täuscht vor, den Kampf gegen den Kapitalismus überall aufnehmen zu wollen, also auch im Privatleben. Sie entspringt einem Wunschdenken des Kleinbürgertums, das auf seine Art auch gegen den Kapitalismus kämpft. [. . .] Der ›politisierte‹ Kleinbürger will das Konkurrenzprinzip aufheben und greift deshalb die Autoritäten an, die ihn zur Konkurrenz zwingen. Weil er das System nicht abschaffen kann, kämpft er gegen Einzelpersonen. Da dieser Kampf aussichtslos ist, kämpft er gegen Herrschaft und Konkurrenz vorwiegend im privaten Bereich. Dafür entwickelt er die Ideologie von der Politisierung des Alltagslebens.
Warum konnte sich diese Ideologie [. . .] in den Kollektiven breitmachen?
Die Jugendlichen aus den Erziehungsheimen waren eine Splittergruppe und konnten nicht aus eigener Kraft die Trennung von den anderen Jugendlichen überwinden. Die in sich zerstrittene Führung der Erziehungsheimkampagne ließ sich selbst von kleinbürgerlichen Ideologien leiten. Diese zu überwinden fällt besonders schwer, da die Jugendlichen jetzt auch noch das bürgerliche Privileg eines gesicherten Lebensunterhalts genießen.
Eine weitere Erscheinungsform ist

2. Die Ideologie des ›Politisch-in-den-Betrieb-Gehens‹
Sie täuscht vor, daß man nicht grundsätzlich zu arbeiten braucht, sondern freiwillig, nur um Arbeiter zu agitieren, in die Betriebe geht. Diese Ideologie entspringt dem kleinbürgerlichen Wunschtraum, sich irgendwie der Ausbeutung und Unterdrükkung entziehen zu können. [. . .] Proletarier und Kleinbürger müssen arbeiten. Wen die Kapitalisten nicht verwerten können, den lassen sie in Obdachlosenquartieren, Gefängnissen und

ähnlichen Anstalten verkümmern. Wer mit dieser Ideologie in den Betrieb geht, wer gleich gegen Meister und Arbeitsordnung aufmotzt, wird rausfliegen. Wird er nicht gefeuert, verzweifelt er nach seinen ersten Agitationsmißerfolgen. Er geht von selbst.
Beide Ideologien verstärken die Trennung von den übrigen Jugendlichen. Sie führen häufig über die Subkultur ins Lumpenproletariat. Die Jugendlichen können eine proletarische oder kleinbürgerliche Arbeit oder Ausbildung nur durchhalten, wenn sie diese Ideologien überwunden haben. [. . .] dann erst kann ihr Haß gegen die Ausbeuterklasse wirksam werden. Sie werden die Unterdrückung in den Erziehungsheimen nie vergessen! Sie werden die Erfahrung machen, daß sie die Vereinigung mit den anderen Jugendlichen nur organisiert und durch Kampf erreichen können. Selbstorganisation einer Splittergruppe kann aber nicht an die Stelle einer proletarischen Organisation treten. Selbstorganisation der Jugendlichen aus Erziehungsheimen war aber wichtig, um ihre Interessen gegenüber den Institutionen wirksam zu vertreten und durchzusetzen.
Es ist zu erwarten, daß ein Teil von uns nicht mehr weiter kämpfen will und das Leben eines normalen Proletariers oder Kleinbürgers führen wird. Die übrigen werden den Kampf gegen die Ausbeuterklasse in einer Organisation der Partei des Proletariats weiterführen. [. . .]
ML Studienkollektiv 4«
Frankfurt, 22. November 1969

Das Flugblatt kommt bei den Jugendlichen nicht an. Entweder lesen sie es gar nicht, oder sie lehnen es entrüstet ab. Nur ganz wenige finden es in der Hauptsache gut. Die Jugendlichen, die es lesen, gehören zu den eigentlich aktiven, die den politischen Kampf nicht aufgeben wollen, die gegen Subkultur und Arbeitsscheu und Drückebergerei ankämpfen, viel entschiedener und direkter ankämpfen als die ML-Genossen. Für sie ist das Flugblatt wie ein Schlag ins Gesicht! Lauter Vorwürfe! Lauter Kritik an Verhaltensweisen, die die Studenten selber haufenweise zeigten und noch zeigen. Der Vorwurf, Privilegierte, Schmarotzer zu sein, trifft sie ganz besonders. Daß sie nicht privilegiert sind, haben sie bisher ihr Leben lang erfahren — ganz im Gegensatz zu den Studenten! Wer hat die Kampagne desorganisiert geführt? Die Studenten! Die Lehrlinge haben im August versucht, diszipliniert und organisiert zu arbeiten, haben ein Lehrlingskomitee gebildet. Wer unter den Studenten hat sie dabei unterstützt? Keiner!
Die politisch aktiven Jugendlichen erkennen, das Flugblatt betrifft nicht sie, sondern die Autoren selber, das sind deren Fehler, zumindest in der Hauptsache. Außerdem merken sie: das Flugblatt geht nicht von der Einheit aus. »Kampf — Kritik —

Umgestaltung« heißt die Überschrift und nicht »Einheit – Kritik – Einheit«! Das zeigt auch das weitere Vorgehen der ML-Genossen. Sie diskutieren nicht im Kollektivrat mit den politisch aktiven Jugendlichen und nicht mit den beiden anderen Kollektivberatern, sondern »laden alle interessierten Jugendlichen« zu sich ein. Sie wollen nur einige rausbrechen, statt in der politischen Auseinandersetzung mit allen die richtige politische Linie durchzusetzen! Die ML-Gruppe ist genau auf die politische Linie umgeschwenkt, die sie vor einigen Wochen an dem führenden Genossen kritisiert hat.
Zu der Versammlung der KPD/ML gehen daher keine fünf Jugendliche. Und die Folge des Flugblattes ist: es ändert sich gar nichts! Denn wenn die ML-Genossen praktisch gegen all das kämpfen würden, was sie im Flugblatt angreifen, anstatt wochenlang ein Flugblatt zu entwerfen, dann würde den Jugendlichen viel mehr geholfen. Denn die Arbeitsschwierigkeiten der Jugendlichen werden nicht mit einem Flugblatt behoben, dazu gehört tagtägliche praktische Hilfe. Doch die bringt kaum einer der ML-Genossen. Das leisten die Jugendlichen z. T. selber, zusammen mit den Kollektivberatern. Die Auseinandersetzung mit der Hasch-Fraktion, die Kämpfe mit Rockern und Dealern, die gegenseitige Hilfe beim Aufstehen und Frühzubettgehen, all das müssen sie leisten. Da fehlen die ML-Genossen.
Kämpferisch in Worten. Lasch in Taten.

Der Kollektivrat der Jugendlichen organisiert nach diesem Aufruf die Schulung für die Lehrlinge selber, ohne die ML-Genossen, nur noch mit den zwei Kollektivberatern. Die Schulung läuft weiter nach dem Schulungsprogramm der KPD/ML und wird weiter lebendig mit der Praxis und den tagtäglichen Problemen verbunden. Vor Weihnachten – während der scharfen Auseinandersetzungen der beiden Lager in den Kollektiven (s. S. 141 f.) – bricht sie allerdings zusammen.
Im Januar gibt es dann ein letztes Plenum zusammen mit den ML-Genossen. Gemeinsam werden die Interessen der Jugendlichen gegenüber der Fürsorgebürokratie vertreten. ML-Genossen haben in der Zwischenzeit außerdem einige der Jugendlichen bei sich notdürftig untergebracht. Es sind dies die Jugendlichen, deren Kollektiv Mitte Dezember von Fremden angezündet und verwüstet worden ist. Der Verein hat es nicht für nötig befunden, für sie zu sorgen.
Ende Januar gibt es noch einmal ein Gespräch zwischen den ML-Genossen und einigen Jugendlichen und den zwei anderen Kollektivberatern über eine einheitliche politische Linie. Doch an der Frage, ob die Kollektive politisch seien oder sein müßten oder ob sie nur noch sozialkaritativen Charakter haben, entzündet sich wieder ein grundsätzlicher Widerspruch. Die ML-

Gruppe leugnet, daß die Kollektive in ihrer Gesamtheit politisch arbeiten können, daß sie insbesondere die Heimkampagne weiter führen können. Dagegen meinen die anderen, daß die Jugendlichen sich nur stabilisieren können, wenn sie eine gemeinsame politische Linie haben und ein politisches Projekt unternehmen.
Einzig eine blasse Einheit ergibt sich, gemeinsam die soziale Lage der Jugendlichen zu erhalten und zu verbessern, so daß die Fürsorgebürokratie sie nicht wieder ins Heim zurückverfrachten kann.
Nach dieser Trennung sucht der harte Kern der Jugendlichen nach anderen politischen Gruppierungen, mit denen zusammen politisch gearbeitet werden kann. Eine Gruppe nimmt Kontakt auf mit einer Gruppe von linken Berliner Sozialarbeitern und Studenten, die ein Randgruppenseminar im Februar 1970 organisieren. Es wird ein Bericht für die *Rote-Presse-Korrespondenz* über das Frankfurter Projekt geschrieben, und fünf fahren nach Berlin zum Seminar. Das Seminar jedoch ist eine große Enttäuschung. Der überwiegende Teil der Teilnehmer besteht aus linksliberalen Reformärschen, die ihr schlechtes, kleinbürgerliches Gewissen an der Sozialarbeit abreagieren wollen. Die Jugendlichen sind daher einig mit der kleinen Gruppe der Berliner Genossen, die die Illusionen der Linksliberalen scharf bekämpfen. Aber auch die Berliner Genossen enttäuschen sie. Die konkrete Unterstützung des Frankfurter Projekts, politisch und organisatorisch, wird abgelehnt. Die Berliner halten wie die ML-Genossen in Frankfurt die Arbeit an Erziehungsheimen für erfolglos, bzw. für zur Zeit nicht erfolgreich durchführbar. Die Jugendlichen führen daher einen verzweifelten Kampf darum, den Genossen klarzumachen, daß es das Frankfurter Projekt aber nun mal gibt und daß es jetzt nur darum geht, dieses Projekt zu einem guten Abschluß zu bringen, ohne ein für allemal eine Fortsetzung der Erziehungsheimkampagne abzulehnen. Traurig kehren die Jugendlichen nach Frankfurt zurück.
In Frankfurt suchen sie weiter, sie nehmen Kontakt zum *SC-Info* auf. Doch in dem lächerlichen Diskussionshaufen abgehalfterter SDS-Autoritäten finden sie nur arrogante Ablehnung. Die Kollektive werden wegen einiger Schlägereien als Brutstätte des Faschismus verleumdet!
Eine weitere Suche ersparen sich dann die Jugendlichen.
Die Jungsozialisten haben schon bei ihrer Unterstützung des SPD-Bonzen Faller gezeigt, auf welcher Seite sie stehen. Und von der D »K« P haben sie überhaupt keinen Ton gehört.
Die Gruppe kritischer Pädagogen um den Professor Mollenhauer bietet sich an. Doch wenn es um konkrete Unterstützung der Jugendlichen geht, wie beim Kollektiv 3, als es aus der Wohnung fliegt, zeigen auch sie nur die kalte Schulter. Sie wol-

len ›therapeutisch‹ und mit psychologischen und pädagogischen Methoden arbeiten. Sobald die Auseinandersetzungen etwas handfester werden, ziehen sie sich pikiert zurück.
Als die Jugendlichen keine Gruppe finden, der sie sich anschließen können, vertrauen sie auf ihre eigene Kraft. Ende Februar/Anfang März schließen sich elf Jugendliche und ein Kollektivberater zusammen. Auf einem Wochenendseminar diskutieren sie über die bisherige Heimkampagne, kritisieren die gemachten Fehler und beurteilen die weitere politische Arbeit der Kollektive. Als Grundlage für das Seminar gilt ein Papier, das die Jugendlichen eines Kollektivs in völlig eigener Initiative ausgearbeitet haben:

»Die Funktion der Sozialarbeit im Kapitalismus und unsere Antwort zur Reform der Fürsorgeerziehung

Das kapitalistische System produziert nicht nur Güter im Überfluß, sondern es produziert auch eine Masse von Menschen, die sich dem starken Anpassungsdruck in den Familien, Schulen und Betrieben nicht beugen wollen oder können. Diese Randgruppen der Gesellschaft, die nach der offiziellen Bezeichnung ›abweichendes Verhalten‹ zeigen, werden durch Kinderheime, Lehrlingsheime, Erziehungsheime, Gefängnisse und Zuchthäuser zum größten Teil von der Gesellschaft isoliert, und nur ein geringer Teil wird wieder angepaßt. Die jetzige Funktion der Heime und Zuchthäuser dient nicht der Anpassung, sondern der Abschreckung. Der Arbeiterklasse soll durch solch eine offen faschistisch unterdrückte Gruppe klargemacht werden, wie ›frei‹ und wie ›gut‹ es ihr doch geht, um ihre wahre Klassenlage zu verschleiern.
Durch die voranschreitende ›Liberalisierung‹ soll die letztere Funktion mit der Zeit wegfallen und die Heime und Zuchthäuser die volle Funktion der Anpassung an dieses System haben. Dies läßt sich an Hand der bürgerlichen Pädagogen nachweisen, die mit ihren ›wissenschaftlichen‹ Phrasen das selber beweisen. Genau in dieser sogenannten ›Reformierung‹ ist die zukünftige Rolle der progressiven Sozialarbeiter zu sehen. Selbst wenn diese erkennen, daß wir in einem Klassenstaat leben und daher das soziale Elend kommt, werden sie nie unsere Interessen vertreten und die Erziehungsheime abschaffen können, d. h. sie sind nicht in der Lage, diesen Ausbeuterstaat zu stürzen. Sie können die Zöglinge höchstens wieder anpassen, die Frage ist allerdings, ob ihnen dies gelingt. Sie haben nicht nur Schwierigkeiten, das bei den Jugendlichen vorhandene ›abweichende‹ Verhalten zu beseitigen, sie werden auch noch Schwierigkeiten mit ihren konservativen Kollegen haben, die die Interessen der Kapitalisten zum Ausdruck bringen und auch in die

Praxis umsetzen. Die Kapitalisten können nämlich nicht auf ihre Abschreckungsmittel (Erziehungsheime etc.) verzichten. Wenn die ›Kollegen‹ dann immer noch aufmucken und die Interessen der Ausbeuterklasse nicht konsequent vertreten, wird man sie als Prachtexemplare in die ›liberalen‹ Heime und Kollektive (sprich Schaukästen der ›Reformierung‹) versetzen. Um damit zu zeigen, daß man auch die ›Reformierung‹ der Heime unterstützt! So schlägt man zwei Fliegen mit einer Klappe. Die ›liberalen‹ Heime und die Kollektive haben die Funktion, die wahren Absichten der Herrschenden zu verschleiern und vor der Öffentlichkeit zu verbergen.

Das beweist auch ein Zitat von Professor Mollenhauer: ›Seid doch froh, daß wir euch das Leben im Heim erträglicher machen wollen!‹

Nebenbei haben die ›modernen‹ Heime und Kollektive für die Wissenschaftler die Funktion, neue und wirkungsvollere Erziehungspraktiken zu erproben.

Das Kollektiv – Revolutionäre Alternative zur Heimerziehung!

Im Gegensatz zur Pädagogenclique Mollenhauers, die die Kollektive als Experiment bezeichnet, und zwar als Experiment für wissenschaftliche Studien, und zum LWV, der auch von einem Experiment spricht, um eine wirkungsvollere Anpassung, als sie im Heim geleistet wird, zu erproben, sind die Kollektive für uns eine revolutionäre Alternative zur (auch der liberalen) Heimerziehung! Die Funktion des autoritären Heimerziehers soll die sein, als bestimmender Faktor eine Gruppe von Jugendlichen zu ›erziehen‹, d. h. sie mit bestimmten Mitteln anzupassen. Im Kollektiv gibt es diese Erziehung nicht!

Durch von den Jugendlichen gelenkte Lernprozesse wird im Kollektiv ein Bewußtwerden der Klassensituation erreicht. Daß es nämlich die Klasse der Ausbeuter und die der Ausgebeuteten gibt; daß wir zur Klasse der Ausgebeuteten gehören, der Klasse der Arbeiter, und zwar als Randgruppe dieser. Der Kollektivberater ist vollwertiges Kollektivmitglied. Er ist weder tonangebend, meinungsbildend oder privilegiert. Es gehört höchstens zu seiner Funktion, die Gruppenprozesse zu fördern, nicht aber sie zu bestimmen. Auch ist im Kollektiv durch Selbstverwaltung die Selbständigkeit aller gewährleistet. Dagegen sollen im Heim die Jugendlichen durch Druck, dessen Ausführung die Erzieher besorgen, also Strafen, Prügel, Ausgangssperre usw., angepaßt werden und andere abschrecken, die auf dem Wege der ›Verwahrlosung‹ sind. Im Kollektiv wird dem einzelnen durch Diskussionen die Einsicht in lebensnotwendige Anpassung vermittelt. Die Alternative zur Heimerziehung zeigt sich auch darin, daß wir Heimbefreiten uns jetzt von selber in den Produktionsprozeß eingliedern. Wir sind aber diejenigen,

die ihre Klassensituation erkannt haben und den Kampf gegen das System auf unserem Bereich, d. h. an den Erziehungsheimen, aufnehmen. Daher sind wir, die Frankfurter Lehrlingskollektive, keine sozialreformerischen Anstalten, sondern eine politische, eine revolutionäre Alternative.
Die durch reformistische Forderungen dem LWV und den Jugendämtern abgerungenen Kollektive sind die Ausgangsbasis für eine politische, revolutionäre Arbeit an den Heimen oder für einzelne von uns in den Betrieben, wenn sie sich dort einer revolutionären Organisation anschließen können. Die Erfahrungen der Heimkampagne haben gezeigt, daß keine weitere langfristige Kampagne derart unorganisiert durchgeführt werden kann wie bisher! Langfristig und organisiert müssen wir deshalb arbeiten, weil die Heimkampagne nur als ein Teil des Klassenkampfes sinnvoll ist, der nicht mit den bisherigen studentischen Aktionsformen (kurzfristige Störungen der Institutionen) durchgeführt werden kann. Wenn wir nur hin und wieder Aktionen durchführen, erreichen wir nur, daß die Öffentlichkeit aufmerksam wird und die progressiven Pädagogen, Sozialarbeiter und LWV-Leute die von uns begonnene Kampagne für ihre reformerischen Ziele ausnutzen können.
Wir sind durch unsere Erfahrungen und durch die politische Schulung in den Kollektiven zu der praktischen und theoretischen Erkenntnis gekommen, daß wir, bevor wir eine langfristige und überregionale Kampagne beginnen, eine zentrale, straffe, disziplinierte und demokratische Organisation aufbauen müssen.«

Das Ergebnis des Seminars ist, die politisch-organisatorischen Voraussetzungen aufzubauen, um wieder politisch arbeiten zu können. Als politisches Ziel setzen sie sich: soziale Widersprüche in der Gesellschaft für die allgemeinen Klassenkämpfe fruchtbar zu machen. Die Voraussetzungen dafür sind: praktische, d. h. ökonomische wie kulturelle Reintegration ins Jungproletariat, Untersuchungen im Sozialbereich, demokratisch-zentralistische Organisation, Kaderprinzip, Einheit von Theorie und Praxis, lebendige Schulung. Mit großem Elan und tiefer Begeisterung geht der ›harte Kern‹ an die Arbeit. Eine Schulung wird sofort wieder vorbereitet und dann durchgeführt. Kleinere Untersuchungen werden angestellt. Diejenigen, die noch nicht arbeiten, beginnen mit ernsthafter Arbeit. Ein zentraler Ausschuß koordiniert und lenkt die Aktivität.
Einen Monat hält die Gruppe, was sie sich vorgenommen hat. Doch Anfang April zerfällt sie wie schon frühere Versuche, fällt in sich zusammen. Der Grund dafür ist: die kleine Gruppe hat alleine mit ihren vielen Problemen fertig werden wollen. Doch bei den ernsten Arbeits- und Wohnproblemen ist sie überfordert, braucht Hilfe von außen.

Nachdem dieser letzte Versuch gescheitert ist, aus den Kollektiven heraus politisch zu arbeiten, ziehen die restlichen aus dem ›harten Kern‹ die einzig richtige Konsequenz: sie verlassen die Kollektive, politisch und persönlich. Sie nehmen sich eigene kleinere Wohnungen und führen einen ideologischen Klärungsprozeß darüber, warum dies große Projekt eigentlich so total scheitern mußte und wie man politisch weiter arbeiten kann, insbesondere die Frage, ob man sich der KPD/ML anschließen solle, trotz aller Erfahrungen.

Warum die Staffelberg-Kampagne scheitern mußte, das beantwortet dieses Buch.

Die politische Konsequenz daraus zieht der Rest, indem er sich über die KPD/ML informiert (*Roter Morgen* und Flugblätter), an ihren Demonstrationen teilnimmt und persönliche Gespräche mit früheren Bekannten führt. Das Ergebnis ist: die restlichen Genossen gehen in die Rote Garde, die Jugendorganisation der KPD/ML.

Sie ziehen diese Konsequenz gerade auf Grund ihrer Erfahrungen aus dem Staffelberg-Projekt.

Denn letztlich hat sich gezeigt, daß die ML-Genossen in der Hauptsache die richtige Einschätzung der Kollektive hatten, als sie meinten, sie seien reformistisch geworden, als sie immer wieder betonten, daß der Kampf gegen den Erziehungsheimterror nur gelingen kann, wenn er Teil des Klassenkampfes ist, daß das Hauptproblem der Jugendlichen die Überwindung ihrer Abspaltung vom Jungproletariat ist, daß nur eine disziplinierte, proletarische Partei all das leisten kann (s. S. 130).

Wenn aber die ML-Genossen hauptsächlich recht gehabt haben, warum hat sich ihre Linie dann nicht durchgesetzt? Im wesentlichen hat das an der Politik der Baader-Clique gelegen. Sie hat die Nichtanpassung der Jugendlichen verstärkt und verschärft, so daß das Arbeitsproblem für viele unüberwindlich wurde und viele der Subkultur verfielen. Sie hat die unbewußte Rebellion der Jugendlichen in eine politisch-bewußte hochstilisiert und damit verhindert, daß die Jugendlichen zu unterscheiden lernten zwischen richtiger und falscher Auflehnung. Die Baader-Gruppe wehrte sich mit Händen und Füßen dagegen, daß der ökonomische Bereich politischer Schwerpunkt wurde. Für sie war Betriebsarbeit Zeitverschwendung. Revolutionär seien nur Randgruppen, wie Zöglinge und Kriminelle. Für eine zentralistische, disziplinierte Organisation hatte Baader daher überhaupt nichts übrig.

Letztlich sind diese Fehler von Baader & Co. in ihrem ideologischen Subjektivismus begründet. Sie gingen von ihren Erfahrungen aus und verabsolutierten sie. Nichts ging über ihre ›revolutionäre‹ Erfahrung im Knast. Letztlich war ja auch eine allgemeine ›Knastkampagne‹ ihr Ziel. Die Erfahrungen der ande-

ren Genossen ließen sie nie gelten, die Erfahrungen der Arbeiterklasse in ihrem jahrzehntelangen Klassenkampf interessierten sie überhaupt nicht.
Gegen die Politik der Baader-Gruppe konnte sich die richtige politische Linie aber nicht durchsetzen, weil (a) Baader sich sehr gut darauf verstand, die Lehrlinge für sich zu gewinnen (s. S. 123/4), weil (b) die ML-Genossen schwere Fehler machten und weil (c) viele Genossen sich liberal verhielten und zwischen den beiden Gruppen lavierten.
Auf Grund dieser Einschätzung der politischen Linie der Kampagne entschließt sich der Rest des ›harten Kerns‹ dazu, in die KPD/ML einzutreten. Sie verstehen sich selber als Kommunisten und folgern, daß es nur eine nationale Organisation in der Bundesrepublik gibt, die wirklich kommunistische Politik macht, eben die KPD/ML. Denn wer hat sich schließlich fast ein Jahr lang Tag für Tag um ihre direkten Lebensumstände gekümmert, wer hat sie von der Fürsorgebürokratie befreit, wer hat unermüdlich versucht, eine klassenbewußte Anpassung bei ihnen zu erreichen? Es waren dies die Genossen, die jetzt in der KPD/ML politisch organisiert sind. Sicher, diese Genossen haben Fehler gemacht. Aber alle, die an dieser Kampagne mitgearbeitet haben, haben Fehler gemacht, haufenweise. Sie haben noch die geringsten Fehler gemacht, insbesondere im Vergleich zur Baader-Gruppe.
Insbesondere war es die ML-Gruppe, die den Mut gehabt hat, offen zu sagen, daß es falsch ist, die Heimkampagne oder ähnliche sozialen Projekte anzugehen, *bevor* nicht gesichert ist, daß das Proletariat in seiner Partei organisiert ist und diese Projekte stützt und unterstützt. Daher sollen alle gewarnt sein, die die sozialen Zustände in den Erziehungsheimen, im Knast, in den Kindergärten, im Wohnbereich der Vorstädte beschissen finden und dagegen ankämpfen wollen: Macht es nicht auf eigene Faust! Glaubt nicht, daß ihr stark und fortschrittlich genug seid! Kämpft gegen die Verhältnisse dieser Gesellschaft nur in Zusammenarbeit mit dem Proletariat! Sonst werdet ihr genauso scheitern *müssen* wie die Frankfurter Stadtteilgruppen, werdet ihr bestenfalls die Reformen der Bourgeoisie vorantreiben, ohne daß dabei die revolutionären Kräfte gestärkt werden.

Und noch einmal: Peter — Heinz — Dieter

Was ist während der Kampagne aus den drei Jungen geworden?
Peter steigt Anfang 1970 aus dem Projekt aus, als ihm klar wird, daß das Projekt immer unpolitischer und zerfahrener wird. Außerdem hat ihn die Kampagne physisch wie psychisch fast kaputt gemacht, als seine persönlichen Probleme, seine Wirbelsäulenverkrümmung und seine Arbeitsverhältnisse, ungelöst

bleiben. Das Jugendamt Frankfurt kümmert sich einen Dreck um seine Probleme, für die Bürokraten ist er ein unangenehmer Aufrührer, dessen Existenz man am liebsten ignorieren möchte. Auch die anderen Genossen des Projekts schaffen es nur unzureichend, seine materielle Lage zu verbessern. Alleine sucht er sich dann Ende 1970 endlich die Lehre, die er seit Schulabschluß wünschte, die des Radio- und Fernsehtechnikers.
Heinz ist ums Erziehungsheim fast völlig herumgekommen, weil er aktiv in der Heimkampagne mitgemacht hat. Er hat die Erwartungen seiner ›Erzieher‹ gründlich enttäuscht: er denkt nicht mehr daran, Schüler zu werden, sondern arbeitet jetzt als klassenbewußter Arbeiter in einem Industriebetrieb und baut mit die Rote Garde dort auf.
Dieter ist ins offene Messer der Fürsorgebürokratie gelaufen. Aufgrund der Zerstörung seiner Persönlichkeit durch seine beschissenen Familienverhältnisse, des Heimterrors und des Fehlens wirklicher Hilfe (er nahm nie an der Kampagne teil) *mußte* er »draufgehen«, wie viele Tausende von Jugendlichen vor ihm und nach ihm – *wie lange noch*?

Gutachten

Erhard Denninger

*Jugendfürsorge und Grundgesetz**

I

Jedes Kind und jeder Jugendliche hat ein *»Recht auf Erziehung«* (§ 1 Abs. I JWG), d. h. auf Entwicklung und Ausbildung derjenigen Fähigkeiten, die eine selbstverantwortliche Existenz im beruflichen und im privaten Leben sowie in einer demokratischen Gesellschaft politisch mündiger Bürger voraussetzt. Die in der hessischen Landesverfassung (Art. 56 Abs. IV) normierten Ziele der staatlich-schulischen Erziehung müssen als richtungsweisend angesehen werden, wo immer der Staat in mittelbarer oder unmittelbarer Verwaltung öffentliche Erziehungsaufgaben wahrnimmt. Insbesondere sind sie bei der Durchführung der Freiwilligen Erziehungshilfe und der Fürsorgeerziehung zu beachten. Diese Erziehungsziele sind:
1. Heranbildung des jungen Menschen zur sittlichen Persönlichkeit.
2. Vorbereitung zu beruflicher Tüchtigkeit und zu politischer Verantwortung.
3. Vorbereitung zum *selbständigen* und *verantwortlichen* »Dienst am Volk und der Menschheit« durch Entwicklung der Tugenden: Ehrfurcht, Nächstenliebe, Achtung und Toleranz, Rechtlichkeit und Wahrhaftigkeit. Der »Dienst am Volk und der Menschheit« wird geleistet, indem der Bürger seinem Beruf nachgeht und seine staatsbürgerlichen Rechte und Pflichten wahrnimmt. Die Auffassung[1], der Normierung eines Rechtes auf Erziehung in § 1 Abs. I JWG komme nur die Bedeutung eines nicht unmittelbar rechtswirksamen Programmsatzes zu, ist verfassungsrechtlich nicht haltbar. Die staatliche Gemeinschaft ist verpflichtet, bedürftigen Mitbürgern zur Schaffung oder Erhaltung einer menschenwürdigen Existenz Hilfe zu leisten. Das folgt aus dem Auftrag, die Menschenwürde zu schützen (Art. 1 Abs. I Satz 2 GG) in Verbindung mit der Verpflichtung auf den Sozialstaat (Art. 20, 28 GG) sowie auf den Grundsatz der Gewährung gleicher Chancen (Diskriminierungsverbot des Art. 3 Abs. I GG). Der Gesetzgeber hat anerkannt, daß dieser staatlichen Pflicht ein subjektiv-öffentliches Recht des Bedürftigen korrespondiert (vgl. § 1 Abs. II und § 4 BSHG). Abgesehen davon, daß auch den Minderjährigen die Rechte aus dem Bundessozialhilfegesetz (BSHG) zustehen, zumal das Recht auf Ausbildungshilfe (§§ 31 ff. BSHG), lassen sich die verfassungsrechtlichen Grundgedanken der allgemeinen Sozialhilfe auf die Jugendfürsorge sinngemäß übertragen: Der Staat erfüllt seinen Sozialstaatsauftrag, der seinerseits Ausdruck der Menschenwürde-Schutzverpflichtung ist, indem er ein Mindestmaß an

* Gutachten für Studenten, anläßlich von Verhandlungen mit dem hessischen Minister für Arbeit, Volkswohlfahrt und Gesundheitswesen und dem hessischen Landeswohlfahrtsverband (Vgl. *Der Spiegel* Nr. 47/1969, S. 116).

[1] Vgl. etwa: Riedel, JWG-Kommentar, 4. Aufl. 1965, Anm. 7 zu § 1.

Chancengleichheit der heranwachsenden Bürger garantiert und dem Jugendlichen einen gesetzlich näher auszugestaltenden Rechtsanspruch darauf einräumt, in den Genuß angemessener Erziehungs- und Ausbildungsmöglichkeiten zu gelangen. Der erziehungsbedürftige Jugendliche ist insoweit dem fürsorgebedürftigen Erwachsenen zu vergleichen.
Eine weitere Überlegung führt ebenfalls zur Bejahung des »Rechtes auf Erziehung« – was immer sein Inhalt im einzelnen sein mag: wenn unsere vom Grundgesetz gewollte und garantierte Gesellschaftsordnung auf der *freien Selbstbestimmung* des sich seiner gesellschaftlichen Umwelt verpflichtet wissenden Bürgers aufbaut (Art. 2 GG[2]), so muß diese Gesellschaftsordnung auch die elementaren Voraussetzungen anerkennen und wollen, welche die freie Entscheidung der Persönlichkeit überhaupt erst ermöglichen. Für das Kind bedeutet dies: Einführung in den Sozialisationsprozeß, Erziehung. Dem Entfaltungsrecht des Erwachsenen entspricht also der Erziehungsanspruch des Kindes als eine Anleitung zu allmählich sich entwickelnder Selbstentfaltung[3].

II

Aus diesem Verständnis des *Rechtes auf Erziehung* als einer *Bedingung und Vorstufe des Rechtes auf autonome Persönlichkeitsentfaltung* (Art. 2 GG) ergeben sich erste Grenzbestimmungen: In dem Maße, in dem die Fähigkeit zur Selbstbestimmung in Erscheinung tritt, nimmt das Recht des Kindes, erzogen zu werden, nehmen auch Recht und Pflicht des Erziehers, erziehend einzuwirken, ab[4]. »Bevormundende Fürsorge« ist niemals Selbstzweck, sondern »Hilfe zur Selbsthilfe«, d. h. hier: *Anleitung zur Autonomie.*
Alle Einzelmaßnahmen der öffentlichen Jugendfürsorge sind unter diesen Maßstab zu stellen.

III

Verfassungsgemäße Erziehung wirkt also auf einen Reifungsprozeß ein, der durch die allmähliche Ablösung der Fremderziehung (Heteronomie) durch Selbsterziehung (Autonomie) gekennzeichnet ist. Diesem Sachverhalt trägt der rechtlich-normative Rahmen Rechnung: Während jeder Mensch vom Beginn seiner Existenz an »Träger«, Subjekt von Rechten und Grundrechten ist, kann er diese seine Rechte doch erst nach Erreichung gewisser Altersschwellen selbst aktiv ausüben. Das Privatrecht zieht diese Altersgrenzen (der beschränkten und unbeschränkten bürgerlich-rechtlichen Geschäftsfähigkeit) schematisch beim siebten bzw. 21. Lebensjahr. Entsprechende Einzelregelungen für die »Mündigkeit« in Bezug auf einzelne Grund-

[2] Vgl. BVerfGE 4, 15 f.
[3] Im Ergebnis wie hier: BVerfGE 24, 119 ff., bes. 144. Hierzu und zur Abgrenzung von Elterngrundrecht und Kindesgrundrecht vgl.: K. W. Jans, Erziehungshilfen im Vorraum der Heimerziehung, Heft 3 der Wissenschaftlichen Informationsschriften des Allgemeinen Fürsorgeerziehungstages e.V., Hannover 1969, S. 9 ff. Dort weitere Nachweise.
[4] Ebenso: Reuter, Kindesgrundrechte und elterliche Gewalt, 1968, S. 82 ff.

rechte sieht die Verfassung nicht vor. Es wäre aber nicht nur sachlich unbegründet, sondern geradezu grundgesetzwidrig, wollte man das privatrechtliche Schema ohne nähere Prüfung in den grundrechtlichen Bereich übernehmen. Das würde, um nur ein Beispiel anzuführen, zu so unsinnigen Ergebnissen führen, daß zwar (wie jetzt gesetzlich geplant) einem Achtzehnjährigen eine verantwortliche Wählerentscheidung zugemutet werden könnte, ihm aber sonst bis zum 21. Lebensjahr das Grundrecht der freien Meinungsäußerung und der Informationsfreiheit vorenthalten werden könnte.
Dem in Art. 2 Abs. 1 GG normierten grundsätzlichen Freiheitsanspruch auch des Jugendlichen[5] entspricht nur eine differenzierende Beurteilung der »Grundrechtsmündigkeit«, die auf schematisch angesetzte Altersschranken überhaupt verzichtet. Eine Erziehung, die dem Verfassungsgebot der Anleitung zur Autonomie gerecht werden will (s. oben Ziff. 2), wird praktizierte Grundrechtsmündigkeit zulassen und *fördern,* wann immer Anhaltspunkte für eine vernünftig motivierte Willensbildung des Jugendlichen gegeben sind. Selbständig verantwortliches Entscheiden des Jugendlichen schließt (auch eindringliche) Beratung und eventuell Ermahnung keineswegs aus, wohl aber Korrekturen durch physischen oder psychischen Zwang.
»Erziehungs«-Maßnahmen und -Methoden, welche nicht geeignet sind, die Fähigkeit des Kindes zu selbstverantwortlicher Entscheidung zu entwickeln und zu stärken, welche vielmehr bloße *Dressurakte* (Eingewöhnung von Verhaltensmustern durch positive oder negative Sanktionen) zum Inhalte haben, verstoßen gegen das Prinzip der Anleitung zur Autonomie und sind verfassungswidrig.
Das wäre etwa der Fall, wenn
a) Verstöße gegen geltende Vorschriften der Anstaltsordnung unspezifisch (d. h. ohne Bezug auf den Umgang mit Geld) durch Taschengeldentzug bestraft werden.
b) Vor oder nach dem Essen stereotype Spruchformeln eingedrillt werden;
c) die Freizeitgestaltung durch Teilnahmepflichten für bestimmte Veranstaltungen reglementiert und sanktioniert wird;
d) etwa Abschreibeübungen als bloße Ordnungsstrafen und nicht primär um eines bestimmten Lehrerfolges willen auferlegt werden.

IV

Elterlicher und staatlicher Erziehungsauftrag sind zu unterscheiden.
Man mag geteilter Meinung darüber sein, inwieweit das Grundrecht der Eltern auf Erziehung ihrer Kinder (Art. 6 Abs. II GG), das Selbstentfaltungsrecht des Kindes beeinflußt, inwieweit etwa Eltern berechtigt wären, dem widerstrebenden, sich anders entscheidenden Kinde bestimmte Erziehungsinhalte und bestimmte lebensgestaltende Entscheidungen aufzuzwingen. Dies betrifft Fragen des gesellschaftlichen Umgangs, des Lesestoffes und des Kinobesuches ebenso wie die ganz wichtigen Probleme, etwa die Berufs- oder Religionswahl. (Vgl. hierzu § 5 Gesetz über die religiöse Kindererziehung). Tritt jedoch an die Stelle fehlender oder unzulänglicher elterlicher Erzie-

[5] BVerfGE 17, 313 f.

hung staatliche Erziehungshilfe nach den §§ 62–77 JWG ein, so ist die Rechtslage eindeutig: der Staat hat kein Recht, dem Kinde oder dem Jugendlichen eine an einem bestimmten weltanschaulichen Leitbild inhaltlich fixierte Erziehung aufzuzwingen. Es ist zum Beispiel nicht zulässig, auch nicht in besonderen, verschärften Situationen, sofern diese überhaupt erlaubt sind, dem Zögling jegliche Lektüre außer der Bibel oder erbaulichen Traktätchen vorzuenthalten. Auf den Religionswahl-Mündigen (12 bzw. 14 Jahre als Altersgrenze) darf überhaupt kein Gewissenszwang ausgeübt werden. Gottesdienstbesuch, Bibellektüre, das Singen geistlicher Lieder sind von dieser Altersstufe an nur auf völlig freiwilliger Basis statthaft. Dabei muß gewährleistet sein, daß den Desinteressierten deshalb weder direkt noch indirekt Nachteile entstehen. Dies folgt aus Art. 4 GG und aus Art. 54 Hess. Verfassung.

V

Das Recht auf Erziehung umfaßt den Anspruch auf eine den Begabungen und Neigungen des Jugendlichen entsprechende *Berufsausbildung*. Die hier zu treffenden Maßnahmen bedürfen ganz besonderer Sachkunde und Sorgfalt. Der Staat, der dem Jugendlichen durch die zwangsweise Heimunterbringung die persönliche Freiheit weitgehend entzieht und dadurch auch tief in seine Möglichkeiten zur beruflichen Entfaltung eingreift, muß die volle Verantwortung für die Wahrnehmung der beruflichen Entwicklungschancen des jungen Menschen übernehmen.
Für ein möglichst breit gefächertes Angebot an Ausbildungschancen ist Sorge zu tragen. Es genügt nicht, wenn dem Jugendlichen die Wahl zwischen einer Gärtner-, einer Tischler- und einer Schlosserlehre geboten wird. Neben einer Vielzahl handwerklicher Berufe muß für einen entsprechend begabten Jugendlichen etwa auch die Möglichkeit offenstehen, einen kaufmännischen Beruf zu erlernen. Die Berufsberatung muß eingehend, individuell und unter Anwendung moderner Testmethoden erfolgen. Unter allen Umständen muß versucht werden, den völligen *inneren Konsens* des Jugendlichen bei der Auswahl des Berufes herbeizuführen. Andernfalls sind schwere Erziehungsschäden zu befürchten. Ist der Jugendliche hinreichend einsichtsfähig, selbst eine verantwortliche Berufswahl zu treffen, so muß ihm die Ausübung dieses Grundrechtes (Art. 12 Abs. I GG) in voller Freiheit überlassen bleiben. Auch hier muß die Berufsberatung mit größter Sorgfalt stattfinden.
In diesem Zusammenhang ist auf die »Richtlinien für Heime im Lande Hessen«, beschlossen vom Landesjugendwohlfahrtsausschuß am 6. 5. 1963, Abschnitt V Ziff. 2, hinzuweisen: Berufswahl und Berufsberatung sollen »die berufliche und soziale Umschichtung, die sich in der Gegenwart vollzieht, berücksichtigen. Tätigkeiten, die keine ausreichende Existenzgrundlage bieten oder ein geringes Ansehen in der heutigen Gesellschaft haben, sind abzulehnen.«
Eine möglichst gute und fortschrittliche Berufsausbildung der Fürsorgezöglinge liegt nicht nur im individuellen Interesse der Jugendnlichen, sondern auch im besonderen Interesse der Gesellschaft: Eine Fürsorgeerziehung verfehlt ihren gesetzlichen Auftrag, wenn sie

junge Menschen entläßt, die beruflich schlecht oder wirtschaftlich chancenlos ausgebildet sind und nicht zuletzt auch dadurch auf die Bahn des Kriminellen getrieben werden. Eine Fürsorgeerziehung, die sich im praktischen Ergebnis in der Mehrzahl der Fälle als »Vorschule« für das Gefängnis erweist, d. h. deren Absolventen später überwiegend kriminell werden, ist sinnlos und ohne Daseinsberechtigung.

Zur beruflichen Ausbildung im weiteren Sinne, die auch der Entwicklung der selbstverantwortlichen Persönlichkeit dienen soll, gehört auch, daß der Jugendliche möglichst früh den verantwortlichen Umgang mit den Erträgen seiner Arbeit lernt. Sofern keine spezifischen Gegenindikationen vorliegen (Verschwendungssucht, Neigung zu Schuldenmachen usw.) ist dem heranwachsenden Jugendlichen nach und nach die volle Verfügung über seinen Arbeitslohn einzuräumen – (abzüglich eines Beitrages zu den Aufenthaltskosten). Es ist nicht zulässig und pädagogisch falsch, ihn mit einem minimalen Taschengeld (etwa 2,50 bis 5,– DM pro Woche) abzufinden. Auch hier ist vernünftige Beratung (über die sparsame Verwendung des Verdienten) im Einzelfall besser als ein starres Reglement.

Jugendliche, die keine abgeschlossene Berufsausbildung erreicht haben oder eine andere zu erhalten wünschen, dürfen in keinem Falle längere Zeit mit bloßer Routinearbeit ohne Ausbildungswert beschäftigt werden. Derartige Arbeiten à la Tütenkleben sind schon für einen modernen Strafvollzug untragbar, erst recht aber in einem Heim mit Erziehungsaufgaben.

VI

Einschränkungen der *persönlichen Freiheit* sind nur in dem durch den Erziehungszweck unabdingbar erforderlichen Ausmaß rechtmäßig. Nur bei konkreter Fluchtgefahr sind Beschränkungen der *persönlichen Bewegungsfreiheit* – z. B. nächtliches Verschließen der Heime – zulässig. Die Fürsorgeerziehung könnte ihren Erfolg durch nichts besser beweisen als durch die freiwillige, ungezwungene Bejahung des Heimaufenthaltes durch die Zöglinge.

Der Grundsatz der Verhältnismäßigkeit der Mittel, der bei allen in die Freiheitssphäre des Jugendlichen eingreifenden Maßnahmen zu beachten ist, verbietet Regelungen, welche die Heimerziehung zu einer Art Strafvollzug werden lassen oder welche gar Zustände herbeiführen, die selbst für den Strafvollzug als verfassungswidrig anzusehen sind. Als unverhältnismäßiger Eingriff in die persönliche Freiheit – Art. 2 Abs. I und II GG – wäre, auch bei fluchtverdächtigen Zöglingen, eine nächtliche *Zimmer*einschließung anzusehen, die auch ein Aufsuchen der außerhalb gelegenen Toilette unmöglich macht.

Werden die Fürsorgezöglinge dadurch gezwungen, ihre Notdurft auf einer Kübeltoilette im gemeinschaftlichen Schlafzimmer zu verrichten, so liegt hierin überdies ein Verstoß gegen das Gebot zur Achtung der Menschenwürde. Dies hat das OLG Hamm im Beschluß vom 23. 6. 1967[6] für einen ähnlichen Sachverhalt mit dankenswerter Klarheit herausgestellt.

[6] JZ 1969, 236 ff. mit zust. Anm. v. Würtemberger

Andere, gleichfalls die persönliche Freiheit (Art. 2 Abs. I GG) beschränkende Maßnahmen können nicht nur im Hinblick auf den erzieherischen Anstalts*zweck: Anleitung zur Autonomie* – vgl. o. – verfehlt und daher unzulässig sein, sondern auch bereits als unverhältnismäßige *Eingriffe* in das Persönlichkeitsrecht. Zu denken wäre etwa an folgende Regelungen:

1. Essenszwang: Zwang, die Tellerportionen aufzuessen, bei Vermeidung irgendwelcher Sanktionen;
2. Matratzenentzug: Verbot an den eingeschlossenen Jugendlichen, sich tagsüber auf sein Bett zu legen, verbunden mit der Sanktion des nächtlichen Matratzenentzuges;
3. Uniformierung durch Kleidervorschriften oder
4. durch Vorschriften über die Haartracht;
5. kleinliche Handhabung der Rauchvorschriften;
6. Reglementierung der arbeitsfreien Zeit anstelle der Schaffung attraktiver Anregungen und Chancen zur Ausübung von Hobbies innerhalb des Heimes, aber auch zur Pflege des gesellschaftlichen Außenweltkontaktes. Der Jugendliche muß auch Gelegenheiten finden können, Beziehungen zu Angehörigen des anderen Geschlechtes anzuknüpfen.
7. Beeinträchtigungen der körperlichen Integrität durch körperliche Züchtigungen. Es sollte selbstverständlich sein, daß weder Ohrfeigen noch gar Prügelstrafen als erlaubte Disziplinarmaßnahmen angesehen werden können.

VII

Besondere Aufmerksamkeit verdient die Frage der Einschränkbarkeit der *persönlichen Bewegungsfreiheit* (Art. 2 Abs. II 2 GG) aus anderen Gründen als dem der unmittelbaren Fluchtverhinderung. Die besondere Bedeutung dieses Rechtsgutes und die Gefährdungen, denen es unterliegt, haben zu der von Verfassungs wegen *zwingend* vorgeschriebenen Einschaltung des Richters geführt: »Über die Zulässigkeit und Fortdauer einer Freiheitsentziehung hat nur der Richter zu entscheiden.« (Art. 104 Abs. II 1 GG). Eine Freiheitsentziehung in diesem Sinne kann auch die »weitere Freiheitsentziehung« sein, die innerhalb eines die Freiheit bereits einschränkenden Sonderstatusverhältnisses angeordnet wird. Die richterliche Anordnung der Fürsorgeerziehung oder der Freiwilligen Erziehungshilfe berechtigt zwar die durchführende Jugendwohlfahrtsbehörde zur Aufenthaltsbestimmung für den Zögling und zur Durchsetzung dieses Rechtes durch Einweisung in eine »geschlossene Anstalt«. D. h., die Anstalt als gesamter Gebäude- und Geländekomplex oder als -teilkomplex kann – im Rahmen des Notwendigen, also stets gemäß dem Proportionalitätsprinzip – zur Nachtzeit oder evtl. auch ständig verschlossen gehalten werden. Zu einem weitergehenden Freiheitsentzug ist die Behörde grundsätzlich *nicht* berechtigt. Eine länger als nur ganz vorübergehende Zimmereinschließung, etwa unter den Voraussetzungen des § 127 StPO, eines oder mehrerer Zöglinge würde aus der Erziehungsunterbringung einen de-facto-Freiheitsstrafen-Vollzug werden lassen; sie ist deshalb unzulässig. Eine Zimmereinschließung *(»Karzer«)* als disziplinarische Arreststrafe ist ohne

ausdrückliche *vorherige* richterliche Anordnung aufgrund eines entsprechenden rechtsförmlichen Verfahrens absolut unzulässig: Art. 104 Abs. II S. 1 GG[7]. Da es sich bei der Arrestbestrafung auch nicht um einen Fall vorläufiger Festnahme handelt, ist auch eine vorläufige Freiheitsentziehung durch die Verwaltungsbehörde unzulässig. Art. 104 Abs. II S. 2 GG trifft auf diesen Fall nicht zu.
Im übrigen könnte auch der Richter eine derartige Strafe nur aufgrund eines *förmlichen Gesetzes* aussprechen (Art. 104 Abs. I S. 1 GG). Eine Berufung auf Anstaltsgewohnheitsrecht oder eine Herleitung aus dem Zweck des Sonderstatus kommt gegenüber der eindeutigen Verfassungsregelung nicht in Betracht.

VIII

Die Achtung vor der Menschenwürde des jungen Mitbürgers verbietet grundsätzlich jedes Eindringen der Staatsorgane in den *Intimbereich des Zöglings.* Hierunter fallen auch alle Versuche der »Bespitzelung« – durch optische »Spione« in den Zimmertüren ebenso wie durch Ausnutzung von Denunziationen seitens der Mitzöglinge o. ä. Hierunter fällt aber auch die heimliche oder offen *ausgeübte Kontrolle über ein- und ausgehende Post* der Anstaltsbewohner. Art. 10 Abs. II S. 1 GG läßt Beschränkungen nur aufgrund eines Gesetzes zu. Als solche Gesetze kommen nur formelle Gesetze, nicht etwa auch Rechtsverordnungen und Gewohnheitsrecht in Betracht[8].
Insbesondere ist die Anstaltsbehörde auch nicht etwa befugt, als erziehungsberechtigter gesetzlicher Vertreter ein Elternrecht zur Postkontrolle wahrzunehmen, es sei denn, die Eltern hätten dieses Recht ausdrücklich auf die Anstaltsbehörde übertragen. Daß hier eine gesetzliche Vertretungsbefugnis der Behörde nicht angenommen werden darf, ergibt sich z. B. aus § 69 IV JWG. Analogien zu den für den Strafvollzug teilweise für zulässig gehaltenen Postüberwachungsmaßnahmen verbieten sich schon wegen der verschiedenen Zwecksetzung der beiden Arten von Anstaltsverhältnis. Außerdem begegnen auch die für den Strafvollzug in dieser Hinsicht vertretenen Auffassungen verfassungsrechtlichen Bedenken. Eine Fürsorgeerziehung, die auf dem Prinzip des *Mißtrauens* statt auf dem Prinzip des *Vertrauens* aufbaut, kann nicht diejenigen sozialisierenden Wirkungen erzielen, um deretwillen der Gesetzgeber die Möglichkeiten staatlicher Erziehungshilfen eingeführt hat.

[7] Vgl. auch Maunz-Düring, GG, Art. 104 Rdnr. 23 und 34.
[8] So zutr. v. Mangoldt-Klein, Bonner GG, 2. Aufl., Bd. I, S. 442.

Anmerkungen

1 Otto Rühle, Das verwahrloste Kind, Dresden, 1926
2 ebenda
3 Tilman Moser, Buchbesprechung von D. G. McKinley, Social Class and Family, in: *FAZ*, 6. 11. 1967
4 von Braaken, Entwicklungsgestörte Jugendliche, München 1965, S. 15 f.
5 Statistisches Bundesamt Wiesbaden, Öffentliche Sozialleistungen, Reihe 2, ›Öffentliche Jugendhilfe 1968‹, Stuttgart–Mainz 1969, S. 7–10, 13–20
6 ebenda, S. 12, und Horst Petri, ›Die randständige Jugend‹, in: Der CDU-Staat, Hg. v. Schäfer/Nedelmann, München 1967, S. 47
7 Friedrich Specht, Sozialpsychiatrische Gegenwartsprobleme der Jugendverwahrlosung, Stuttgart 1967, S. 21–22; ähnliche Quoten bei: Hermann Wenzel, Fürsorgeheime in pädagogischer Kritik Stuttgart 1970, S. 75–80
8 lt. Braun, Erziehungsleiter des Heimes Staffelberg in: *FAZ* vom 25. 1. 1969
9 Friedrich Specht, a. a. O., S. 71
10. ders., S. 29; ähnliche Ergebnisse auch bei Hermann Wenzel, a. a. O., S. 59
11 Friedrich Specht, a. a. O., S. 29
12 Horst Petri, a. a. O., S. 54 und 57, Frey zitierend
13 Friedrich Specht, a. a. O., S. 66, ähnlich Hermann Wenzel, a. a. O., S. 63
14 Ehepaar Glueck, zitiert bei Friedrich Specht, a. a. O., S. 67
15 ders., S. 67–68
16 Hermann Wenzel, a. a. O., S. 50
17 Friedrich Specht, a. a. O., S. 71
18 Mitglieder-Rundbrief des Allgemeinen Fürsorgeerziehungstages e. V. 1/1970, S. 4. Die Prozentsätze gelten für FEH-Kinder; für FE-Kinder sind sie ähnlich: aus vollständigen Familien: 45 %, aus gesch. Fam.: 18 %, Voll- und Halbwaisen: 13,4 %.
19 vgl. Preußische Statistik des Fürsorgewesens, Berlin 1913, und Friedrich Specht, a. a. O., S. 21
20 vgl. Preußische Statistik, a. a. O.
21 Der folgende Bericht folgt teils wörtlich, teils angelehnt einem Abschnitt des Features von Ulrike Marie Meinhof, ›Guxhagen, Mädchen in Fürsorgeerziehung‹, November 1969, gesendet im *Hessischen Rundfunk*
22 Hermann Wenzel a. a. O., S. 169 f.
23 Diesen Bericht hat ein Mädchen 1969 für die Kampfgruppe ehemaliger Fürsorgezöglinge geschrieben.

24 Dies hat ein Mädchen in einem Brief an die Kampfgruppe geschrieben.
25 So erging es z. B. dem Erzieher Pfeiffer in Wabern und der Erzieherin Krause in Idstein und Steinmühle.
26 nach Hermann Wenzel, a. a. O., S. 188, und Berichten der Jugendlichen
27 Mitglieder Rundbrief des AFET e. V. 1/1970, S. 3
28 ders. S. 6 f.; es heißt doch verklausuliert: »anderweitige Sicherstellung des Erziehungszweckes«
29 ders. S. 7
30 Jürgen Ficht, ›Ist die Skepsis gegenüber der Freiwilligen Erziehungshilfe berechtigt?‹, in: *Unsere Jugend* 19/1967, S. 72–74
31 Mitglieder-Rundbrief des AFET e.V., a. a. O., S. 8
32 s. a. Gutachten von E. Denninger, Prof. f. Öffentliches Recht, Frankfurt (abgedruckt im Anhang dieses Bandes); Diskussion darüber in: Mitgliederrundbrief des AFET, 12/1970
33 Hermann Wenzel, a. a. O., S. 181
34 Ferdinand Carspecken, ›Was wird mit der Heimerziehung?‹, in: *ZblJugR* 51/1964, S. 93–98; Werner Weiland, ›Schwerpunkt der pädagogischen Aufgabenstellung in der Heimerziehung‹, in: *Soz. Arb.* 13/1964, S. 19–23
35 Wolfgang Klenner, ›Einige nützliche Gedanken über Standort und Grundlagen der Heimerziehung‹, in: *Evangelische Jugendhilfe* 6/1957, S. 154–161
36 Hans Wollasch, ›Standort und Aufgabe der katholischen Heimerziehung‹, in: Katholische Heimerziehung in unserer Zeit, Hg. von Paul Schmidle, Freiburg 1960, S. 33–60
37 Erdmuthe Falkenberg, ›Gedanken zur Heimerziehung‹, in: *Neues Beginnen* 1963, S. 103–104
38 Werner Weiland, a. a. O.
39 ders., ›Die Erziehung zur gesellschaftlichen Tüchtigkeit als Auftrag an das Erziehungsheim‹, in: *Soz.Arb.* 10/1962, S. 480–6
40 ebenda
41 Ferdinand Corspecken, ›Wie steht es um die Heimerziehung der Fürsorge?‹, in: *Rechte der Jugend* 5/1967, S. 154–156
42 Horst Petri, a. a. O., S. 53, Walter Becker vom AFET zitierend
43 A. E. Brauneck, Die Entwicklung jugendlicher Straftäter, Hamburg 1961; es werden 300 Straftäter ›nachuntersucht‹ im Zeitraum 1949–1955
44 L. Pongratz und H. O. Hübner, Lebensbewährung nach öffentlicher Erziehung, Darmstadt 1959; es werden 1000 Hamburger Probanden ›nachuntersucht‹, die 1950–51 entlassen wurden
45 Hermann Wenzel, a. a. O., S. 136
46 ders., S. 133

Fischer Taschenbuch Verlag

Informationen zur Zeit

Anpassung oder Widerstand?
Gewerkschaften im autoritären Staat
Hrsgg. v. Sven Gustav Papcke
Originalausgabe (1094)

Hans Eckehard Bahr
Weltfrieden und Revolution
(1102)

Peter Bender
Zehn Gründe für die Anerkennung der DDR
Originalausgabe (951)

Peter Brosch
Fürsorgeerziehung
Heimterror und Gegenwehr
Originalausgabe (1234)

Hendrik Bussiek (Hrsg.)
Wege zur veränderten Gesellschaft
Politische Strategien
Originalausgabe (1205)

Veränderung der Gesellschaft
Sechs konkrete Utopien
Originalausgabe (1092)

Che Guevara und die Revolution
Hrsgg. v. Rudolf Sonntag
Originalausgabe (896)

Theodor Ebert
Gewaltfreier Aufstand
Alternative zum Bürgerkrieg
(1123)

Heinz Grossmann (Hrsg.)
Bürgerinitiativen
Schritte zur Veränderung?
Originalausgabe (1233)

Hans-Jürgen Haug / Hubert Maessen
Was wollen die Lehrlinge?
Originalausgabe (1186)

Was wollen die Schüler?
Politik im Klassenzimmer
Originalausgabe (1013)

Urs Jaeggi
Macht und Herrschaft in der Bundesrepublik
Originalausgabe (1014)

Kriegsdienstverweigerer: Gegen die Militarisierung der Gesellschaft
Mit einem juristischen Ratgeber
Hrsgg. v. Hans-Jürgen Haug u. Hubert Maessen
Originalausgabe (1173)

Friedrich Mager / Ulrich Spinnarke
Was wollen die Studenten?
(Neue Ausgabe) Originalausgabe (949)

Harold Rasch
Politik mit dem Osten
Von der Abschreckung zum Frieden
Originalausgabe (1165)

Das Rote Buch
Worte des Vorsitzenden Mao Tse-tung
Hrsg. Tilemann Grimm
(857)

Lothar Schmidt / Dieter Thelen
Hochschulreform
Gefahr im Verzuge?
Mit einem Gesetzentwurf
Originalausgabe (1011)

Schulreform
oder Der sogenannte Fortschritt
Hrsg. Johannes Beck u. Lothar Schmidt
Originalausgabe (1121)

Bobby Seale
Wir fordern Freiheit
Der Kampf der Black Panther
(1198)

Sozialistische Projektarbeit im Berliner Schülerladen Rote Freiheit
Analysen, Protokolle, Dokumente
Herausgeber-Kollektiv
Originalausgabe (1147)